대념처경과 위빳사나 명상

대념처경과 위빳사나 명상

이와 같이 나는 대념처경을 읽었다

Mahāsatipaṭṭhāna Sutta

정순일 역해

운주사

머리말

내가 좋아하는 두 사람의 작가가 있다. 생텍쥐페리는 『어린 왕자』에서, 깨어 있는 존재와 잠자는 존재 두 가지 부류로 모두를 구분한다. 그리고 깨어 있는 존재는 마음으로 아름다움을 발견한다고 말한다. 여우는 어린 왕자에게 자신의 비밀을 선물한다. "내 비밀은 아주 단순해. 눈이 아니라 마음으로 보아야만 잘 보인다는 거지." 니코스 카잔차키스는 『그리스인 조르바』에서 이렇게 말한다. "난 지나간 일 따위는 생각하지 않아요. 미래의 일도 신경 쓰지 않아요. 바로 이 순간, 바로 이것만 신경 쓰죠."

지금 이 순간 마음이 깨어 있으라는 말에 어찌 성속聖俗의 구분이 있겠는가? 두 작가의 생각은 우리를 붓다의 사띠(sati) 세계로 인도한다. 사띠란 '깨어 알아차림'이라는 뜻이며, 위빳사나 명상의 근간이다.

오늘날 가히 위빳사나 명상의 열풍이라 할 만한 움직임이 전 세계적으로 일어나고 있다. MBSR을 비롯한 여러 분야에 응용되고, 힐링의 수요가 늘어남에 따라 명상에 대한 가치가 새롭게 인식되고 있다. 오랫동안 간화선看話禪 전통을 이어오던 한국불교계도 수행자들 사이에 위빳사나 명상수행에 대한 관심이 고조되고 있다.

위빳사나 명상은 사띠를 주된 방법으로 채택하고 있으며, 사띠를 설한 『대념처경』은 위빳사나 명상의 정전正典으로 간주된다. 오늘날 한국에서 『대념처경』은 명상수행자들과 학자들의 큰 관심을 끌고 있으며, 번역과 주해본들도 출판되기에 이르렀다. 그러나 그 업적들 간에 문구나 의미상에 차이도 있고, 때로 오역도 보였다. 미세한 번역상의 차이가 명상수행에 의문이나 혼선을 야기할 수도 있어 보였다.

필자는 오랜 기간 명상수행을 해 오면서 나타나는 수행상의 현상들을 해결하는 데에, 원전이 지닌 지남指南이 절실하였다. 이에 『대념처경』 빨리어 원문을 읽어가면서 그 본의를 확인하고, 맥락에 따른 의미들을 정리해 나갔다. 시간이 지나면서 어느덧 경 전체를 번역하게 되었고, 필자와 비슷한 고민을 하는 사람들을 위하여 출판할 것을 결심하였다.

대부분의 불경이 그렇듯이 『대념처경』 역시 지루할 만큼 반복이 계속된다. 그러한 점 때문에 여타 번역본들은 반복된 부분들을 과감히 생략하고 있다. 그러나 필자는 전문을 온전히 번역하였다. 붓다의 자비 법문을 일자일구一字一句까지 소중히 여기는 생각에서였다. 실제로 필자는 한 글자, 한 문장을 읽고 번역해 가면서 붓다의 말씀을 직접 받드는 것 같은 기쁨을 만끽하였다. 더불어 위빳사나 명상수행에 대한 믿음과 정진심이 더욱 살아났다고 느낀다.

신석기 이후만을 대상으로 생각하더라도 인류는 1만 년 동안 다양한 문화를 생성하고 삶에 대한 여러 가지 태도를 발전시켜 왔다. 그중에서 붓다의 뛰어난 철학과 세계관은 끊임없이 재해석되고 새로운 문화에 적응하며 오늘에 이르도록 인류에게 커다란 영감을 제공하였다.

모든 사상은 변치 않아야 할 부분과 변화와 적응이 필요한 부분이 있다. 붓다의 경우에도 무상無常과 고苦에 대한 인식, 연기緣起사상, 4제·8정도 등과 같이 삶의 본질과 그것을 초극超克하는 수행방법들은 인류 역사를 통하여 빛나는 유산이다. 그러나 그의 언어나 방편 그리고 세상에 대한 인식 등은 시대에 맞추어 늘 새롭게 해석되고 변화되어야 한다. 붓다 사상의 코어에 해당하는 『대념처경』을 대하는 우리의 생각도 두 가지 태도를 함께 지녀야 한다. 즉 변치 않아야 할 가치는 본의를 드러내는 동시에 우리 시대의 언어로 해석해내는 작업도 거듭 되어야 한다. 이 책은 그러한 점을 염두에 두고 만들었으나 과연 얼마나 목표에 부응하였는가에 대해서는 부끄러움도 없지 않다.

본 번역은 PTS(Pāli Text Society)에 나오는 디가 니까야(DN) 22의 *Mahāsatipaṭṭhāṇa Sutta*를 기본 텍스트로 삼았다. 이 경은 내용 면에서 맛지마 니까야(MN) 10의 *Satipaṭṭhana Sutta*와 거의 일치한다. 그래서 통상 디가 니까야본을 『대념처경大念處經』이라 부르고, 맛지마 니까야에 있는 경을 『염처경念處經』이라 부른다. 『대념처경』의 경우가 법념처에 대한 기록이 더 자세하다.

경의 번역은 직역을 원칙으로 했고, 때로 그 맥락에 대한 이해를 돕기 위하여 〔 〕 속에 단어나 문장을 삽입하여 의미에 접근하도록 하였다. 번역과정에서 기존 번역본도 대조하고, 영역본과 일역본도 참고하였다.

대부분의 불경은 문자로 기록되기 전까지 적어도 수백 년 동안 스승과 제자 사이에서 구송口誦형식으로 전해 내려왔다. 그들은 붓다의 법문을 노래하듯이 외우며 전승하였다. 본 번역도 그러한 운율을 살리려고 노력하였다.

이 책은 세 부류의 독자들을 염두에 두고 작성하였다. 우선 경의 독송만을 원하는 독자는 '경의 본문'만 읽기를 권한다. 번역 상에서 붓다의 원음原音을 훼손하는 일은 최대한 피하였으므로, 거의 왜곡되지 않은 붓다의 금구설법金口說法을 접하게 될 것이다.

다음으로 내용에 대한 이해가 필요한 독자들은 '해제'와 〔경에 대한 설명〕이 유용할 것이다. 그곳에서는 붓다의 본의를 교학적으로 분석하고 설명하였다. 또한 빨리어에 익숙하지 못하거나, 경이 지닌 본래 의미가 궁금한 독자들을 위하여 단어와 숙어들을 풀이하였고, 여러 용례도 제시하였다.

마지막으로, 위빳사나 수행에 뜻을 둔 독자는 이상의 내용과 더불어 〔명상수행자를 위한 양념〕이 작은 도움이 될 것이다. 필자가 체험하고 이해한, 또는 명상수행에 도움이 될 만한 사항들을 적었기 때문이다.

이 책을 통하여 독자들이 붓다의 핵심 가르침을 온전하게 이해하고, 명상수행에도 도움을 얻게 된다면 더할 수 없는 기쁨이겠다.

2020년 12월

鄭舜日 합장

해 제

1. 『대념처경』이란?

4부 아함阿含과 더불어, 붓다의 원음에 가깝게 정비된 불경이 5부 니까야이다. 그 가운데 디가 니까야(*Dīgha Nikāya*)에 수록된 『대념처경大念處經』은 붓다 수행의 중심인 사띠(sati)에 대한 가르침을 온전히 담은 경으로 유명하다. 오늘날 명상[1]이 커다란 관심사가 되고 있는데, 불교 명상의 핵심은 사띠이며, 그것을 주제로 설한 경이 바로 『대념처경』이다.

『대념처경』은 불경 중에서는 소규모 경전에 속하지만, 붓다의 교학을 개략적으로 망라하고 있다는 점에서 초기불교 개론서로서의 성격도 가지고 있다. 특히 남방불교 테라와다(Theravāda) 전통에서는 이 경전을 위빳사나 수행의 소의경전所依經典으로 간주한다.

빨리어로 된 『대념처경』의 원래 이름은 마하사띠빳타나 숫따(*Mahā-satipaṭṭhāna Sutta*)이다. 마하(Mahā)는 크다는 뜻이며 숫따(Sutta)는 경전이라는 뜻이다. 사띠(sati)는 일반적으로 '마음 챙김' 혹은 '알아차림' 등으로 번역된다. 빳타나(paṭṭhāna)는 '이전에, 앞에' 등의 뜻인

---

1 명상冥想이라는 말은 영어 meditation을 번역하면서 쓰인 용어로, 그 어원을 따지자면 알아차림 또는 선禪이 지니는 성격과는 퍽 거리가 있는 개념이다. 그렇지만 오늘날 사회 전반적으로 사용되면서, 거의 모든 정신수련의 대명사처럼 쓰이고 있으므로 이곳에서도 그대로 사용하겠다.

빠(pa)와, '장소, 지점'을 뜻하는 타나(ṭhāna)로 구성된다. 빳타나는 염처念處 혹은 염주念住라는 말로 번역되며, 사띠를 적용하는 대상을 뜻한다. 경의 제목에서 알 수 있는 사띠의 의미는 몸(身)·느낌(受)·마음(心)·법(法) 등 4념처四念處를 대상으로 깨어 알아차리는 마음공부라고 볼 수 있다. 『대념처경』은 이와 같이 네 가지 염처를 대상으로 알아차림 하는 방법을 설한 경전이다.

2. 『대념처경』이 설해진 장소

『대념처경』이 설해진 장소는 꾸루족의 신흥 상업도시인 깜맛사담마였다. 꾸루족은 붓다에 대한 믿음이 두터웠고, 붓다 또한 꾸루족을 대상으로 많은 법문을 설하였다. 지금은 유적들이 사라지고 없지만, 깜맛사담마는 하리야나에 있는 펀자브지역의 중요한 불교중심지였다. 현재 이곳에 불교 유적이 남아 있지 않은 이유는, 그곳의 기후가 온화하여 상가에 정주 사원이 필요 없었기 때문이다.[2] 『대념처경』이 설해진 시기는 45년에 걸친 붓다의 전법 기간 중 전반부에 속할 것으로 본다. 그 이유는 첫째, 붓다 생애 후반부의 상가는 대체로 정착하는 경향을 보였기 때문이다.[3] 깜맛사담마의 기후 조건 때문에 정주 사원

---

2 Thera, Soma. "*The way of mindfulness: The Satipatthana Sutta and Its commentary.*" Kandy, Sri Lanka: Saccanubodia Samiti(1941). "Why was it not said Kammasadamme Kurunam nigame using the locative? Because, it is said, there was no monastery (or dwelling place) at which the Blessed One could stay, in that market-town."

3 초기의 불교 수행자들은 지붕이 있는 곳에서 살지 않았다. 그야말로 문자 그대로 출가 생활이며 유행 편력의 연속이었다. 그것은 당시 쉬라만(사문)들의 보편적인

이 필요 없었다는 분석도 가능하지만, 그 시기는 아직 붓다의 상가가 정주하기 이전이었다는 추정도 가능하다. 둘째, 불교의 핵심 수행법인 사띠에 대한 소개를 붓다의 생애 후반부로 미룰 까닭이 없었을 것이기 때문이다.

깜맛사담마 마을은 먹을거리도 풍부하고 사람들도 온화했으며, 그들은 붓다의 지도에 잘 따르고 수행 정진에 힘썼다고 한다. 붓다는 그곳에서 일반 대중의 근기에 맞게 설법을 하였다. 세키 미노루(關稔)의 연구에 의하면, 붓다는 깜맛사담마뿐 아니라 꾸루국 곳곳에서 마을을 돌면서 법을 설했는데,[4] 특히 깜맛사담마 마을에서는 수행에 관련한 설법을 많이 했다고 한다.[5] 『대념처경』을 설할 때는 빅쿠들과

생활양식이었다. 그들은 나무 밑이나 삼림, 석굴이나 골짜기 그리고 묘역 등에 기거하면서 수행을 하였다. 그러다가 여러 가지 이유로 하여 불교 수행자, 즉 비구들은 위하라(vihāra, 精舍)에 살면서 한 곳에 정주하게 된다. 특히 우기에 안거하는 습관은 정주의 계기가 되었다. 그러자 왕후나 호상 등 유력한 신자들은 불교 교단에 원림을 기증하고 우기 중에 음식물을 제공하며 빅쿠들을 그곳에 머물게 하였다. 붓다의 재가 신자 중 손꼽히는 수닷따(Sudatta, 須達多)가 붓다를 찾아가 귀의한 것은 라자그리하에서였다. 그는 쉬라바스띠의 장자長子이며 대상인이었다. 고아들에게 먹을거리를 제공했으므로 '고독한 사람에게 식사를 제공하는 사람(Anāthapiṇḍika, 給孤獨長子)'이라고 불렸다. 그는 붓다에게 귀의한 후 붓다를 쉬라바스띠로 초대한다. 그리고 상가의 거주처로서 제따(Jeta, 祇多)숲을 사들여 정사를 세우고 보시하였다. 그것이 유명한 기다원정사(祇多園精舍, Jatavana)이며, 줄여서 기원정사라 부른다. 쉬라바스띠의 빠세다니(Pasedani, 波斯匿)왕이 붓다에게 귀의한 것은 한참 후의 일이었다. 이처럼 승원이 승단에 기진됨에 따라 불교 교단은 유행 편력의 집단으로부터 승원 거주의 교단으로 변모해 간다.(졸저, 『인도불교사』, 운주사, 2011, p.154)

4 關稔. 「クル國遊行考」, 『駒澤大學北海道教養部研究紀要』 28(1993): pp.46-68.

5 關稔. 같은 논문, "(a) Suttas delivered at Kammasadhamma(カンマーサダンマで述べられた〔教えを伝える〕経典) :

(i) D.N.15 : Mahanidana Sutta(vol. ii, pp.55~71), "ekam samayam bhagava kurusu viharati, kammasadhammam nama kurunam nigamo."(p.55)

*『長阿含』13「大緣方便経」(『大正』1, 60a-62b), "一時仏在拘流沙國劫摩沙住處"(60a-b)

*『人本欲生経』(『大正』1, 241c-246a), "一時仏在拘類國, 行拘類國法治處"(241c)

*『中阿含』97「大因経」(『大正』1, pp.578b-582b), "一時仏遊拘樓i瘦, 在劍磨瑟曇拘樓都邑"(p.578b)

*『大生義経』(『大正』1, pp.844b-846c), "一時仏在俱盧聚落"(p.844b)

(ii) D.N.22 : Mahasatipatthana Sutta(vol. ii, pp.290-315) "ekam samayam bhagava kurusu viharati kammasadhammam nama kurunam nigamo."(p.290)

*『中阿含』98「念處経」(『大正』1, pp.582b-584b), "一時仏遊拘樓瘦, 在動磨瑟曇拘樓都邑"(p.582b)

*『增一阿含』12-1(『大正』 2, pp.568a-569b), "一時仏在舍衛國祇樹給孤獨園"(p.568a)

(iii) M.N.10 : Satipatthana Sutta(vol. I, pp.55-63) "ekam samayam bhagava kurusu viharati, kammasadhamman nama kurunam nigamo."(p.55)

*『中阿含』98,「念處経」(同上)

*『增一阿含』12-1(同一ヒ)

(iv) M.N.75 : Magandiya Sutta(vol. i, pp.501-513) "ekam samayam bhagava kurusu viharati - kammasadhamman nama kurunam nigamo - bharadvajagottassa brahrⅢanassa agyagare tinasantharake."(p.501)

*『中阿含』153 「鬚閑提経」(『大正』1, pp.670a-673a), "一時仏遊拘樓瘦, 在婆羅婆第一静室, 坐於草座"(p.670a)

(v) M.N.106 : Ananjasappaya Sutta(vol. ii, pp.261-266) "ekam samayam

꾸루족 사람들이 대상이었다. 그로 인하여 경의 내용은 주로 전문 수행자를 위한 것이지만, 재가 신자들을 배려한 증거[6]도 있다.

3. 『대념처경』을 설한 이유

『대념처경』을 설한 이유는 총설에 있는데, 경의 대체적 방향과 성격을 밝히고 있다. 첫머리에서 붓다는 다음과 같이 말한다.

> 빅쿠들이여! 〔이 도는〕 유일한 길이니, 중생을 청정하게 하고, 슬픔과 비탄을 넘어서게 하며, 〔육체적〕 고통과 〔정신적〕 근심을 사라지게 하고, 진리를 증득케 하며, 열반을 실현하기 위한 길이다. 그것이 바로 '사띠와 네 가지 대상'이다.

---

bhagava kurusu viharati. kammasadhamman nama kurunam nigamo." (p.261)

*『中阿含』 75, 「淨不動道経」(『大正』 1, pp.542b-543b), "一時仏遊拘樓瘦, 在動磨瑟曇拘樓都邑"(p.542b)

(vi) S.N.xii-60 : nidana(vol. ii, pp.92-93) "ekam samaym bhagava kurusu viharati kammasadhammam nama kurunam nigamo."(p.92)

(vii) S.N.xii-66 二 sammasam(vol. ii, pp.107-112) "ekam samayam bhagava kurusu viharati kammasadhammam nama kurunam nigamo."(p.107)

*『雜阿含』 291(『大正』 2, p.82a-c), "一時仏住王舍城迦蘭陀竹園"(p.82a)

(viii) A.N.x-20 : ariyavasa(vol. v, pp.29-30) "ekam samaym bhagava kurusu viharati runam nigamo."(pp.29-32)

*『增一阿含』xlvi-2(『大正』 2, pp.775c-776a), "一時仏在舍衛國祇樹給孤獨園"(p.775c)

6 그 증거는 『대념처경』, 'VI. 염처〔수행〕의 완전한 맺음의 장'에 나타나 있다.

이 부분은 4념처를 대상으로 하는 사띠 수행의 목적과 공효功效를 말하고 있다. 이는 『대념처경』을 설한 목적인 동시에 불교의 지향점이다. '이 공부법이 유일하다'고 한 것은 불교의 모든 공부가 마음공부 하나로 통하는데, 그 마음공부는 사띠 수행이 요체이며, 사띠 명상의 대상은 4처라는 뜻을 함의한 것이다. 요컨대 불교의 마음공부는 '사띠' 하나에 있다는 말이다.

이와 같이 붓다는 『대념처경』의 첫머리에서 서론 겸 결론을 설하고 있는데, '모든 이들이 사띠 수행을 통하여 열반에 이르도록 함'이 『대념처경』을 설한 이유라는 것이다. 그것은 불교의 궁극적 지향점이며 행복론이다. 붓다가 경에서 이처럼 단호한 표현을 하는 것은, 사띠 공부의 중요성을 강조함과 동시에 사띠 수행에 대한 붓다의 자신감을 나타낸 것으로 보아도 좋다.

수술실에 들어간 외과 주임교수가 첫 맹장염 수술에 임하는 전공의에게 "환자의 배 아무 곳이나 열고 아무거나 떼어내라"고 가르치면 될 일인가? 정확한 환부와 수술방법을 알려 줘야 할 것이다. 해탈에 이르는 수행도 마찬가지다. 붓다는 정확한 개념과 방법을 알려주고 있는데, 그것이 사띠 수행인 것이다. 그러한 의미에서 『대념처경』의 내용은 하나이며 유일한 길(ekāyano ayaṃ)이 된다. 사띠 수행은 명상 수행자로 하여금 다섯 가지 효과를 거두게 하는데, 『대념처경』에 나오는 내용은 다음과 같다.

첫째, 사띠 수행을 하면 청정함에 이르게 된다. 붓다고사 장로가 테라와다 불교의 명상방법을 정리한 저술로 『청정도론(Visuddhi Magga)』이 있다. 그것은 『대념처경』의 첫머리에 있는 '청정하게 함

(visuddhiyā)'이라는 말에, 가르침·론이라는 뜻의 막가(magga)를 붙인 것이다. 그것을 통해서도 불교 수행의 목적, 즉 사띠 수행의 공능功能 가운데 하나가 '〔중생의 마음을〕 청정함에 이르게 하는 것'임을 알 수 있다. 청정함이란 열반의 다른 의미이며, 해탈의 상태로 보아도 무방하다. 즉 중생의 마음이 청정함에 이른다는 것은 열반·해탈을 증득한다는 것과 동일한 뜻이다.

둘째, 사띠 수행을 하면 슬픔과 비탄을 넘어서게 된다. 『대념처경』의 본문에 나오는 '슬픔과 비탄(sokaparidevāna)'은 한역에서 수愁로 번역되는 소까(soka)와, 비悲로 번역되는 빠리데와(parideva)가 합해진 용어이다.[7] 행복이 모든 사람이 원하는 것이라면 고통은 모든 사람이 바라지 않는 것이다. 사랑하는 자녀가 죽는다든지 오랫동안 일궈온 회사가 부도처리 되는 것은 고통이다. 삶에는 그러한 고통이 숱하게 많다. 그것이 인생인 것이다. 그러나 사띠 수행하는 사람은 고통으로 인하여 슬픔이나 비탄에 이르지 않는다. 명상수행자는, 고통은 현상이며 슬픔과 비탄은 그로 인해 일어나는 아픔에 불과하다는 진실을 사띠 하는 까닭이다.

붓다에게도 고통은 있었다. 사랑하는 제자 사리뿟따와 목갈리나가 죽었을 때 붓다는 자신의 양팔을 잃은 것 같다고 말하였다. 또한 자신의 조국 까삘라왓투(Kapīlavatthu)가 무너지고, 핏줄인 샤캬(Śākya)족이 도륙당하는 것을 저편에서 지켜봐야만 했다. 하지만 붓다

7 예컨대 같은 죽음이라도, 먼 친척의 죽음이 슬픔이라면, 자기 자녀의 죽음은 비탄이라 할 만하다. 두 가지의 감정은 차이가 있지만, 슬픔으로 인한 아픔이라는 면에서는 본질이 같다.

에게 고통은 있었어도 그 고통으로 인해 슬픔과 비탄에 빠지는 일은 없었다. 그는 고통이라는 현상을 철저히 사띠 하고 있었기 때문일 것이다.

셋째, 사띠 수행을 하면 고통과 근심을 사라지게 한다. 둑카(dukkha)가 몸으로 느끼는 고통이라면, 도마낫싸(domanassa)는 마음으로 느끼는 근심이다. 이는 슬픔·비탄의 경우와 자칫 혼동하기 쉬우나, 명백하게 다른 개념이다. 슬픔·비탄은 자기 몸 밖의 인연으로 인해 일어난 고통이며, 고통·근심은 자신의 몸 안에서 일어난 고통이다. 붓다는 사띠를 통하여 그것들을 초월·소멸하게 된다고 말한다. 붓다는 슬픔·비탄은 '넘어선다(samatikkamāya)'고 하며, 고통·근심은 '소멸한다(atthaṅgamāya)'고 말한다. 외부적 고통은 초월하고, 내부적 고통은 소멸케 한다는 것이 붓다의 입장이다.

넷째, 사띠 수행을 하면 진리를 증득하게 된다. 통상 나얏싸 아디가마야(ñāyassa adhigamāya)를 '진리를 증득케 하며'라고 번역한다. 나야(ñāya)를 직역하면 '바른 이치(正理)'라는 뜻이다. 그래서 전통주석서에서는 나야를 8정도를 가리키는 것으로 본다. 그러나 나야는 논리에 합당한 길도 의미한다. 붓다는 『대념처경』을 설하면서 '모든 의심을 제거하게 된다'고 말한다. 사띠 수행을 하면 의문을 해소하고 진리에 도달하게 된다. 그가 고행을 포기하고 보리수 아래에서 7일간 집중적으로 수련한 방법이 사띠 수행이다.

다섯째, 사띠 수행을 하면 열반을 실현한다. 붓다의 실천수행은 열반을 증득하는 것으로 귀결된다. 열반이란 마음의 번뇌가 소멸한 상태를 말한다. 사띠 수행은 모든 번뇌를 소멸하여 열반에 이르는 것을 목표로 한다. 이상의 다섯 가지 공효는 『대념처경』에 나타난 사띠 수행의 목표인 동시에 결과이다. 그것을 붓다는 경의 첫머리에 전제하고 있는 것이다.

4. 『대념처경』의 언어

붓다가 설법할 때 사용했던 언어는 그가 활동했던 갠지스강 중류 지역에서 사용되던 언어였을 것이다. 후에 그 지역 전체를 마가다(Magada)라고 불렀기 때문에 그 언어를 마가다어라고 부른다. 아쇼까왕(Aśoka, 阿育王, 재위 B.C. 268~232년경)의 비문에도 그 지역의 언어가 많이 사용되고 있으므로, 붓다가 사용하던 마가다어가 어떤 것이었는지에 대하여는 오늘날에도 추측이 가능하다.

한편 붓다시대 정통 브라만교의 성전인 『베다』는 산스끄리뜨(Sanskrit)어의 기원을 이루는 베다어로 전해지고 있다. 베다어나 산스끄리뜨어는 고급언어로서 아어雅語라고 부른다. 『베다』는 상류층의 지식계급끼리만 전수하며 하층 천민계급에게는 절대로 들려주면 안 된다는 풍습이 오늘날까지도 남아 있다. 그러나 붓다는 자신의 가르침을 모든 계급의 사람들에게 넓고 평등하게 전했다. 오히려 괴로움에 물든 하층민이야말로 더욱 제도해야 할 대상이 아닐 수 없었다. 따라서 그는 누구라도 쉽게 이해할 수 있도록 그 지역의 민중언어로 가르침을 설했다.[8] 여기에서 불교의 대중성을 엿볼 수 있다.

---

8 붓다는 여러 지역의 언어에 능통하였으므로, 경우에 따라 다양한 언어들을 사용하여 설법하였을 개연성이 높다. 붓다는 청중을 우선적으로 고려하는 자비의 스승이기 때문이다. 그러다가 후일 법문의 전승 과정에서 마가다어로 정비되었을 가능성

붓다는 인간의 심리를 통찰하고, 대상의 근기에 따라 설법하였다. 붓다의 가르침을 들은 높은 계급의 브라마나·국왕·장자들도 제자가 되었을 뿐 아니라, 그때까지 종교적으로 구제받을 수 없었던 천민들까지도 그의 가르침을 듣고 귀의하였다. 후일 부파部派 시대까지만 하더라도 붓다의 말씀은 각 지역에서 사용되던 여러 민중언어로 전승되었다. 그러다가 세월이 흐르면서 경전은 마침내 빨리(Pāli)어와 산스끄리뜨어로 정리된다. 빨리어는 산스끄리뜨어와 가까우나 그보다는 베다어로 보일 만큼 오래된 어형을 가지고 있기도 하다.

언어학적으로 볼 때 빨리어는 서인도 지방의 민중어였던 삐샤짜(Piśāca)어의 일종인데, 구전되던 마가다어 불교 가르침이 삐샤짜어로 옮겨져 빨리어 경전이 되었으리라고 보는 것이 학자들의 대체적인 견해이다. 빨리어 경전은 후일 상좌부 계통이 주로 채용하고 있다. 한편 산스끄리뜨어로 정리된 가르침들은 그보다 늦은 시기에 성립된 것들로서 대승경전군이 이에 속한다. 중국에 전해져 한역漢譯된 경전들은 대부분 산스끄리뜨어 경전이 저본이다.

『대념처경』을 비롯한 대부분의 초기불교 경전들은 반복이 많다. 그것은 초기 경전이 구송口誦으로 전승되었기 때문이다. 역사적으로 붓다의 말씀이 기록되기 위해서는 그의 사후 수백 년을 기다리지 않으면 안 되었다. 그 사이에 구전으로 말씀을 전승하기 위해서는 같은 말을 반복·암송하는 것이 효율적이었을 것이다. 이 때 붓다 설법 시 생략되었거나 생략되어도 좋은 부분까지 되살려지고 보완되었

도 있다.

을 가능성이 있다. 게다가 모든 부파들은 자파의 암송·전승의 전통을 유지하고 있었으므로, 자신들의 정통성과 우수성을 강조하기 위해서도 그 원의는 살리되 내용은 풍부하도록 보완되었을 것이다. 이것이 초기 불전들의 내용이 반복을 계속하고 있는 이유 중 하나이다.

현대에 이르러서도 테라와다 불교에서는 합송의 전통이 남아 있다. 예컨대 연기에 대한 경전을 암송할 때, 24시간 동안 교대하면서 쉬지 않고 일주일 혹은 보름씩 계속하기도 한다.

5. 사띠의 정의

많은 경전들로 구성된 니까야에서 4념처수행四念處修行이 기록되어 있는 문헌들로는 *Mahāsatipaṭṭhāṇa Sutta*(大念處經)·*Satipaṭṭhana Sutta*(念處經)·*Ānāpānasati Sutta*(入出息念經)·*Satipaṭṭhānasaṃyutta*(念處相應) 등이 있다. 그중에서 『대념처경大念處經』이라고 번역되는 마하사띠빳타나 숫따(*Mahāsatipaṭṭhāna Sutta*)는 문자 그대로 '사띠를 설한 큰 경'이다.

사띠(sati)는 '기억하다(√smṛ)'라는 의미를 지닌 동사 어근에서 파생된 명사이며, '잊지 않고 기억함'이라는 1차적인 의미를 지닌다. 거기에 '곧바로 대상에 바로 다가간다(直入)'는 2차적 의미가 있다. 이처럼 사띠는 '기억하다', '억념憶念하다'라는 의미에, '바로 알아차리다'라는 뜻이 포함된 중의적重意的 개념이다.[9] 사띠는 영역英譯 마인드풀니스

9 Margaret Cone의 빨리어 사전(*A Dictionary of Pāli*, P.T.S., 2001)을 보면 사띠에 관한 해석이 매우 다양한 것을 알 수 있다. 그동안 한국 불교학계에서 논의된 sati의 번역어만 보아도 매우 다양하다. 기억·생각·주시·관찰·각성·마음 집중·

(mindfulness) 탓인지 '마음 챙김'이라는 말이 학계나 명상계에 대체로 정착하여 있다. 그러나 실제 수행에서는 '알아차림'이라는 말이 유용하다. 나아가 필자와 같이 사띠 수행에서 주체主體를 고려해야 한다는 입장에서 본다면, '깨어 알아차림'이라는 말도 좋다. 그러나 경의 본문을 번역할 때 혹시 모를 혼선을 방지하고, 본래의 의미를 중시한다는 의미에서 sati를 '사띠'라는 음역音譯으로 표기하였으며, 그 의미가 필요할 때는 '알아차림'이라는 용어를 사용하였다.[10]

사띠란 마음을 개념이 아닌 빠라마타(Paramattha), 즉 실재에 두어 관찰력을 향상시키는 방법이다. 빠라마타는 직접 경험하고 느끼는 대상을 말한다. 예컨대 호흡이라는 것이 지니는 개념이 아니라 호흡이 지닌 감각과 그 느낌, 즉 들어오고 나갈 때 스치는 느낌, 차거나 따뜻한 느낌, 세거나 약한 느낌 등이 빠라마타이다. 물론 느낌 자체가 위빳사나 명상의 최종 목적은 아니다. 그러한 느낌에 대한 관찰력이 향상됨에 따라 마침내 우리의 내면은 순수 맑음·순수 밝음이라는 사띠의 최종 상태가 된다. 그것이 참된 지혜 상태이며 열반이다.

사띠의 그러한 본질은, 『대념처경』에 20차례나 출현하는 "이제 지혜가 확장되고 사띠만이 현전하여 지낸다.(Yāvadeva ñāṇamattāya paṭissatimattāya anissito ca viharati)"는 글귀에 나타나 있다. 사띠란 관찰

사띠·마음 챙김·주의 깊음·수동적 주의집중·마음 지킴·알아챔과 대상에의 주목·지켜보기 등 수많은 정의가 시도되고 있다.(졸고, 「내 몸에 등불 켜기 혹은 빛의 몸 만들기」, 『원불교사상과 종교문화』 제65집, 원불교사상연구원, 2015. p.150 참조)

10 사마디의 경우도 마찬가지로 삼매라는 말을 병칭하기는 하지만 주로 사마디라는 말을 사용하겠다.

력이 증가하게 되는 마음의 잠재태潛在態인 동시에, 지혜로 불리는 마음의 완성태完成態이다. 즉 사띠는 명상수행의 최고방법이며, 사띠가 완전히 현전한 상태는 정각·열반과 동일한 경지로 간주된다.

『대념처경』에는 사띠가 수행방법인 동시에 목표가 된다는 것을 짐작할 수 있는 보조 자료들이 있다. 붓다는 법념처의 8정도에 정념(正念, sammā-sati)이라는 이름의 사띠를 배치하고 있다. 사띠는 정정진(正精進, sammā-vāyāma)·정정(正定, sammā-samādhi) 등과 함께 수행의 필수요소이다. 또한 7각지七覺支에서는 염각지(念覺支, satisambojjhaṅ-ga)가 있다. 사띠가 완성된 것은 깨달음의 요소이기도 하다는 의미이다. 또한 7각지의 두 번째인 택법각지(擇法覺支, dhammavicayasambo-jjhaṅga)는 직접적인 경험에 의한 통찰력을 말하는데, 그것은 사띠의 깨달음 요소인 염각지의 도움으로 이루어진다고 한다. 그 의미는 사띠가 법을 가려 아는 통찰의 성격도 지닌다는 말이다. 한편 사띠는 5근五根 중에서도 염근(念根, satindriya)에 위치하면서 나머지 네 가지의 요소인 신근信根·정진근精進根·정근定根·혜근慧根 등을 돕는 기능도 한다. 그밖에 5력五力의 한 요소인 염력(念力, satibala)으로도 쓰인다.

요컨대 사띠는 붓다의 수행방법 가운데 하나로서, 깨달음으로 향하는 37가지 요소[11] 전반에 적용되는 공부법이며, 동시에 지혜가 완성된

---

11 37조도품을 의미한다. 이것은 4념처(四念處)·4정근(四正勤)·4여의족(四如意足)·5근(五根)·5력(五力)·7각지(七覺支)·8정도(八正道) 등의 37가지를 말한다. 이 37도품은 후일 부파불교에서 정리된 것이며, 이들 행법 가운데는 중복되는 것들도 있어서 수행자들은 이들 37가지를 모두 행한 것이 아니고 그 성격이나 기능에

상태를 가리킨다고 볼 수 있다.

사띠의 쓰임새는 복잡하지만 사띠의 실천은 단순하다. 아무런 개념도 짓지 않는 것이 사띠이기 때문이다. 일반적으로 사람들은 스토리에 매혹한다. 아무것도 없는 황무지에 어느 날 관광객이 몰리는 것은 영화의 주인공이 서 있던 자리라는 스토리 때문이다. 우리의 모든 삶과 문화가 스토리텔링 위에 서 있다. 그와 대조적으로 사띠 명상은 스토리가 사라진 곳에 존재한다. 스토리가 아니라 실재, 어제가 아니라 지금, 개념이 아니라 있는 그대로, 그것을 바라보는 것이 사띠이다. 마음이 과거에 있을 때 분별이 있고, 미래에 있을 때 불안이 있다. 갈망과 혐오의 번뇌를 동원하여 과거와 미래를 물들이기 때문이다. 현재를 알아차리고 있을 때 명상수행자는 평정과 자유를 누린다. 사띠는 단순한 실천명상법이라는 사실을 잊어서는 안 된다.

6. 사띠와 같은 의미의 말

『대념처경』은 제목에 나타나듯이 사띠(sati)가 주제인 경전이다. 그렇지만 붓다는 경의 본문에서 사띠와 유사한 개념의 다양한 단어들을 동원하여, 사띠와 치환置換 혹은 병치竝置하며 알아차림의 의미를 보완한다.

첫째, 알아차림이라는 뜻이 직접적으로 나타나 있지는 않지만 그 의미를 암시하고 있는 용어군이 있다. 그 중 대표적인 것이 위하라띠(viharati)이다. 위하라띠는 '지낸다', '생활한다' 등의 의미가 있으며,

---

따라 어떠한 수행방법을 선택하여 닦았을 것으로 생각된다.(졸저, 앞의 책, p.142)

명사형은 위하라(vihara)로서 '정사精舍'로 번역된다. 그런데 붓다는 『대념처경』에서 위하라띠를 196회나 사용한다. 아마 단일 용어로는 최다 횟수일 것이다. 위하라띠가 일상적인 생활을 의미하는 것임에도 불구하고, 붓다는 그 용례 속에서 적절하게 사띠의 상태를 암시하며 사용하고 있다. 따라서 『대념처경』을 읽어가며 명상하는 수행자는 위하라띠를 대할 때, '사띠로 일관하며 지내는 상태'로 받아들여도 좋을 것이다. 위하라띠와 비슷한 개념으로 아따삐(ātāpī)가 있다. 아따삐는 부지런하다는 뜻인데, 『대념처경』에서는 사띠 수행을 가리키거나 사띠의 보조 개념으로 사용한다.

다음으로 알아차림을 암시하면서, 사띠와 의미가 유사한 용례로 아누빳사나(anupassana)가 있다. '~을 따라서', '~와 결합하여' 등의 의미를 가진 아누(anu)와 '보다'라는 뜻의 빳사띠(passati)가 결합하여 아누빳사띠가 된다. 그것은 '관찰하다', '응시하다' 등의 의미를 지니며, 아누빳사나는 그 명사형이다. 아누빳사나는 『대념처경』 각 장에 붙어 제목으로 사용될 정도로 무게 있는 용어이며,[12] 동사형인 아누빳사띠는 앞에 신수심법의 네 가지 단어와 결합하여 『대념처경』 전체에 걸쳐 169회나 출현한다. 그것은 위하라띠 다음으로 많은 횟수이며, 심지어 사띠보다 사용빈도가 높다.

다음으로 '식카띠(sikkhati, 수련하다)'가 있다. 붓다는 『대념처경』 호흡의 절에서 사띠라는 말 대신 식카띠를 사용한다.[13] "들이쉬는 숨을

12 예컨대 Kāyānupassanā(몸을 따라 알아차림 하는 장)처럼 각 장의 제목으로 사용되며 수관隨觀으로 번역될 정도인 것으로 보아 사띠와 거의 동일한 용어로 보아도 좋다.

온몸으로 느끼며 수련하고, 내쉬는 숨을 온몸으로 느끼며 수련한다." 라고 말한다. 식카띠를 영역본에서는 train이라 번역하며, '익히다, 배우다' 등의 뜻이 있는데, 특히 열반을 향한 명상수행 공부를 식카띠라고 한다. 붓다는 『대념처경』에서 '사띠를 위한 모든 노력'이라는 의미로 식카띠를 사용하였다고 생각된다.

그밖에 사띠와 통하는 용어로 체따나(cetanā, 思: 의도)가 있다. 체따나는 사띠 수행의 성격을 알게 하는 중요한 용어이다. 인식의 프로세스를 설명한 대표적인 불교 교리가 5온 곧 색수상행식色受想行識인데, 붓다는 수상受想 다음에 행行으로 이행하는 과정에 체따나를 작동시킬 것을 요청한다. 즉 인식과정에 명상수행자가 의도적으로 관여함으로써 오염된 과果를 방지하고 지혜로 이전하게 하는 것이다. 그러한 점에서 체따나는 사띠의 용도와 매우 유사하다.[14]

또한 사띠와 유사한 용도로 빳차웩카띠(paccavekkhati)와 우빠상하라띠(upasaṃharati)가 있다. 빳차웩카띠는 사람의 몸을 4대로 관찰할 때 사용하는 용어이며, 우빠상하라띠는 아홉 가지 묘지의 절에서 사람이 죽은 뒤 분해되는 모습을 지켜볼 때 사용한다. 빳차웩카띠에서 빳(paṭ)은 '다시'라는 뜻이며, 아웩카띠(avekkhati)는 '바라보다, 고려하다' 등의 의미가 있다. 이를 영역본에서는 'considering'으로 번역한다. 빳차웩카띠는 '〔어떤 개념을 성찰한다든지 자신의 행위를 돌아본

---

13 『대념처경』 〈Ⅱ-1. 호흡의 절〉을 참조하라.

14 체따나의 용법에 대해서는 본 〈해제 9. 사띠 수행의 방법〉과, 〈Ⅲ. 느낌을 따라 알아차림 하는 장〉 등에서 자세히 논하겠다.

다든지 하는 것을 수반한] 바라봄'이라는 의미가 강하다. 빳차웩카띠와 우빠상하라띠는 넓은 의미로 사띠의 범위 안에 들어가는 것이지만 어떤 혐오할 만한 상태를 관조하며 집착을 여의기 위한 용도로 사용된다는 점에 특징이 있다. 따라서 두 개념 모두 '집착을 떠나 사띠 함'이라는 의미를 지닌 용례로 이해해도 좋다.

둘째, 알아차림이라는 뜻이 있으며, 사띠와 혼용 혹은 대치代置하는 용어군이 있다. 대표적인 용어가 빠자나띠(pajānāti)이다. 빠자나띠라는 말은 '의도화된 사띠'라는 의미의 자나띠(jānāti)와 빤나(paññā: 지혜)라는 의미의 접두사 빠(pa-)가 덧붙여진 말이다. 빠자나띠는 동사로서 '알다, 이해하다' 등의 의미가 있으며, 빠자나(pajāna)는 그 명사형이다. 빠자나띠는 '지혜로운 의도를 가지고 통찰함' 정도로 생각하면 된다. 『대념처경』에서 빠자나띠는 4념처에 고루 적용되며, 사띠 대신 적절히 사용되고 있다. 사실 『대념처경』에서는 사띠를 써야 할 곳에 많은 부분 빠자나띠를 사용하고 있다. 『대념처경』 전체에 사띠라는 용어가 167회 출현하는 데에 비하여, 빠자나띠는 151회나 사용되고 있어 그 비중을 짐작할 수 있다.[15]

빠자나띠는 어떠한 현상 혹은 상태에 대하여 바라본다는 개념 속에 그 원리나 과정 전체를 요해了解한다는 의미도 포함하고 있다. 예컨대 『대념처경』 법념처에서 5개五蓋를 말하는 중에 다음과 같은 구절이 있다.

---

15 예컨대 sati의 경우는 satipaṭṭhāna 등과 같이 복합적으로 쓰인 것까지 포함한 숫자이며, pajānāti도 sampajañña 등을 포함하였다. 단 sati 혹은 pajānāti와 같이 독립된 개념만을 헤아릴 경우 pajānāti 쪽이 훨씬 많다.

혹은 내면에 악의가 있을 때 '내 안에 악의가 있다'고 바르게 알아차리고(pajānāto), 내면에 악의가 없을 때 '내 안에 악의가 없다'고 바르게 알아차린다. 이와 같이 아직 발생되지 않은 악의가 어떻게 발생하는지 바르게 알아차리며, 이와 같이 내 안에 발생한 악의를 어떻게 제거하는지 바르게 알아차리며, 이와 같이 내 안에 제거된 악의가 〔더 이상〕 생겨나지 않는지 바르게 알아차린다.[16]

이때의 악의는 '싫어함으로 인한 화냄'을 말한다. 그런데 그 악의라는 마음의 법이 갑자기 나타나기도 하고 사라지기도 하며, 제거되기도 하고 제거에 의하여 생겨나지 않기도 한다는 것이다. 붓다는 이 경우에는 사띠가 아닌 빠자나띠를 사용한다. 그것은 '순수한 알아차림'이라는 사띠의 성격보다는 '원리와 과정을 요해한 상태의 알아차림'이라는 빠자나띠가 더 적합하였을 것이기 때문이다. 사띠가 지금·여기를 단순하고 세밀하게 깨어 알아차리는 것이라면, 빠자나띠란 원리와 전체 도정道程을 놓치지 않으면서 지금 여기를 알아차리는 것이라 대비할 수 있다. 그런 까닭에 특히 법념처와 같이 원리를 수반하는 알아차림의 경우, 붓다는 사띠보다는 빠자나띠를 선호한다. 일반적인 상식으로는 먼저 보고 나중에 아는 것이 순서일 것 같지만, 불경에서는 제대로 알고 이후에 본다는 순서를 중시한다.[17]

『대념처경』에서는 빠자나띠 계열의 용어도 적지 않게 출현한다.

---

16 경의 본문. V-1.

17 대림 역, 『청정도론』 해제, 초기불전연구원, 2004, p.108.

예컨대 삼빠자나가 있다. 삼(sam)은 접두사로서 '~과 같이'라는 의미도 있으며, '바르게, 전체적으로, 고르게' 등의 의미도 있다. 거기에 빠자나띠를 더하여 '바르고 지혜롭게 통찰하며 알아차림'의 의미가 된다. 영역에서는 삼빠자나(sampajāñña)를 awareness, presence of knowledge 등으로 번역한다. 그러나 본문에서는 삼빠자나를 빠자나띠(正知)와 비슷한 의미를 지니면서도 구분되도록 '분명한 앎'이라고 번역한다. 한편 붓다는 부사형인 삼빠자노(sampajāno)라는 말도 즐겨 사용하는데, 그것 또한 사띠의 다른 성격으로 보아도 좋다. 붓다가 삼빠자노를 중시한 것은, 『대념처경』에서 그것을 하나의 절로 독립시키고 있다는 점에서 잘 알 수 있다.[18]

요컨대 빠자나띠는 사띠의 보완재 혹은 대체재로 사용될 수 있을 정도로 깊은 동질 관계에 있다고 볼 수 있다. 『대념처경』에서는 법념처의 8정도 정념의 항에서 아예 'viharati ātāpī sampajāno satimā'라고 하여 위하라띠·아따삐·삼빠자노를 사띠와 병렬하며 명상의 세계로 인도하기도 한다. 이때의 위하라띠·아따삐·삼빠자노는 각기 사띠의 성격을 가지면서도 사띠와 함께 사용됨으로써, 알아차림의 성격과 상태를 거듭 강조하는 효과를 노린 것으로 보인다. 그것은 그 용어들이 지닌 의미가 사띠와 근본적으로 통한다는 사실을 뜻한다. 그밖에 빠자나띠와 병렬하며 그 의미를 확인·반복하는 의미로 사용되는 것으로 야타부따(yathābhūta)라는 용어가 있다. 그것은 '분명하게, 확실히, 진실되게' 따위의 의미를 지니며, 『대념처경』의 V-5 법념처에서만

18 Ⅱ-3. Sampajānapabbaṃ.(분명한 앎의 절)

유일하게 사용된다.

셋째, 일반적인 용어이지만 사띠를 연상케 하는 말이 있다. 예컨대 우뻬카(upekkhā, 捨), 즉 평정이 있다. 『대념처경』에서는 사띠가 평정 속에서 이루어져야 한다고 설하고 있다. 특히 사띠 수행의 네 번째 단계인 4선정의 경지를 붓다는 '행복(樂)도 괴로움(苦)도 끊어버리고, 전에 있던 기쁨도 슬픔도 소멸되어, 괴롭지도 즐겁지도 않은 평정한 사띠의 순수상태(捨念淸淨)'라고 규정한다. 기쁨 또한 욕망이다. 사띠 수행자는 모든 욕망을 여의었으므로 마음이 고요하며, 집중의 에너지가 충분하고 균형을 이룬 상태가 된다. 사실 명상수행자가 오래 앉지 못하는 것은 마음의 불안정 때문이지 엉덩이의 통증 때문만은 아니다. 평정심은 안정을 준다. 대상이 섬세하게 알아차려지고 산만함은 사라지는 것이 평정심이다. 이때 붓다는 '평정한 사띠의 순수상태'를 우뻬카 사띠빠리숫디(upekkhāsatipārisuddhi)라고 붙여서 표기한다.[19] 이를 볼 때 사띠의 순수상태와 제4선정의 상태 그리고 평정의 상태는 거의 동의어임을 알 수 있다. 수행자가 사띠 명상을 할 때 우뻬카의 느낌으로 깨어 알아차림 하는 것이 중요하다.

『대념처경』의 이름에 사띠라는 말이 붙어 있음에도 불구하고, 정작 사띠의 용례는 위에서 제시한 다양한 말들과 비교할 때 빈도수가 상대적으로 적다.[20] 특히 붓다는 신념처 일부를 제외하고 수념처·심념

---

19 『대념처경』 V. 담마를 따라 알아차림 하는 장. 5. 〔네 가지 성스러운〕 진리의 절. 4) 닦는 길의 〔성스러운〕 진리에 나오는 말이다. upekkhāsatipārisuddhi: 평정한 사띠의 순수상태. ※ upekkhā: 평정, sati: 사띠, pārisuddhi: 순수함.

20 붓다가 랜덤으로 알아차림에 해당하는 용어를 바꿔가며 사용했다고 볼 수는

처·법념처에서는 모든 영역에 걸쳐 사띠가 아닌 빠자나띠를 적용한다. 그밖에 위하라띠·식카띠·빳차웩카띠·우빠상하라띠·우뻭카 등 사띠와 유사하거나 거의 동일한 의미의 용어들도 곳곳에서 『대념처경』을 장악하고 있다. 빈도수와 비중으로 따진다면 『대념처경』을 사띠의 경전이라고 보기 어려울 정도이다. 붓다는 상황과 성격에 따라 다양한 용어들을 동원하여 '알아차림'의 성격에 접근하게 하였음을 알 수 있다. 그들 용어의 용례나 빈도수, 그리고 용어 사용 시의 중요도 등을 종합하면 마하사띠빳타나숫따(『大念處經』)라는 제목보다는 마하빠자나띠빳타나숫따(*Mahāpajānātipaṭṭhāna Sutta*, 『大正知處經』)라고 표기해야 옳지 않을까 하는 생각이 드는 정도이다. 그만큼 붓다는 명상 시에 같은 알아차림이라도 빠자나띠적인 알아차림을 권하고 있다. 여기에서 다시 염두에 두어야 할 것은 위빳사나 명상수행을 '그저 바라보는 것'으로 생각하는 것은 심각한 오류라는 점이다. 원리와 과정에 대한 충분한 공부가 밑받침된 상태에서 관찰하는 것이어야 붓다의 알아차림이 된다.

그럼에도 불구하고 붓다는 왜 『대념처경』에 빠자나띠가 아닌 사띠라는 이름을 붙였을까? 이유는 한 가지이다. 붓다의 명상수행에서 원리나 과정 전체를 요해了解하며 알아차림 한다는 빠자나띠적인 방법이 당연히 필요하다. 그렇지만 위빳사나 명상을 하는 그 찰나는 순수한 '알아차림' 그 자체만 꽂혀야 한다. 그러므로 비록 빠자나띠 등의 개념에

없다. 붓다는 그의 말씀에서 하나의 용어나 개념조차도 신중하게 사용하고 있는 치밀한 분이다. 따라서 여러 용어를 사용하고 있는 것은 사띠의 의미가 다양하고 풍부하다는 사실을 나타내기 위한 계획적인 의도라고 보인다.

충실한 상태로 수행에 임한다 하더라도, 알아차림의 그 순간에는 반드시 사띠적으로 사용해야만 한다. 그것이 붓다가 『대념처경』을 빠자나띠 혹은 다른 개념의 경전이 아닌 사띠의 경전으로 명명한 이유라 하겠다.

그렇다면 위빳사나(Vipassanā)란 무엇인가? 위빳사나란 관觀으로 번역되는데, 주관적 편견이나 욕구 등을 개입시키지 않고 현상을 관찰하여 '통찰'에 드는 명상수행법을 통칭統稱한다. 대상과 하나되어 '집중'하는 사마타(samatha, 止)와 더불어 명상수행의 대표적인 두 가지 방법 중 하나이다. 『대념처경』에서 출현하는 용어로 표현한다면, 사띠·위하라띠·식카띠·빳차웩카띠·우빠상하라띠·우뻬카·빠자나띠 등 여러 알아차림 명상법들을 통틀어 위빳사나라고 할 수 있다. 물론 그 대표는 사띠이다.

7. 사띠와 스므리띠

인도철학이나 불교학 전통에서 주목해야 할 사항 중의 하나는 사띠(sati)와 스므리띠(smṛti)와의 관계이다. 동일한 용어를 두고 빨리어로는 사띠, 산스끄리뜨어로는 스므리띠라고 표기한다. 빨리어보다 산스끄리뜨어가 정밀한 문법체계로 이루어진 점에서, 시대적으로 후기에 성립된 것이다. 흥미 있는 것은 그 변화과정에서 사띠의 의미가 질적으로 바뀌고 있다는 점이다.

스므리띠의 사전적 정의는 회상·이해·추억·욕구·심층기억 등이다. 이것에 대하여 요가철학에서는 '다시 생성된 마음작용', '마음에 떠오르는 여러 생각', '기억된 지혜나 무상삼매의 선행요소', '디야나'

등을 포괄적으로 함의한다고 본다.[21] 특히 『요가수뜨라』에서는 스므리띠를 기억이라고 표기하는데, '기억하다'와 '바라보다'라는 말의 합성어인 빨리어 사띠로부터 기억 부분을 주로 계승한 것으로 본다. 스므리띠는 단순한 기억이 아니라 대상에 대한 인식을 포함하는 것으로서, 심층의식에 대한 인식까지를 포괄하는 용어이다.

요가철학에서 행위의 결과들은 의식의 저장소(citta)에 잠재업(karmāśaya)과 잠재습(vāsanā), 그리고 잠세력(saṃskāra) 등으로 남아 있다가 적절한 환경을 만나면 그 힘을 발휘한다고 본다. 그런데 그러한 잠재성향들은 경험대상에 대한 스므리띠의 방향에 따라 고통스럽거나 혹은 고통스럽지 않은 두 갈래로 나뉜다. 고통스럽지 않은 스므리띠는 경험대상에 대하여 선善의 의지를 강화하여 대상에 집중하게 한다. 그 결과 마음작용이 통제되면서 집중과 명상 나아가 사마디의 발현에 이른다고 한다. 반면 고통의 스므리띠는 대상에 대한 집중이 약화된다. 그 결과 마음작용이 통제되기 어려우며 마침내 사마디가 소멸되기에 이른다. 즉 불선不善의 스므리띠가 생성되면 번뇌가 흥기하며, 선善의 스므리띠가 생성되면 번뇌가 약화되고 사마디의 본성에 안착한다는 것이다.

중요한 것은, 스므리띠가 번뇌 혹은 사마디로 가는 수단에 불과하므로, 구경에는 선적인 스므리띠마저 사라져야만 궁극상태인 독존獨尊에 이른다는 점이다. 그것은 요가의 목적이 '마음 작용의 지멸'이며,

---

21 김소영, 「요가명상에서 스므리띠(smṛti)에 관한 연구」, 원광대학교 대학원 박사논문, 2015. p.13.

그 궁극이 '사마디'에 있기 때문이다. 사마디는 요가에서 수행의 목표를 실현하는 수단이다. 그리하여 마침내 유상有相사마디를 거쳐 무상無相사마디에 이르러야 한다. 그 목적에 이르기 위하여 요가 수행자는 일단 불선不善의 스므리띠로부터 선善적인 스므리띠로 행위를 선회한 후, 마침내 스므리띠 자체도 지멸시켜야 하는 것이다.

그 과정을 보면, 마음작용이 멈추는 유상사마디에 이르기까지는 일단 선善의 스므리띠가 계속 생성되어야 한다. 그리고 무상사마디를 거쳐 무종無種사마디에 이를 때 임무를 마친 스므리띠는 마침내 사라져야 한다. 이로써 수행자는 비로소 최종 상태인 해탈(mokṣa)·독존(kaivalya)에 이르게 된다.

『대념처경』에서의 사띠는 대상에 대한 '깨어 알아차림'을 통하여 아라한에 이르게 하는 방법적 요소이다. 뿐만 아니라 사마디와 더불어 최종 목적인 깨달음의 속성이기도 하다. 그와 대조적으로 스므리띠는 선한 의도를 지닌 기억으로 사용할 경우 최종 목적을 향하는 중요한 요소로 작용한다. 그렇지만 최종 목적인 독존에 이르면서 마침내 사라져야 할 운명을 지닌 개념이다.

빨리어 사띠와 산스끄리뜨어 스므리띠는 동일한 용어임에도 불구하고, 시대와 철학적 배경을 따라 그 성격이 크게 변화한다. 스므리띠의 개념은 사띠의 성격에 대한 새로운 과제를 제공한다. 한편 사마디의 개념 또한 요가철학에 이르면 크게 변화하지만 이 책에서의 주제가 아니므로 다루지 아니한다.

8. 사띠와 사마디

명상수행에 중요한 두 요소가 있다. 하나는 고요하게 집중하는 사마디(Samādhi, 定)이고, 다른 하나는 있는 그대로의 실재를 깨어 알아차림하는 사띠(Sati)이다. 불교의 사마디가 무엇인가를 알기 위해서 우리는 붓다의 생애를 먼저 살펴볼 필요가 있다. 사마디와 관련한 붓다의 생애는 드라마틱하며 모순적이다. 붓다는 출가 후 알라라 깔라마(Ālāra-Kālāma)라는 스승 밑에서 '무소유처정無所有處定'이라는 사마디 선정을 익혔고, 웃다까 라마뿟따(Uddaka-Rāmaputta)에게서는 '비상비비상처정非想非非想處定'이라는 더욱 높은 차원의 사마디에 도달하였다고 한다. 그러나 붓다는 두 스승을 모두 버리고 떠났다. 그런데 놀라운 것은 정각을 이룬 붓다가 이전에 익혔던 사마디의 명칭을 그대로 사용하며 제자들을 지도한다는 점이다. 불교 경전에 언급되는 사마디, 즉 선정의 이름들 가운데 상수멸정(想受滅定, Sannāvedayitanirodha)을 제외하고는 붓다 깨달음의 전과 후에 용어상의 차이가 없다.

사마디가 같은 것이라면 붓다는 왜 스승들을 떠났을까? 그리고 떠났다면 왜 스승들의 사마디 단계를 다시 수용하였단 말인가? 그뿐이 아니라 자신의 수행법 8정도에서 맨 끝에 사띠와 더불어 사마디를 위치시킨 이유는 무엇일까? 필자는 붓다의 생애 가운데 가장 큰 미스터리가 사마디와 관련된 부분이라고 생각한다.

사마디는 집중이 속성이며, 사띠는 관찰이 본질이다. 두 가지는 정각에 이르는 수행의 두 가지 필수요소이다. 붓다는 두 사람의 사마디 스승 문하에서 누구보다도 뛰어난 소질을 보였다. 필자는 붓다가 스승들을 떠난 이유를 두 가지로 본다.

첫째, 사마디가 육체의 에너지에 기반을 둔 것임을 알았기 때문이었다. 붓다의 고행은 집중력인 사마디를 버리고자 한 것이 아니라, 육체의 영향력을 벗어나면서도 집중력을 유지하기 위한 몸부림이었다. 그러나 고행 중에 붓다는 그것이 불가능하며 그럴 필요도 없다는 사실을 알게 된다. 그러한 자각이 수잣타가 공양하는 우유죽을 얻어먹고 기운을 차려 보리수하에 정좌하게 하였다.

둘째, 사마디만으로 정각이라는 최종 목표에 이를 수 없음을 알았기 때문이었다. 그러한 자각이 붓다로 하여금 보리수하에서 사띠 수행에 돌입하게 하였다. 마침내 깨달음에 이른 붓다에게는 사마디와 사띠가 구분되는 것이 아니었다.[22] 그 예를 보자.

> 빅쿠들이여, 사마디를 닦아라. 빅쿠들이여! 사마디를 성취한 빅쿠는 법을 있는 그대로 안다. 무엇을 있는 그대로 안다는 말인가? 물질의 일어남과 사라짐, 느낌의 일어남과 사라짐, 지각의 일어남과 사라짐, 쌍카라의 일어남과 사라짐, 식의 일어남과 사라짐이다.[23]

분명 사마디에 대하여 설하고 있는 것인데, 그 내용은 사띠에 대한

---

22 붓다의 정각을 기준으로 하여 전과 후의 사마디에 대한 규정은 달라진다. 그 이전의 사마디는 단순한 집중력이었다면, 이후의 사마디는 관찰력이라는 사띠가 조화된 집중력이었다. 『대념처경』에서도 궁극의 사마디는 사띠와 분리된 것이 아님을 반복하여 설하고 있다.

23 SN: 22.5

설명이다. 한편 붓다 자신의 수행과정은 사마디를 익힌 후 사띠에 돌입하는 것이 순서였지만, 정각 후 그의 가르침은 사띠로 방향을 잡은 후 사마디로 집중하도록 인도한다. 그것이 8정도에서 정념(正念, sammā-sati) 다음에 정정(正定, sammā-samādhi)을 위치시킨 이유이다. 그뿐 아니라 붓다는 깨달음의 계위로 4선정을 설하면서 사마디의 단계마다 사띠를 삽입·조화시키고 있다. 사마디를 말하면서 사띠를, 사띠를 말하면서 사마디를 말하고 있는 붓다의 가르침은 불전에 다수 나타나 있다.[24]

수행의 선후야 어떻든 붓다에 이르러 사띠와 사마디는 궁극적으로 하나로 혼융混融하여 신성한 경지를 향한다. 알아차림 수행을 통해 깊은 집중이 개발되고 집중을 통해 알아차림이 깊어지면 수행자는 알아차림과 대상을 마치 풀로 붙여놓은 듯이 느낄 수 있다.[25] 두 공부가 지닌 그 목적지의 거룩한 이름은 열반(涅槃, nibbāna)이다. 정각에 이르는 강은 양 갈래임에도 불구하고, 궁극의 바다에 이르면 그것은 하나였던 것이다.

9. 사띠 수행의 방법

사띠 수행의 방법을 논하는 데에 몇 가지 고려해야 할 사항이 있다.

첫째, 사띠가 무엇인지가 중요하다. 사띠는 관찰이다. 관찰이라면 바라본다는 뜻이다. 그런데 그냥 바라보는 것이 아니라, 알아차림

---

24 예컨대 MN: 119(念身經, 몸에 마음 챙기는 경, *Kāyagatāsati Sutta*)를 보라.

25 사야도 우 조티카, 박은조 역, 『마음의 지도』, 도서출판 연방죽, 2008. p.97.

하는 관찰이 사띠이다. 그냥 바라보는 것과 알아차림 하는 것과의 차이는 무엇일까? 그냥 바라보는 것을 영어로 워칭(watching)이라 한다. 예컨대 워칭은 안근眼根이 객관 대상인 색色을 보는 것이다. 우리가 사물을 바라볼 때나 TV를 볼 때 워칭한다고 말한다. 그런데 워칭으로는 일상생활을 할 수는 있지만, 열반·해탈에 이를 수는 없다. 즉 단순한 워칭은 부처되는 수행과 구분되는 행위라는 말이다. 사띠, 즉 알아차림이란 사물에 대하여 '노티싱(noticing)한 것을 워칭'하는 상태를 말한다. 그 말은 알아차리고 있는 그 자체를 바라보는 것이다. 그리 되어야 어떤 것을 볼 때 보는 대상과 함께 일어나는 의식을 알아차릴 수 있다. 즉 사띠 하는 것을 사띠 할 때 비로소 온전한 알아차림이 된다.

이것이 수행이다. 이를 필자는 '깨어 알아차림'이라 규정한다.[26] 깨어 알아차림 하는 것이라야 명상이라고 할 수 있으며, 열반으로 향하는 수행이 된다. 고요한 마음으로 바라보는 것만으로는 수행이라 할 수 없다. 깨어 알아차림을 해야 마음이 물든 상태로부터 맑은 상태로 점차 전환하고, 마침내 순수한 맑음을 회복한다. 그리고 그 상태를 열반이라 한다.

말은 논리적이지만 실제 명상에서 그 상태를 이해하기는 어렵다. 그래서 필자는 그 상태에 쉽게 들어가는 방편을 고안해 내었다. 그것은

---

26 Ⅱ. 몸을 따라 알아차림 하는 장. 1. 호흡의 절. 참조. 노티싱을 워칭하라는 말은 묘원의 책(『대념처경 해설』 3, 행복한 숲, 2011, p.236)에 나오는 말인데, 사띠의 본질을 잘 표현한 것이라 생각된다. 물론 원리와 과정에 대한 충분한 공부 위에 바라본다는 빠자나띠의 자세가 필요한 것은 말할 것도 없다.

자신의 몸을 빛 몸으로 상정한 상태에서 4념처를 대상으로 노티싱하자는 것이다. 자신의 몸을 '빛 몸' 상태로 만든다는 것은 자신의 주의注意를 온몸에 깨워 워칭 상태를 갖추고 있는(stand by) 셈이 된다. 그 상태에서 4념처를 대상으로 노티싱하면 수월하게 '깨어 알아차림'하는 것이 된다. 여기에서 빛 몸이라 하지만 시각적으로 몸이 발광체가 되자는 것은 아니다. 빛은 우리의 감성과 인식에서 가장 순수하고 차원 높은 것이므로 빛이라 이름한 것일 따름이다. 요는, 온몸에 빛과 같은 주의력을 채운 상태에서 대상을 알아차리자는 것이다.

둘째, 사띠 하는 포인트가 중요하다. 불교 인식의 프로세스를 설명한 대표적인 교리가 5온 가운데 수상행식(受想行識, vesanā, saññā, saṅkhārā, viññāṇa)이다. 6근을 통하여 색色에 관한 정보가 들어오는 것은 감수작용(受)이다. 그 순간 지각작용(想)이 작동한다. 거기에 반응작용(行)이 더해지고, 마침내 알음알이(識)가 이루어진다. 여기에서 수상受想에 행식行識이 세트로 붙는 것이 5온의 인식 프로세스이다. 이 가운데 명상수행과 관련하여 가장 중요한 포인트는 행(行, saṅkhārā)이다. 왜냐하면 외부에서 들어온 정보는 행의 단계에서 갈망 혹은 혐오로 코팅되어 인식의 단계로 이행하기 때문이다. 결과적으로 지각된 정보는 행의 단계에서 오염된 업業으로 착색着色된다. 바꾸어 말하면 외부의 정보는 행에 이르러 업화業化하는 것이다. 이것이 범부 중생의 인식구조이다. 따라서 수상행식의 프로세스를 그대로 따르면 일상생활은 할 수 있지만 열반·해탈에 들 수는 없다.

그런데 절묘하게도 붓다는 『대념처경』에서 수상 다음에 행으로 자동 이행하는 길목에 체따나(cetanā, 思)를 추천한다.[27] 여기에 숨겨진 뜻이 있다. 체따나는 행위할 때 굴절·의미부여·의도적 관여 등을 통하여 자신의 의도나 목적 따위를 덧씌워 조작造作하는 마음의 갈래를 말한다. 마치 자석에 철을 움직이게 하는 힘이 있는 것처럼, 경계에 대하여 마음을 움직이게 하여 업을 선한 쪽으로 조정한다. 그와 같이 체따나로써 외부의 정보에 수동적·의도적으로 관여함을 통하여, 오염의 과果를 방지하고 지혜로 물길을 돌리자는 것이 명상수행이다. 사띠 수행에서의 핵심 포인트는 수상受想의 시점에서 방향을 틀어 '깨어 알아차림'으로 수동 조정함으로써, 행行으로 들어가는 자동작동을 무효화시키는 데에 있다.[28] 그 대목에서 방향을 트는 마음작용을 붓다는 체따나라고 말한다.

붓다가 체따나를 권한 뜻은, 의도(思)를 동원하여 행의 포인트에서 깨어 알아차림으로서 자동진행을 수동진행으로 전환하라는 것에 있다. 그대로 놔두면 중생의 습관대로 자동운행할 것을, 수동운행인 깨어 알아차림으로 의도적인 전환을 하자는 것이다. 그것이 『대념처경』에서 체따나를 활용한 사띠 공부의 요체이다.[29] 그런데 체따나의 활용은 깨어 알아차림 상태가 이미 준비되어 있지 않고서는 어렵다. 그런 점에서 빛 몸 상태로 '스탠드 바이'하는 것은 정시靜時명상에서나

---

27 붓다는 체따나에 대하여 〈V. 담마를 따라 알아차림 하는 장〉의 5. 〔네 가지 성스러운〕 진리의 절 . 2) 일어남의 〔성스러운〕 진리. 3) 지멸됨의 〔성스러운〕 진리 등에서 상세히 거론하고 있다.

28 MBSR을 창안한 존 카밧진은 이를 '자동운행을 수동운행으로 전환시키는 것'이라 말한다.

29 이에 대한 구체적인 원리와 방법은 〈Ⅲ. 느낌을 따라 알아차림 하는 장〉에서 밝히겠다.

일상생활에서나 유효한 방법이 된다. 그래야 우리의 인식이 행식行識으로 자동 이행하는 포인트에서, 체따나로써 물길을 돌려 깨어 알아차림 하는 쪽으로 전환된다. 그리하여 구업舊業은 점차 사라지고 신업新業은 짓지 아니하여[30] 명상수행의 본래 목적에 부합할 수 있다.

셋째, 사띠의 대상이 중요하다. 사띠의 대상은 몸·느낌·마음·법 등의 네 가지 범주(四念處)가 있다. 『대념처경』에 나오는 사띠의 방법은 세상에 대한 갈망과 혐오의 마음을 버리고, 부지런하고 분명하게 4처에 대하여 깨어 알아차리는 것으로 요약된다.

사띠의 4처는 모두 중요하지만 그 중에서 신념처가 기본이며 가장 확실한 마음공부 대상이다. 그것은 신념처가 감각이 교차하는 분명한 곳이며, 명상수행자가 알아차리기 쉬운 대상이기 때문이다. 『대념처경』에서 신념처에 관한 부분이 분량도 많고 상세하다. 점차 수념처·심념처·법념처로 갈수록 대상에 대한 느낌은 덜 선명해지며, 명상수행에서도 미세한 사띠가 요청된다. 심지어 법념처에 이르면 사띠마저 사띠의 대상이 된다. 요컨대 사띠 수행은 신념처 수행으로 기초를 충분히 익히고, 어느 정도 근육이 잡히면 수념처와 심념처에서 결정적 안타를 치고, 법념처에서 대조하는 순서이다.

신념처 사띠 수행에서 호흡과 몸의 움직임을 알아차리며, 몸을 부정한 31가지로 나누어 성찰하고, 지수화풍 4대로 나누어 관찰한다. 사띠 하는 방법은 안으로 밖으로, 그리고 안팎으로 관찰한다. 다음은 수념처 느낌(受)의 영역으로 이행한다. 이때는 괴로운 느낌, 즐거운

---

30 『원불교 교전』 참회문에 나오는 말이다.

느낌, 괴롭지도 즐겁지도 않은 느낌이라는 세 가지 통로를 통하여 사띠를 수행한다. 수념처 수행은 『대념처경』의 명상수행 과정 중에서 매우 중요하다.[31] 그 이후 명상수행자는 심념처 마음(心)에 대한 사띠로 진입한다. 『대념처경』에서 말하는 마음의 상태는 대략 8쌍 16종이 있다. 이러한 과정을 마친 명상수행자는 담마(法)를 대상으로 사띠한다. 『대념처경』에서 붓다는 담마에 대한 정의를 분명히 내리고 있지 않으며, 일반적으로 담마는 광범위하다. 존재·당위·가치뿐 아니라, 자연의 법칙이나 사회의 법, 정치적 이념, 붓다의 가르침까지도 포함된다.[32] 하지만 『대념처경』에서의 담마는 소박하게 붓다의 가르침을 의미한다. 불교의 교법들에 대하여 깨어 알아차리는 것 또한 사띠 수행의 일환이라는 것이다.

『대념처경』에서 사띠의 대상인 4처는 마음의 네 가지 통로이며, 동시에 공부의 네 가지 범주라고 할 수 있겠다. 대체로 신은 감각, 수는 감정, 심은 생각이 주된 대상이 된다. 법념처 알아차림 수행은 앞의 세 가지 공부와 조금 다른 양태의 공부이다. 그것은 법념처의 경우 방법·대상·목적까지도 대상이 되기 때문이다. 따라서 법념처는 사띠의 대상인 동시에 사띠 증험의 기준이 된다. 사띠 수행자는 신념처에서 출발하여 법념처에 이르기까지, 거침에서 미세함의 순으로 명상수행하는 것이며, 궁극적으로는 네 가지 수행법을 균형 있게 마스터해

---

31 필자는 〈III. 느낌을 따라 알아차림 하는 장〉의 〔명상수행자를 위한 양념〕에서 그 이유와 내역을 상세하게 다루겠다.

32 후일 아비다르마 교학에서 정비된 법은 이상의 모든 것을 5위 75법의 범주로 포괄한다.

야 한다.

10. 사띠 수행에서 주의사항

사띠 수행에서 주의해야 할 사항이 있다. 『대념처경』의 알아차림 명상에서 특히 중시할 것은 다음 내용이다.

> 이와 같이 몸 안에서 몸을 관찰하며 지낸다. 몸 밖에서 몸을 관찰하며 지낸다. 몸 안팎에서 몸을 관찰하며 지낸다. 몸에서 일어나는 현상을 관찰하며 지낸다. 몸에서 사라지는 현상을 관찰하며 지낸다. 몸에서 일어나고 사라지는 현상을 관찰하며 지낸다. 〔그리하여〕 '이것이 몸이로구나'라는 사띠가 확립된다. 이제 지혜가 확장되고 사띠만이 현전하여 지낸다. 그리하여 〔안팎의〕 세계에 집착함을 하찮게 여긴다. 빅쿠들이여! 참으로 이것이 빅쿠가 몸에서 몸을 관찰하며 지내는 것이다.

이 내용은 붓다가 『대념처경』을 전개하면서 몸·느낌·마음·법 등 4념처의 목적어만 바꿔가면서 20차례나 반복하는 법문이다. 『대념처경』 전체를 통하여 가장 많은 분량의 법문이다. 이 내용은 사띠 4념처 수행의 핵심적인 주의사항으로, 거기에는 다음 몇 가지 중요한 점이 있다.

첫째, 알아차림 명상수행은 일어나고 사라지는 현상만을 사띠 해야 한다는 것이다. 일반적으로 명상수행자들이 흔히 빠지기 쉬운 함정은, 그 현상의 원인과 결과 등 이치에 대하여 궁구하기 시작한다는 점이다.[33] 사띠 수행에서 붓다는 일어나고 사라지는 현상만을 알아차리라고 당부한다. 같은 내용을 20번씩이나 반복하고 있는 것은 그것의 중요성을 대변하는 동시에 사띠 수행에 들어간 명상수행자가 이 말씀을 지키기가 얼마나 어려운지를 암시한다.

둘째, 갈망과 혐오를 제거하면서 사띠 해야 한다는 것이다. 갈망은 탐貪, 혐오는 진瞋이다. 갈망과 혐오는 어리석음이라는 하나의 뿌리에서 나온 두 가지 마음 갈래이다. 어리석음에 기반을 두고 갈망이 생기며, 그 갈망이 채워지지 않음에 대하여 혐오를 일으킨다. 그래서 고통과 윤회의 원인은 대부분 갈망과 혐오로 구성되어 있다. 명상수행자가 사띠 한다는 것은 '갈망과 혐오를 버리는 것'이며, '부지런하고 지혜롭게 알아차리는 것'을 말한다. 따라서 버림과 사띠는 두 가지가 아니라 한마음 두 측면의 작동이다. 바꾸어 말하면 갈망과 혐오를 버리면 사띠와 지혜가 생기고, 사띠와 지혜가 생기면 갈망과 혐오가 소멸된다. 그러므로 갈망·혐오가 발생하기 직전, 깨어 알아차림 하는 '체따나 작전'이 수행자에게 필요한 것이다.

셋째, 사띠를 하면 사띠가 증진된다는 것이다. 명상수행자는 이 대목에서 안도한다. 사띠의 증진은 지혜의 증진이며, 동시에 갈망과 혐오의 감소이다. 그토록 갈망과 혐오에 절망하던 명상수행자는 사띠의 증진 속에서 그럭저럭 안정을 찾아가게 된다. 사띠 하면 사띠가 증진된다는 보장은 힘겨운 명상수행자로 하여금 떨쳐 일어나게 하는

---

33 여기에서 이치에 대하여 궁구하는 것과, 뜻을 알고 알아차린다는 빠자나띠를 혼동하면 안 된다.

힘을 얻게 하는 희망의 말씀이다.

넷째, 명상수행자는 본격적인 수행에 앞서 불교 교학의 구조와 수행의 의미, 그리고 방법과 대략적인 길을 알고 떠나는 것이 중요하다. 『대념처경』에서 사띠만이 아닌 빠자나띠라든지 삼빠자노 등을 혼용·병치하는 붓다의 의도는, 원리에 대한 분명한 지견을 가지고 출발하는 것이 중요하다는 것을 거듭 강조하는 것이다. '깨어 알아차림'에서 '깨어'는 빠자나띠가 바탕이 되어야 한다. 일부 명상 스승들은 학문·지식은 수행에 마장이 될 뿐이라고 무조건 금하는 경우가 있는데, 거기에 동의하기 어렵다. 명상수행자가 마지막까지 학문·지식을 놓지 못하는 집착의 태도가 문제일 따름이다. 그런 점에서 『대념처경』을 거듭 읽고 숙고하는 것은 명상수행에 큰 도움이 된다.

수행은 교학의 요해了解된 방향과 한도만큼 진전되는 것이 통상적이다. 최상의 지성을 갖춘 위에 치열한 구도의 정성, 그리고 마지막에 그 모든 것을 초월하는 태도야말로 명상수행자가 지녀야 할 덕목이다. 그런 모습으로 살다간 성공적인 구도자가 일찍이 태양계 제3행성에 다녀갔다. 그가 바로 붓다이다.

11. 사띠 수행의 단계

사실을 말하자면, 우리가 현재 접하는 아함경阿含經이나 니까야Nikāya는 붓다 당시의 채록採錄이 아니라 수백 년 동안 각 부파部派 별로 구전되던 가르침을 정리한 것이다.[34] 그곳에 나오는 붓다의 수행단계는

34 우리가 접할 수 있는 『아함경』이나 니까야 안에서 석존의 고유한 종교적 체험을

퍽 다양한데, 그 가운데 가장 보편적인 것은 4선이다. 『대념처경』에서는 4선에 바탕을 두고 사띠 수행의 단계를 말하고 있다.

4선 외에 4무색정四無色定·멸진정滅盡定 등을 더하여 9차제정九次第定이라고 한다. 4무색정은 공무변처정空無遍處定·식무변처정識無遍處定·무소유처정無所有處定·비상비비상처정非想非非想處定 등을 말한다. 공무변처정은 모든 물질 관념을 떠나 오로지 무변의 허공에 마음을 집중시키는 것이다. 식무변처정은 식이 무변하다는 사실에 집중하는 것이며, 무소유처정은 허공도 식도 초월하여 모든 것이 없다고 관찰하는 경지이다. 비상비비상처정은 앞서의 정에서 일체 존재하는 것은 없다는 경지에 이르렀는데, 다시 상想도 아니고 상이 없어진 것(非想)도 아닌 경지를 말한다. 멸진정은 수受와 상想을 멸한 상태로서 완벽하게 인식작용이 끊어진 상수멸정想受滅定을 말한다.

붓다의 죽음을 묘사하고 있는 『대반열반경』을 보면, 붓다는 초선으로부터 멸진정, 즉 상수멸정에 이르는 9단계의 선정에 차제로 들었다가 점차 내려와 초선에 이르렀고, 다시 초선에서 출발하여 2선·3선을 거쳐 제4선정에 이르러 마침내 반열반 하였다고 한다.[35] 그것은 여러 수행단계 중에 4선의 가르침이 가장 기본이 되는 것을 암시하는 것으로 보아도 좋다. 따라서 이 책에서는 4선만을 대상으로 사띠 수행의 단계를 제시하고자 한다. 4선을 중심으로 한 수행 단계를 소박하면서도

추려내는 일은 사실 어려운 일이다. 두 경전군은 부파불교시대에 각 부파들의 입장에서 편집된 것이기 때문이다. 붓다의 교리 중 4선·4무색정·멸진정 등의 체계는 부파시대에 정리된 선법일 가능성이 높다.

35 대반열반경, DN. 6-8.

친절하게 제시하고 있는 『맛지마 니까야』의 자료를 들어 보자.

〈가나까목갈라니 브라흐민에게 붓다가 하는 말〉

여래는 길들여야 할 사람을 얻으면 다음과 같이 수련한다.

첫 번째 단계 : 계행을 지킴

"오너라. 빅쿠여! 계행을 지키고, 빠띠목카(戒本)의 규율에 따라 절제하여라. 행동을 바르게 하고, 아주 작은 잘못에서도 두려움을 보며, 수련의 규칙 속에서 그대 자신을 단련하라."고 가르친다.

두 번째 단계 : 감각기관을 절제함

여래는 그를 좀 더 수행하도록 이끈다. "감각기관의 문을 절제하여라. 눈으로 형상을 볼 때 모양에 집착하지 말라. 귀로 소리를 들을 때 소리에 집착하지 말라. 코로 냄새를 맡을 때 냄새에 집착하지 말라. 혀로 맛볼 때 그 맛에 집착하지 말라. 몸으로 촉감을 느낄 때 그 촉감에 집착하지 말라. 마음으로 대상을 인식할 때 마음의 움직임에 집착하지 말라. 왜냐하면 만일 눈·귀·코·혀·몸·마음을 절제하지 않으면 탐욕과 낙담 그리고 사악한 것들이 침범할 것이다. 그러므로 감각기관을 절제하고, 지키고, 이것의 절제를 성취하라."고 가르친다.

세 번째 단계 : 음식을 절제함

그런 다음 여래는 그를 좀 더 수행하도록 이끈다. "먹는 것에 적당량을 알아야 한다. 이와 같이 주의 깊게 살피면서 음식을 취하여야 한다. 음식을 먹는 것은 즐기기 위해서도 아니며, 취하기 위한 것도 아니며, 육신의 아름다움이나 매력을 위해서도 아니며, 다만

이 육신을 계속 지탱하기 위한 것이며, 나아가 청정한 삶을 유지하기 위해서이다."라고 가르친다.

네 번째 단계 : 명상으로 번뇌를 맑힘

그런 다음 여래는 그를 좀 더 수행하도록 이끈다. "깨어 있음에 전념하라. 낮의 경행과 앉아 명상하는 동안에 장애(번뇌)로부터 마음을 깨끗이 하라. 밤의 초야에는 경행과 앉아 명상하고 있는 동안에 장애로부터 마음을 깨끗이 하라. 밤의 중야에는 오른쪽으로 사자처럼 누워 발을 포개고 다시 일어날 것을 생각하며 사띠로 온전히 바르게 알아차린다. 밤의 후야에는 경행과 앉아 명상하고 있는 동안 장애로부터 마음을 깨끗이 하라."고 가르친다.

다섯 번째 단계 : 사띠와 선명한 사띠로 지냄

그런 다음 여래는 그를 좀 더 수행하도록 이끈다. "사띠와 선명한 바른 사띠에 머물러야 한다. 앞으로 갈 때도 뒤로 돌 때도 앞을 볼 때도 뒤를 볼 때도, 팔다리를 굽힐 때도 펼 때도, 가사를 입을 때에도 가사와 발우를 가져갈 때도, 먹을 때에도, 마실 때도, 맛볼 때도, 대소변을 볼 때도, 걸을 때도, 서 있을 때도, 앉아 있을 때도, 졸음이 올 때도, 잠을 깰 때도, 말할 때도, 침묵할 때도 온전히 바르게 알아차려야 한다."고 가르친다.

여섯 번째 단계 : 다섯 가지 장애를 정화함

그런 다음 여래는 그를 좀 더 수행하도록 이끈다. "명상하기 좋은 한적한 곳으로 가라. 숲이나 나무 밑, 산비탈, 계곡, 언덕의 동굴, 울창한 숲, 노지 등으로 가라." 이런 곳으로 가서 탁발에서 돌아와 공양한 후 가부좌하고 앉아서 허리를 곧게 세우고 사띠를 앞에

세운다.
세상에 대한 탐욕을 버리고 탐욕 없는 마음에 머문다. 그는 탐욕으로부터 마음을 정화한다. 악의와 증오를 버리고 악의 없는 마음에 머문다. 그는 존재하는 모든 것들에 대한 자비와 연민의 마음을 가지고 머문다. 그는 악의로부터 마음을 정화한다. 게으름과 무기력을 버리고 게으름과 무기력 없이 머문다. 그는 선명하고 바른 사띠에 머문다. 그는 게으름과 무기력으로부터 마음을 정화한다. 흥분과 회한을 버리고 안으로 고요한 마음으로 들뜨지 않고 머문다. 그는 흥분과 회한으로부터 마음을 정화한다. 의심을 버리고 의심을 초월하여 머문다. 정당한 것에 대한 의혹을 버리고 의심으로부터 마음을 정화한다.
일곱 번째 단계 : 네 가지 선정에 지냄
이와 같이 지혜를 약하게 만드는 마음의 번뇌인 다섯 가지 장애를 버린 후에, 감각적 쾌락과 바람직하지 못한 모든 것에서 벗어나 사유와 숙고가 있으며, 홀로 명상함에서 오는 희열과 기쁨이 있는 첫 번째 선정에 머문다. 사유와 숙고를 멈추고 안으로의 평온함과 마음의 집중됨이 있으며, 사유와 숙고가 없이 사마디에서 오는 희열과 기쁨이 있는 두 번째 선정에 머문다. 희열이 사라진 후 평정한 마음과 분명하고 바른 사띠와 육신의 행복을 느끼며 머문다. 거룩한 이들이 말하는 '평정과 사띠에 머무는 사람은 행복하게 지낸다.'고 하는 세 번째 선정에 머문다. 고통도 쾌락도 버리고 전에 있던 행복도 불행도 버리고, 괴로움도 즐거움도 없고 평정에 의하여 도달한 사띠의 순수함이 있는 네 번째 선정에 머문다.

브라흐민이여, 이것이 아직 목표에 도달하지는 못하였지만 속박에서 벗어나 최상의 안온을 열망하는, 좀 더 높은 수련 단계에 있는 빅쿠들에게 주는 나의 가르침이다. 이 가르침들은 지금 여기에서의 즐거운 삶에 도움이 되며, 번뇌가 부서진 아라한이 선명하고 바른 사띠에 머무는 데에 도움이 된다.[36]

이상의 내용은 형태를 같이하거나 달리하며 니까야 여러 곳에 출현하는 만큼 중요한 내용이다. 『대념처경』과 〈가나까목갈라니 브라흐민에게 붓다가 하는 말〉에서 4선정에 대하여 나타나는 사항들은 다음과 같다.

첫째, 4선의 각 단계가 모두 사띠와 연결되어 있다는 것이다. 그러므로 사마디의 단계들이 동시에 사띠의 단계가 된다. 따라서 사띠와 사마디의 궁극은 하나의 경지라는 것이다.

둘째, 붓다 수행의 여러 단계 가운데에서 4선이 근간이 된다는 것이다.

셋째, 사띠 수행이란 정해진 시간만 하는 것이 아니라 일상생활 전반에 해야 한다는 점이다. 명상수행자가 가지는 잘못된 관념 중 하나는, 정해진 장소와 시간에 앉아서 하는 것만 명상으로 생각하는 것이다. 그러나 일상생활 전반에 깨어 있음이 없다면 명상의 효과는 매우 적은 것이 되고 말 것이다.

그밖에 『대념처경』의 내용을 통해서 덧붙일 수 있는 것은, 4념처

---

36 MN:107, 1-11.

수행의 공부목표가 7각지에 있다는 점이다. 『대념처경』에서 법념처의 7각지는 알아차림 수행의 대상인 동시에 그 수행을 통해 도달하는 경지가 된다. 『입출식념경』에도 그와 유사한 내용이 있다.

> 빅쿠들이여! 들숨 날숨에 대한 사띠를 닦고 거듭거듭 행하면 큰 결실이 있고 큰 이익이 있다. 빅쿠들이여! 들숨 날숨에 대한 사띠를 닦고 거듭거듭 행하면 네 가지 사띠의 확립(四念處)을 성취한다. 네 가지 사띠를 닦고 거듭거듭 행하면 일곱 가지 깨달음의 구성요소(七覺支)들을 성취한다. 일곱 가지 깨달음의 구성요소를 닦고 거듭거듭 행하면 영지와 해탈을 성취한다.[37]

이를 통해서 알 수 있는 것은 7각지를 빠짐없이 갖추었을 때 4념처 수행이 마쳐진다는 말이다.[38] 요컨대 4념처를 대상으로 하는 사띠 수행을 하게 되면 4선의 단계를 밟고, 마침내 7각지를 성취하게 된다는 것이다.[39]

---

37 대림스님 역, 『들숨 날숨에 마음 챙기는 경(*Ānapānasati Sutta*, MN 118)』, 초기불전연구원, 2011, p.28

38 사띠 수행 과정에서 수행자에 따라 7각지의 경지가 부분적·일시적으로 나타나는 수는 있다.

39 아마도 붓다는 두 가지 공부법을 연결시키기 위하여 염각지, 즉 '사띠를 깨닫는 경지'를 7각지의 첫 항목으로 설정한 것 같다. 7각지는 일곱 가지를 차례로 닦아 성취하도록 한 점이 특징이다. 엄밀한 구분은 가능하지 않지만, 4선이 단계와 과정을 말한 것이라면, 7각지는 대체로 완성된 모습과 경지로 볼 수 있겠다.

12. 사띠 수행의 기한

사띠 수행의 결과는 당연히 열반이며, 그 인격적 표현은 아라한이다.[40] 그런데 『대념처경』의 마무리 부분에서 붓다는 매우 흥미로운 맺음을 하고 있다. 그것은 사띠의 수행 기간에 관한 언급이다.

> 빅쿠들이여! 누구든지 이 '네 가지 사띠의 확립'을 이와 같이 7년 동안 수행하는 사람은 두 가지 결실 중 하나를 얻을 수 있다. 이 세상에서 구경지究竟智〔를 얻어 아라한과阿羅漢果〕에 이르거나, 〔만약 집착의 자취가〕 남아 있다면 아나함과阿那含果를 성취할 수 있다.

『대념처경』에서는 수행을 마치는 기한에 관하여 7년에서 7일에 이르는 다양한 모델의 기한을 제시하고 있다. 문제는 사띠를 정확하게 수행하는 사람이 어찌하여 7년에서 7일에 이르는, 다양한 결과를 가져오느냐 하는 점에 있다. 거기에는 전생의 수행 준위 등이 고려되어야 할 것이다. 그밖에 붓다는 다음 두 가지 사항에 관련지어 다양한 모델을 제시한 것이다.

첫째, 정진이다. 정진이란 옳은 일은 세차게 밀어붙이고, 옳지 않은

---

40 그러나 『청정도론』에 의하면 "예류자와 일래자는 계를 완성한 자라 하고, 불환자는 사마디를 완성한 자, 아라한은 통찰지를 완성한 자라 한다.(대림 역, 『청정도론』 1권 p.131)"라고 하여 사마디와 통찰지를 구분하려는 시도도 있다. 또한 후일 대승불교에 이르면 아라한은 소승의 작은 스승에 불과한 계위로 간주하기도 한다.

일은 단호하게 끊어버리는 마음이다. 사띠는 저절로 지속되지 않는다. 서원誓願의 반조와 가열찬 정진이 없이 사띠는 이루어지기 어렵다. 목표가 확고하고 결단이 분명할수록 많은 에너지가 모아진다. 정진력에 따라 깨달음에 이르는 기한이 달라지는 것은 당연하다.

둘째, 불방일이다. 『대념처경』에는 나오지 않지만, 모든 부정적인 요소들을 넘어설 때 사용하는 붓다의 가르침이 있다. 그것은 압빠마다(appamāda)이다. 그 말의 뜻은 게으르지 않음, 주의 깊음, 열심히 진지함, 잊지 않고 끈질기게 잡음 등 여러 가지로 해석된다. 그런데 불전을 번역한 예전의 스승들은 그러한 다양한 의미들을 불방일不放逸이라는 한 단어로 커버하였다. '방일하지 않음'이야말로 사띠에 매우 어울리는 용어이다. 그래서인지 위빳사나 스승 가운데에는 압빠마다를 사띠와 동일어로 취급하고 있는 경우도 있다.[41]

정진력과 불방일의 정도에 따라 수행의 기한이 달라진다. 오죽하면 붓다가 열반 시에 마지막으로 남긴 말이 "모든 것이 무상하니 방일하지 말고 정진하라!"였을까.

마지막으로, 깨달음은 한 순간에 오는 것일까? 아니면 점진적인 것일까? 동아시아불교 전통에서 오랫동안 계속되던 돈점頓漸논쟁도 이러한 의문과 관련이 있을 것이다. 여기서는 돈점에 대하여 본격적으로 다룰 여지가 없지만, 단 한마디 돈점은 모순되는 개념이 아니라는 말만 해두자. 마치 궁극에 이르면 사띠와 사마디가 둘이 아닌 것처럼 말이다.

---

41 마하시 사야도, 일창 옮김, 『위빳사나 수행방법론』, 불방일, 2016, p.26.

대념처경

Mahāsatipaṭṭhāna Sutta

【대념처경】

I. Uddeso[1]

I. 연기緣起의 장

1. 머리말

Evaṃ me sutaṃ.[2] Ekaṃ samayaṃ[3] bhagavā[4] kurūsu[5] viharati kammāsadhammaṃ[6] nāma[7] kurūnaṃ nigamo.[8] Tatra[9]

---

1 uddeso: 첫머리, 이끄는 말.

2 eva me suta: 이와 같이 나는 들었다. ※ eva: 이와 같이, 실로. me: 나에 의하여. suta: 들어진, 배운. ※ ṃ은 단수를 나타내는 격어미이다.

3 eka samaya: 한 때. ※ eka: 하나, 같은, 어떤. samaya: 시간, 계절, 조건.

4 bhagavā: 세존世尊이라 말하며 여래 10호 가운데 하나이다. ※ 여래10호는 아라한阿羅漢·정변지正遍智·명행족明行足·선서善逝·세간해世間解·무상사無上士·조어장부調御丈夫·천인사天人師·불佛·세존世尊 등을 말한다.『청정도론』제7장 2.(대림 역,『청정도론』1권 p.479)

5 kurūsu: 꾸루 지방. 붓다 재세 시 16대국 중의 하나로 꼽힌다.

6 kammāsadhamma: 깜맛사담마, 도시 이름. 한역할 때 검마슬구劍磨瑟曇라 음역한다.

7 nāma: 이름하는.

8 kurūnaṃ nigamo: 꾸루족 성읍. ※ nigamo: 마을, 성읍.

kho[10] bhagavā bhikkhū[11] āmantesi,[12] 'Bhikkhavo' ti.[13] 'Bhaddante[14]' ti te bhikkhū bhagavato paccassosuṃ.[15] Bhagavā etadavoca:[16]

이와 같이 나는 들었다. 한때 붓다께서 꾸루 지방의 꾸루족들이 사는 깜맛사담마라는 성읍에 머무셨다. 그곳에서 붓다께서는 빅쿠들을 향하여 "빅쿠들이여"라고 부르셨다. 빅쿠들은 "대덕이시여"라고 화답했다. 붓다께서는 이렇게 말씀하셨다.

---

9 tatra: 그곳에, 그때에. ※ 대개 kho와 관용적으로 붙여 사용된다. tatra tatra라 하여 중복 사용하는 경우가 있는데 이때는 〔쾌락 따위를 찾아〕 이곳저곳, 이때 저때 등의 모습을 묘사할 때 사용된다.

10 kho: 참으로, 진실로.

11 bhikkhū: 거지, 걸식자. ※ 걸식수행자에 대한 일반적인 호칭으로, 후일에는 불교 수행자를 가리키는 용어가 된다. 한역될 때 비구比丘로 표기되었으며, 한국에서는 남성 스님을 비구로 호칭한다.

12 āmantesi: 말을 걸다, 부르다.

13 ti: 이리하여, 이와 같이. ※ 양쪽을 대비시킬 때 이곳저곳, 이편저편 등에도 사용한다. iti와 의미가 같다.

14 bhaddante: 대덕大德, 존자尊者. ※ 본래 부처님에 대한 호칭이었으나 후일에는 사문 일반에 대한 존칭으로 변화한다.

15 paccassosu: 응답하다, 화답하다, 앞서에 부응하다. ※ pacca: 앞서에, 이어서. ssosu: 불리다, 듣다.

16 etadavoca: 이렇게 말하다. ※ etad: 이것, 그것. avoca: 말하다, 설하다, 부르다.

〔경에 대한 설명〕

이 부분은 경의 성립 배경이다. 모든 불경이 그렇듯이 『대념처경』도 불경이 성립하는 여섯 가지의 요건을 갖추고 있다. 즉 신성취信成就·문성취聞成就·시성취時成就·주성취主成就·처성취處成就·중성취衆成就 등 6성취六成就의 조건이 구족하여 있다.

세존과 빅쿠들은 서로 부르고 응답하였다. 묻고 응답하는 것에서, 붓다가 없으면 빅쿠들이 없고 빅쿠들이 없으면 붓다가 없다는 연기緣起적 모습을 보인다. 붓다는 연기의 원리를 설하였으며, 붓다의 생활은 연기가 형성됨을 나타내 보인 것이다.

『대념처경』의 연기는 4념처로 형성된다. 4념처는 명상수행자 자신과 주변과의 접점을 네 가지 연기적 범주로 가른 것이다. 붓다의 수행에 관한 가르침은 『대념처경』에 집약되어 있다. 붓다가 '빅쿠여!'라고 부르는 것은 연기의 상징화된 모습이다.

여기에서 붓다가 빅쿠(bhikkhū)라고 부르는 말은 초기 불경에서 자주 출현하는 말이다. 그말은 불교만의 고유명사가 아니라 일반 수행자인 사마나(samaṇa), 즉 사문沙門을 가리키는 당시의 보편적 용어였다. 빅쿠란 당시 사문들의 별칭이었다. 상가(saṇga, 僧伽)는 기본적으로 출가 수행자의 집단이므로 빅쿠와 빅쿠니(bhikkunī, 比丘尼)가 중심이다. 여기에 남자 신자인 우빠사까(upāsaka, 優婆塞)와 여자 신도인 우빠시까(upāsikā, 優婆夷)를 합하여 4부 대중(四部大衆, cattāri-parisadāni)이 된다. 한편 연소자가 상가에 들어가면 사마네라(sāmaṇera, 沙彌) 혹은 사마네리(sāmaṇerī, 沙彌尼)라 불렀다. 그들이 20세가 되어 빳밧자(pabbajjā, 出家)의식을 치르고 10계를 받으면 빅쿠

또는 빅쿠니가 되었다.

빅쿠란 원래 '거지', '걸식자'를 가리키는 말이다. 거지는 가난한 자이다. 물질적 소유와 정신적 욕망을 여의고자 출가하여, 통찰지로써[17] 해탈을 서원誓願한 자들을 총칭한다. 『청정도론』에서는 "빅쿠란 윤회에서 두려움을 보기 때문에 빅쿠라고 한다."[18]고 말하고 있다. 당시 출가수행자의 목표는 윤회로부터 해탈하는 것이었다. 붓다가 본격적 법문에 앞서 '빅쿠여!'라고 부르는 것은 그들의 초발심과 정체성을 자극하기 위한 말씀으로 해석된다.

〔명상수행자를 위한 양념〕

스승이 부르는 순간 감동으로 답하는 제자의 모습을 통해서, 우리는 각자의 내면에 있는 또 하나의 빅쿠를 발견한다. 명상에 들어가는 자는 누구나 빅쿠가 되어야 한다. 그리고 명상수행자는 자주 자기 자신을 부를 필요가 있다. '빅쿠여!'라고.

2. 경의 목적

Ekāyano[19] ayaṃ,[20] bhikkhave, maggo[21] sattānaṃ[22] visud-

---

17 『청정도론』 제1장 8.(대림 역, 『청정도론』 1권 p.128)

18 『청정도론』 제1장 7.(대림 역, 『청정도론』 1권 p.126)

19 ekāyano: 유일한 길, 하나의 길. ※ eka: 하나, 단일. ayano: 길, 행로. ※ ekāyana magga: 유일한 가르침, 하나의 가르침.

dhiyā,[23] sokaparidevānaṃ[24] samatikkamāya,[25] dukkhadomanassānaṃ[26] atthaṅgamāya,[27] ñāyassa[28] adhigamāya,[29] nibbānassa[30] sacchikiriyāya,[31] yadidaṃ[32] cattāro satipaṭṭhānā.[33]

빅쿠들이여! 〔이 도는〕 유일한 길이니, 중생을 청정하게 하고,

---

20 aya: 바로 확연한.

21 magga: 길, 통로, 도.

22 sattāna: 중생.

23 visuddhiyā: 청정을 위함. ※ visuddhi: 청정, 맑음.

24 sokaparidevāna: 슬픔과 비탄. ※ soka: 슬픔, 수愁. parideva: 비탄(悲).

25 samatikkamāya: 건너게 하는, 극복하게 하는. ※ atikkamati: 넘어서다, 극복하다.

26 dukkhadomanassā: 고통과 근심. ※ dukkha: 〔육체적〕 고통. domanassā: 〔정신적〕 근심.

27 atthaṅgamāya: 소멸, 없앰. ※ attha: 일몰, 소멸. gam: 가다. aya: …을 위하여.

28 ñāyassa: 진리, 옳은 길.

29 adhigamāya: 도달, 증득. ※ adhigama: 도달, 증득, 지식.

30 nibbānassa: 열반, 적멸.

31 sacchikiriyāya,: 실현, 경험. ※ sacchikaroti: 경험하다, 깨닫다. sa: 함께. acchi: 눈. karoti: 만들다, 행하다. ※ sacchikiriya는 대개 '열반' 등과 함께 사용한다.

32 yadida: 곧, 즉, 그것은 바로.

33 cattāro satipaṭṭhānā: 4념처. ※ cattāro: 넷. sati: 념. paṭṭhānā: 처. ※ 여기에서 satipaṭṭhānā는 사띠의 토대라는 의미로 보아서 염처(處)로 번역하는 것이 일반적이다. 그러나 이는 sati upaṭṭhānā의 합성어로 볼 수도 있다. 이때 upaṭṭhānā는 '세우다'라는 의미이므로 사띠의 확립으로 번역할 수도 있다. 그러나 '처'나 '확립'은 의미상에서 큰 차이가 있지 않다.

슬픔과 비탄을 넘어서게 하며, 〔육체적〕 고통과 〔정신적〕 근심을 사라지게 하고, 진리를 증득케 하며, 열반을 실현하기 위한 길이다. 그것이 바로 '사띠와 네 가지 대상(四念處)'이다.

〔경에 대한 설명〕

이 부분에서 4념처 사띠 수행의 목적인 동시에 공효功效를 다섯 가지로 말하고 있다. 붓다는 그 내용을 한 문장으로 표현하고 있다. "중생을 청정하게 하고, 슬픔과 비탄을 넘어서게 하며, 〔육체적〕 고통과 〔정신적〕 근심을 사라지게 하고, 진리를 증득케 하며, 열반·해탈을 실현하기 위한 길이다."

이들 다섯 가지 덕목은 사띠 수행의 결과인 동시에 불교의 목적이기도 하다. "이 공부법이 유일하다"는 것은 모든 마음공부는 알아차림 하나로 요약할 수 있다는 말이다. 이와 같이 붓다는 『대념처경』 첫머리에서 서론이자 결론을 제시하고 있는데, 그것은 '사띠 수행을 통하여 열반에 이르게 함'이다.

붓다는 정각 이후 반열반般涅槃에 이르기까지 45년간 거의 매일 설법하였으며 많은 양의 법문을 남겼다. 오늘날 초기불전으로 분류되는 아함阿含과 니까야(nikāya)만 하더라도 엄청난 분량이다. 그런데도 『대념처경』의 사띠 공부가 하나이며 유일한 길이라 한 것은, 붓다가 설한 많은 공부법이 사띠 하나로 돌아간다는 말이다. 선가禪家의 화두話頭로 회자되는 '만법이 하나로 돌아감(萬法歸一)이며 하나는 만법으로 돌아감(一歸萬法)'과 같다.

소까빠리데와나sokaparidevāna는 슬픔과 비탄의 합성어이다. '슬픔愁'이 약한 불이라면 '비탄悲'은 강한 불로 태우는 고통이다. 두 가지 감정은 강도에 차이가 있다. 예컨대 같은 부고訃告를 접했을지라도 먼 친척의 죽음이 슬픔이라면, 자기 자녀의 죽음은 비탄이다.

둑카도마나싸(dukkhadomanassā)는 고통과 근심의 합성어이다. 두 가지를 육체와 정신으로 분류하여 번역한 이유는, 같은 고苦일지라도 육체는 고통이고 정신은 근심으로 표현할 수 있기 때문이다. 그뿐 아니라 불교에서 소홀히 하기 쉬운 육체의 고통을 넘어서는 것 또한 사띠의 보이지 않는 목적임을 드러내기 위함이다.

사띠 수행이 육체적 고통을 사라지게 한다는 말에는 두 가지 해석의 길이 있다. 첫째, 현실적으로 볼 때, 삶의 현장에서 여러 고통을 초월할 수 있다는 뜻이다. 실제로 사띠는 고통초월의 방법이다. 둘째, 수행의 성과 면에서 볼 때, 사띠 수행은 최소 아나함 이상의 계위에 이르게 한다는 뜻이다. 아나함은 인간의 몸을 받지 않는 불환과不還果이므로, 육체적 고통으로부터 떠나는 셈이 된다.

〔명상수행자를 위한 양념〕

이 문장은 불교 명상수행자의 목적일 뿐 아니라 행복론이다. 긴 내용을 '행복' 하나의 단어로 줄일 수 있기 때문이다. 물론 그 개념은 사람들의 근기와 처지에 따라 달리 적용된다.

이렇게 법문하는 데에는 청중들로 하여금 신심을 일으키려는 의도가 있다. 경의 시작 부분에서 목적을 접하면, 사람들은 자신에 비춰 이익 됨을 판단하게 되고, 큰 믿음을 일으켜 마음공부에 입문하게 될 것이다. 불교가 이익을 추구하려는 가르침이 아니라는 선부른

판단을 해서는 안 된다. 붓다는 곳곳에서 교법이나 수행의 '이익 됨'을 반복해서 설파한다. 우리는 일상에서 이익 없는 일은 하려 들지 않는다. 불법 수행은 세속적 의미의 이익은 아니지만 막대한 이익이 있다.

"유일한 길이다."라는 말은 여러 의미가 있다. 우선, 그 길은 하나밖에 없다는 의미이다. 하나밖에 없다는 말은 다른 길은 없다는 말이다. 실제로 붓다는 초기 경전 곳곳에서 사띠에 대하여 이 말을 사용하고 있다. 사띠 수행은 붓다에 이르는 유일한 공부길이다.

다음으로, 이 길은 혼자서 걸어야 한다는 의미이다. 수행 대중이 상가(saṃgha, 僧伽, 승단)를 이루어 서로 돕고 권면하는 환경 속에서 살아가는 것은 효율적인 방법이다. 하지만 사띠의 수행은 철저하게 혼자서 가야 하는 개인적·내면적인 길이다.

또한 이 길은 붓다 자신이 걸어온 길이며, 모든 명상수행자들의 길이라는 의미도 있다. 붓다가 그 길을 갔으며, 해탈이라는 목표를 달성한 것은 엄청나게 큰 의미가 있다. 누군가 간 적이 있는 길과 아무도 간 적이 없는 길의 차이는 결정적이다. 누군가가 성공하였다면 그것은 검증된 길이다. 검증이 된 길, 그것을 우리는 과학적 방법이라 말한다. 붓다에 의해 검증된 사띠는 과학적 방법이다.

또한 사띠는 과거도 미래도 없는 현재 의식만이 그 대상이다. 그 순간 사띠는 하나이며 유일한 길이다.

3. 네 가지 사띠의 길

Katame cattāro? Idha,[34] bhikkhave, bhikkhu kāye[35] kāyānupassī[36] viharati[37] ātāpī[38] sampajāno[39] satimā,[40] vineyya[41] loke[42] abhijjhādomanassaṃ.[43] Vedanāsu[44] vedanānu-

---

34 idha: 여기에.

35 kāye: 몸, 신체. ※ kāya: 몸, 신체, 모임, 집합.

36 kāyānupassī: 몸을 〔따라〕 관찰하는, 신수관身隨觀하는. ※ anupassī: …를 따라 관찰하는 〔사람〕, …를 수관하는 〔사람〕. ※ 경에서는 이 뒤에 anupassana가 나오는데, 이는 '~을 따라서' '~와 결합하여' 등의 의미를 가진 anu와 '보다'라는 뜻의 passati가 결합된 anupassati의 명사형이다. 이는 따라가며 보기·관찰·응시 등의 뜻이 있다. 한자로는 수관隨觀이라 번역한다.

37 viharati: 지낸다. ※ 이는 동사인데, 명사형으로는 vihara가 있다. 동사형의 경우는 '지낸다', '생활한다'는 의미가 있다. 그러나 명상수행자의 경우는 "〔사띠로 일관하면서〕 지낸다"로 해석해야 옳을 것이다. 명사 vihara는 흔히 '정사精舍'로 번역된다. 인도의 기후는 우기와 건기로 나뉘는데, 수행자들은 우기에 각기 일정한 장소를 구획하고 거기에 한두 명이 임시로 머물 수 있는 오두막을 자신들의 손으로 짓고 우기를 보낸다. 이러한 장소를 주처(住處, āvāsa), 혹은 정사(精舍, vihāra)라고 하였다. 이 오두막은 우기가 끝나면 허물어버리고 떠나는 것이 보통이었다.

38 ātāpī: 열심인, 노력하는, 지속적인 상태. ※ ātāpa: 열, 작열灼熱, 열심, 노력. ātāpana: 고행苦行.

39 sampajāna: 자제하는, 침착한, 정지正知가 있는, 바른 앎이 있는. ※ 대체로 『대념처경』에서는 sati와 동의어로 사용되며, 경우에 따라 병기·반복·치환하여 사용된다. 여기서는 '분명한 앎' 혹은 '바른 알아차림'으로 번역하였다.

40 satimā: 사띠를 하는 사람, 사띠를 가진 사람. ※ …mā: …하는 사람.

passī viharati ātāpī sampajāno satimā, vineyya loke abhijjhādomanassaṃ. Citte[45] cittānupassī viharati ātāpī sampajāno satimā, vineyya loke abhijjhādomanassaṃ. Dhammesu[46] dhammānupassī viharati ātāpī sampajāno satimā, vineyya loke abhijjhādomanassaṃ.

무엇이 네 가지인가? 빅쿠들이여! 여기 빅쿠는 몸에서 몸을 관찰하

41 vineyya: 제거하다.

42 '세상'이라고 번역한 loka(loke의 원형)의 의미는 매우 넓은 스펙트럼을 지녔다. 즉 우주·세계·지역·군중 등의 개념으로 사용된다. 그러나 『대념처경』에서는 6근의 모든 경험과 연결되는 것을 지칭하는 것으로 사용된다. 즉 감각기관의 대상이 되는 모든 것을 말한다. 이 절에서의 loke는 마음과 몸의 제 현상을 포함하는 세상 전반이다. 여기에서의 세상이란 몸 안의 감각적 경험과 상호관계를 통해 나타난 결과이다.

43 abhijjhādomanassa: 갈망과 혐오. ※ abhijjhā: 탐욕스러움, 간탐, 탐애. domanassa: 근심, 우울, 슬픔. ※ abhijjhādomanassa에서 abhijjhā와 domanassa는 둘로 보기도 하고 하나로 보기도 하지만, 실은 두 개의 개념이다. 여기에서 두 개념을 하나로 묶은 이유는 두 개념의 뿌리가 하나이기 때문이다. abhijjhā는 〔감각적〕 탐욕스러움·간탐·탐애 등을 가리키고, domanassa는 근심·우울·슬픔 따위를 의미하는 말이며, 탐(貪, rāga)과 진(瞋, dosa)에 연결되는 의미가 있으므로 여기서는 갈망과 혐오로 번역하였다. 여기서는 특별히 제거한다는 말은 보이지 않지만, 갈망과 혐오를 사띠 하는 것 자체가 그것을 제거하는 것이 되는 셈이므로, 제거한다는 말을 사용해도 좋을 것이다.

44 vedanāsu: 느낌, 수受.

45 citte: 마음, 심心.

46 dhammesu: 법, 현상, 대상, 진리. ※ dhamma: 현상, 원리, 규칙, 법.

며 분명한 앎으로 부지런히 사띠 하며, 〔안팎의〕 세상을 향한 갈망과 혐오를 제거하며 지낸다. 느낌에서 느낌을 관찰하며 분명한 앎으로 부지런히 사띠 하며, 〔안팎의〕 세상을 향한 갈망과 혐오를 제거하며 지낸다. 마음에서 마음을 관찰하며 분명한 앎으로 부지런히 사띠 하며, 〔안팎의〕 세상을 향한 갈망과 혐오를 제거하며 지낸다. 담마에서 담마를 관찰하며 분명한 앎으로 부지런히 사띠 하며, 〔안팎의〕 세상을 향한 갈망과 혐오를 제거하며 지낸다.

〔경에 대한 설명〕

여기서는 앞의 사띠에 관한 가르침을 구체화하여, 열반에 이르는 핵심적 방법이며, 경의 전체적 콘셉트임을 4념처로 나누어 말하고 있다. 이 경문에서 말하는 사띠 수행의 요체는 부지런함(ātāpī) + 분명한 앎(sampajāno) + 알아차림(satimā)에 있다. 이 요소들은 사띠의 수행에서 반드시 함께해야 할 사항이다. 부지런함과, 분명하고 바른 앎과, 알아차림은 서로 통하는 개념이다.

『대념처경』에서 삼빠자노(sampajāno)는 매우 중요하다. 삼빠자노는 자제함 또는 침착함이라는 뜻도 있으나 빠자나띠(pajānāti)와 더불어 사띠와 반복·병기併記·치환置換될 때 사용된다. 이곳에서는 반복·강조의 의미로 사용되고 있다. 삼빠자노는 여러 특성에 대한 분명한 앎(正知)을 의미하는데, 여러 현상의 고유한 특성뿐 아니라, 현상이 생기고 변화하며 소멸하는 성질 즉 '조건 지워진 성질'까지 아는 것을 말한다. 그러므로 '지혜롭게 분명히 알며 알아차림 함'이라 보아도 좋다.[47] 다른 번역본에서 삼빠자나(sampajañña)를 '정지正知'라

고 번역하는데 그 표현도 좋다.[48]

'여기 빅쿠는'이라는 말은 『디가 니까야』에는 있는 반면, 『맛지마 니까야』에서는 생략되어 있다. 이다(Idha)는 '여기'라는 말인데, 붓다가 '여기'라는 말을 강조하고 있는 것에는 숨어 있는 의미가 있다. '현재 여기에 있는 빅쿠'라는, 당시의 청중을 가리키는 평범한 뜻 외에, 사띠 하고 있는 수행자를 가리키는 말이다. '여기'라는 말은 현재의 장소라기보다는 인물을 가리키는 불특정 대명사일 수 있다.

또한 사띠의 마음공부가 '여기', '현재'를 대상으로 하는 것이라는 의미도 있다. '지금 안 하면 영원히 못한다(Now or never)'는 말이 있듯이, 붓다의 사띠 수행은 단연 현재·여기가 대상이다. 따라서 '여기 빅쿠는'이라는 말은 현재 사띠를 하고 있는, 또는 해야만 하는 모든 명상수행자를 지칭하는 말이라 하겠다. 만약 21세기에 사는 우리가 사띠 수행에 전념하고 있다면 붓다가 부르는 '여기 빅쿠'라는 호칭의 대상이 된다.

지낸다(viharati)는 것의 수행적 의미는 사띠를 지속하고 있는 생활을 말한다. 그런 의미에서라면 지낸다는 말을 사띠의 동의어로 보아도 좋다. 아마도 붓다는 지낸다는 말 속에서 치열한 사띠의 상태를 암시하고 싶었을 것이다. '지낸다'는 말은 '머문다'는 말로도

---

47 각묵은 이를 그의 번역본에서 '꿰뚫어'라는 매력적인 용어로 번역하고 있는데, 필자는 『대념처경』의 8정도에서 말하고 있는 '분명한 앎'이라는 말을 사용하였다. 만약 '꿰뚫어'라는 용어를 채택할 경우 자칫 마음공부의 다른 방법으로 오인할 수 있기 때문이다.

48 자세한 것은 이 책의 〈해제〉를 참고하라.

번역되는데, 그것은 대승경전인 『금강경』이나 후일 중국의 선종 등에서는 기피하는 용어이다. 『금강경』에 나오는 '무주상보시無住相布施'[49]라든지 '응무소주이생기심應無所住而生其心'[50] 등은 〔상相에〕 머물지 말 것을 권하는 대표적인 법문들이다. 하지만 『대념처경』에서의 머묾은 『금강경』에서 말하는 집착한다는 의미와 다르다. '〔무상에 대한 바른〕 이해와 사띠를 부지런히 하면서, 〔마음과 물질의 세계를 향한〕 갈망과 혐오를 제거하며 수행에 머문다'는 의미로 보아야 한다. 그렇다면 『금강경』의 본뜻과 어긋나는 것도 아니다. 마음공부란 4념처라는 심적 공간을 대상으로 하면서 내면적 시간을 활용하는 것이다. 따라서 마음공부는 마음을 잡아 챙기고 지속시키는 것에 관건이 있다. 이때 무언가 집착하는 마음으로 머무는 것〔住相〕이 아닌, 깨어 알아차림으로 머무는 사띠라면, '응무소주이생기심'의 상태가 다를 것이 없을 것이다.

명상수행자가 네 가지 마음공부의 대상, 즉 처處를 좋은 것 혹은 나쁜 것 등으로 가치 짓는 것 등은 『대념처경』의 본의와는 어긋난다.[51] 사띠는 4념처의 대상을 '있는 그대로' 보는 공부이다. 『대념처경』의 마음공부는 '대상을 분석함'이 아니라 제대로 안 상태에서 '대상을 알아차림 함'에 방점이 있다. '있는 그대로'라는 말에는 일단 대상을 제대로 안다는 빠자나띠적인 의미가 포함되어 있는 것으

49 보시한다는 상이 없이 보시하라는 뜻이다.

50 〔사물을〕 대할 때에 주함이 없이 그 마음을 내라는 뜻이다.

51 이는 수행의 기본적 요소인 계戒에서, 좋은 행위와 나쁜 행위를 가려 행하는 것과는 구분되어야 한다.

로 볼 수 있다.

사띠의 방법은 네 가지 대상(處)을 따라(隨) 세상에 대한 〔좋아하는〕 갈망과 〔싫어하는〕 혐오를 버리면서, 〔무상에 대한 바른〕 이해와 깨어 알아차림을 부지런히 하는 것이다. 이를 보면 명상수행자가 사띠를 한다는 것은 '갈망과 혐오를 버리는 것'이며, '바르게 알아차리는 것'이며, '부지런하고 지혜롭게 알아차리는 것'을 말한다. 줄여 말한다면 갈망과 혐오를 버리고 바른 지혜로 알아차림 하는 것이다. 버림과 사띠는 두 가지가 아니라 한마음의 양 측면이다. 갈망과 혐오를 버리면 지혜와 사띠가 생기고, 지혜와 사띠가 생기면 갈망과 혐오가 소멸된다. 마음의 속성은 너무도 다양하지만 요약하면 무지 혹은 지혜뿐이기 때문이다.

아빗자도마낫싸(abhijjhādomanassa)에서 아빗자와 도마낫싸는 나누어 보기도 하고 하나로 보기도 하는데, 원래는 두 개의 개념이다. 그렇지만 『대념처경』에서 두 개념을 하나로 묶은 이유는 뿌리가 하나이기 때문일 것이다. 아빗자는 탐욕스러움·간탐·탐애 등을 가리키고, 도마낫싸는 근심·우울·슬픔 따위를 의미하는 말이다. 두 단어는 결국 탐(貪, rāga)과 진(瞋, dosa)에 연결되므로 여기서는 갈망과 혐오로 번역하였다. 구체적으로는 두 개념이 동일한 무명, 즉 치(癡, moha)에 바탕을 두고 나타난다는 점에서 '동일한 근원', '두 개의 나타남'이다. 여기에서 중요한 것은 탐진치 셋 중에서 한 가지만 확실하게 버려도 나머지 두 가지는 더불어 사라질 수 있다는 점이다. 끈질긴 탐진치 중 한 가지만 조복해도 된다는 말은 명상수행자에게 귀가 번쩍 뜨이는 소식이 아닐 수 없다.

'세상을 향한 갈망과 혐오'는 일단 사띠 수행에 들어설 때 방해되는 두 가지이다. 세상이란 몸을 매개로 한 대타적對他的 세계이며, 싫어하는 마음이란 마음을 매개로 한 대자적對自的 세계이다. 세상에 대한 욕심은 갈망으로 요약되고, 세상에 대한 싫어하는 마음은 혐오가 대표이다. 여기에서 '세상'은 '몸'으로 바꾸어도 무방하다. 여기에 8정도를 적용한다면 세상에 대한 욕심은 정견이 처방이며, 싫어하는 마음은 정정진이 약이다.

붓다의 교설은 논리적이며 앞뒤가 맞아떨어지는 데에 묘미가 있다. 정견·정정진을 제외한 8정도의 나머지 항목 가운데 정사유·정어·정업·정명은 공부의 조건이 된다. 정사유·정어·정업이 내적인 조건이라면, 정명은 외적인 조건이다. 정념과 정정은 마음공부의 방법이며, 정견과 정정진은 마음공부를 북돋우는 보조적 재료이다. 그러나 그것은 8정도 각각의 항목이 지니는 가치의 경중을 따지자는 것이 아니다. 일단 역할을 나누어 보았을 뿐 8정도는 각각의 가르침이 독립적이며 특별한 의미를 지닌다.

〔명상수행자를 위한 양념 1〕

명상수행자의 입장에서 '지낸다'는 것은 '사띠로 일관하면서 사는 삶의 태도'라고 해석할 수 있다. 여기서는 사띠도 중요하지만 그에 앞서 몸가짐을 정비하는 것도 중요하다. 그것은 계정혜戒定慧 3학三學 중에서 '계'에 해당한다. 계는 몸을 청정하게 할 뿐 아니라, 마음을 고요함에 들게 하고, 관심을 자신의 서원에 두게 하며, 집중수행을 돕게 하는 선순환적善循環的 기능이 있다.

'몸에서 몸을 관찰하며, 느낌에서 느낌을 관찰하며, 마음에서 마음을 관찰하며, 담마에서 담마를 관찰하며'라는 말은 『대념처경』의 처음부터 끝까지 가장 많이 등장하는 어구 가운데 하나이다. 그렇다면 어떻게 몸에서 몸을 관찰한다는 말인가? 이 때는 4념처 수행이 아나빠나 명상으로 인해 이루어진다고 말하는 『입출식념경』의 내용이 도움이 된다. "… 들이쉬고 내쉴 때 마치 몸속에 다른 몸이 있는 것과 같[이 해야 한]다. 이런 식으로 몸에서 몸을 따라 관찰한다면 빅쿠는 사띠와 지속적인 무상의 이해상태에 있는 것이며, 이 세계에 대한 갈망과 혐오에서 벗어나게 된다."[52] 몸에서 몸을 관찰한다는 것은 몸 안에서 감각의 느낌을 경험하는 알아차림을 말한다.

몸·느낌·마음·법을 각각 관찰하며 지낸다는 말은 그 앞에 '있는 그대로'라는 말이 생략되어 있다고 보아야 한다. 왜곡이나 선입견이 사라진 상태에서, 대상을 있는 그대로 관찰하며 머무는 것이 사띠의 공부법이기 때문이다.

몸에서 몸을 느끼도록 한다는 말은 의식적인 상상 혹은 의식적인 주목이라기보다는, 몸에서 발생하는 감각을 그대로 사띠 하라는 말이다. 감각은 일어나는 순간만이 실재이다. 그 순간이 지나면 알아차림도 사라진다. 붓다가 『대념처경』 곳곳에서 감각의 직접적인 경험과 아울러 무상無常에 대한 사띠를 그토록 강조하고 있는 것은 그 때문이다.

"세상을 좋아하는 욕심(갈망)을 버리라."는 말은 불교의 근본

---

52 『入出息念經』, MN III- 149(*Ānāpānasati Sutta*).

정신에 비추어 보거나 마음공부 수행에 비추어 보거나 비교적 쉽게 이해된다. 반면 "세상을 싫어하는 마음(혐오)을 버리라."는 말은 쉽게 이해하기 어렵다. 그렇지만 붓다는 명백하게 세상을 좋아하는 마음도 싫어하는 마음도 버리라고 말한다. 삶에 집착하는 마음도, 삶을 싫어하는 마음도 가져서는 안 된다는 것이다. 그것은 세상의 모든 조건에 따라 이 몸과 마음이 출현하였다는 연기緣起의 원리 때문이다. 이 몸과 마음을 존재하게 하는 세상을 싫어하는 것은 자가당착에 빠지는 일이다. 따라서 너무도 감사한 것이 이 세상이다. 마음공부를 하게 하는 측면에서나 제도濟度의 대상이라는 측면에서도 세상은 복전福田이다. 따라서 명상수행자가 세상에 집착하여 욕심을 내는 것도 안 되지만, 싫어하는 마음도 가져서는 안 된다는 것이다.

〔명상수행자를 위한 양념 2〕

윤회와 업의 도정途程에서, 사띠로써 해탈을 도모할 것인가 업의 윤회에 머물 것인가는 명상수행자 자신의 결정에 좌우된다. 그중에서 선한 방향을 택하는 것을 서원誓願이라 한다. 수행에서 서원이 지닌 가치의 막중함은 가늠하기 어렵다. 인디언의 이야기가 있다. "우리 마음속에 나쁜 늑대와 좋은 늑대가 있다." 절망과 희망, 비관과 낙관, 윤회와 해탈이라는 두 마리 늑대가 늘 싸움을 한다는 것이다. 그럼 어느 편이 이길까? 내가 먹이를 주는 쪽이다.

사띠 수행이란 양궁처럼 마음이 대상을 겨냥하는 행위에 비유할 수도 있다. 양궁선수로서는 활을 잘 쏘겠다는 생각을 가지고 대상을 향하여 활을 정확하게 겨눠야, 과녁의 노란 부분에 명중할 수 있을 것이다. 사띠 수행에서의 서원도 마찬가지여서 방향을 제대로 잡는 일이 중요하다. 그리고 알아차림 하는 데에는 아따삐(ātāpī), 즉 부지런한 집중이 필요하다.

〔명상수행자를 위한 양념 3〕

갈망과 혐오를 제거하면서 지내라는 말은 우리의 고정관념에서 벗어나라는 말로도 생각된다. 갈망과 혐오는 바른 판단을 가리고 그릇된 고정관념으로 인도한다. 갈망과 혐오에 바탕을 둔 고정관념을 벗어나서 깨어 알아차리는 것이야말로 '사띠 수행의 요체'라고 할 것이다.

갈망과 혐오 그리고 어리석음이 내면으로부터 오는 장애라면, 자신을 둘러싼 4처는 외면적 장애가 될 수 있다. 붓다는 법념처에 이르면 7각지·4제·8정도 등과 같은 불교의 대표적인 선법善法조차도 알아차리는 대상일 뿐, 거기에 함몰되면 안 된다고 가르친다. 오직 깨어 알아차림 하는 것만이 마음공부의 요체이며, 세상 모두는 사띠의 대상에 불과하다. 그래서 『대념처경』은 사띠의 경전이다.

갈망·혐오는 교만·열등과 상통한다. 어리석음에 바탕을 둔 중생성은 갈망과 혐오로 내면에 작용하며, 교만과 열등감으로 외면에 나타난다. 『반야심경』에서 반야의 세계에 이르면 3독도 넘어설 뿐 아니라 공포도 사라지게 된다고 말한다. 갈망·혐오, 교만·열등 따위의 마음은 대부분 육체가 지닌, 생존을 위한 맹목적 지향성에 바탕을 두고 있다. 그것이 에고(Ego)라는 강한 아상我相을 통과하며 나타나는 부산물이다.

갈망과 혐오는 버려야 할 대표적인 마음이다. 그렇지만 그것을 없애는 방법은, 어떤 의미에서 없애려는 노력을 하지 않는 데에 있다. 왜냐하면 갈망과 혐오란 버리려고 하면 할수록 더욱 사라지지 않는 속성을 가진 것이기 때문이다. 이때 자꾸 없애려고 하는 마음은 갈망이 되고 없어지지 않아서 화나는 마음 즉 혐오가 되어, 결과적으로 중생성이 상승·증폭된다.

갈망과 혐오를 제거하는 방법은 갈망과 혐오 어느 쪽에도 반응하지 않고, 사띠 하는 길밖에 없다. 갈망과 혐오에 집착하여 커가는 것도 담마의 속성이지만, 사띠를 통하여 갈망과 혐오가 적어지는 것도 담마의 당연한 속성이다. 어떤 쪽 담마를 추구할 것인가 하는 것은 명상수행자의 선택사항이다.

Ⅱ. Kāyānupassanā[1]

Ⅱ. 몸을 따라 알아차림 하는 장(身隨觀)

1. Ānāpānapabbaṃ[2]

1. 호흡(呼吸)의 절

Kathaṃ[3] ca pana,[4] bhikkhave, bhikkhu kāye kāyānupassī viharati? Idha, bhikkhave, bhikkhu araññagato[5] vā[6] rukkhamūlagato[7] vā suññāgāragato vā nisīdati[8] pallaṅkaṃ

---

1 Kāyānupassanā: 몸을 따라가며 관찰함. ※ kāye: 몸, 특히 요소들이 모여 이루어진 몸. anupassana: 따라가며 봄, 관찰, 응시. ※ '~을 따라서', '~와 결합하여' 등의 의미를 가진 anu와, '보다'라는 뜻의 passati가 결합된 anupassati로부터 나온 명사형이다. 한역하여 수관隨觀이라 번역한다. 여기에서는 다른 장과의 조화를 고려하여 '몸을 따라 알아차림 하는 장'이라고 번역하였다.

2 ānāpānapabba: 호흡의 절. ※ ānāpāna: 호흡. pabba: 매듭, 부분.

3 katha: 어떻게, 왜. ※ ṃ은 단수를 나타내는 격어미이다.

4 pana: 그러나, 그런데, 이제, 그리고.

5 arañña는 숲이며 gato는 '가다'는 뜻이다. ※ 이는 숲 또는 한정처閑靜處로 번역된다. 붓다가 숲으로 들어가라는 것은 전문적인 수행에 돌입하라는 의미로 해석된다.

6 vā: 관계되어 있는. ※ va는 vā의 단순형이며 같은 의미로 사용된다.

ābhujitvā,[9] ujuṃ[10] kāyaṃ paṇidhāya,[11] parimukhaṃ satiṃ upaṭṭhapetvā.[12]

그러면 빅쿠들이여! 빅쿠가 어떻게 몸에서 몸을 관찰하며 지내는가? 빅쿠들이여! 여기 빅쿠는 숲속에 가거나 나무 아래에 가거나 빈집에 가거나 하여 가부좌하고 몸을 곧추세워, 전면에 사띠를 일으키며 앉는다.

〔경에 대한 설명〕

'빅쿠들이여! 어떻게 빅쿠가 몸에서 몸을 따라 관찰하며 지내는가? 빅쿠들이여! 여기 빅쿠는 숲속에 가거나 나무 아래에 가거나 빈집에 가거나 하여 가부좌하고…' 여기까지는 명상수행자의 수행을

---

7 rukkhamūlagato: 나무 아래에 가다. ※ rukkha: 나무. mūla: 뿌리. gata: 가다, 도달하다.

8 nisīdati: 앉다. ※ 이밖에 '거주하다' '살다' 등의 의미가 있다. 이는 viharati와 유사하지만, viharati의 경우는 정진하는 주처라는 의미가 강하다면, nisīdati는 앉는다는 의미가 강하다. 그래서 viharati는 '지내다', nisīdati는 '앉다'로 번역하였다.

9 pallaṅka ābhujitvā: 가부좌를 틀다, 다리를 교차하여 앉다. ※ ābhujitvā: 틀다, 앞을 바라보다. 관용적으로 pallaṅka ābhujitvā로 함께 쓰인다. 원형은 ābhujati.

10 uju: 똑바르게, 정직하게.

11 paṇidhāya: 일으키다. ※ 그밖에 '지향하다' '앞에 두다' '…하고자 하다' 등의 뜻이 있어서, 역자에 따라서는 '고정시키다'로 번역하기도 한다.

12 upaṭṭhapeti: 준비하다, 앞을 향하다. ※ 여기서는 준비하고 앉는다는 의미로 보아 '앉는다'고 번역하였다.

위한 자리와 자세에 관한 이야기이다. 숲속이나 나무 아래 등 외진 처소에서 수행에 힘쓰는 것은 당시 명상수행자의 필수인 '두타행(頭陀行, dhūta)'[13]의 요건이다.

'빠리무캉 사띵 우빳타뻬뜨와(parimukhaṃ satiṃ upaṭṭhapetvā)'의 내용은, 사띠를 어디에서 시작해야 할까 하는 점에서 논사들에 따라 다소 해석이 갈리는 곳이다. 접두어 빠리(pari)는 철저히 파악한다는 뜻이고, 무캉(mukhaṃ)은 출구라는 뜻이며, 사띵(satiṃ)은 사띠라는 뜻이다. 그러므로 빠리무캉 사띵을 직역하면 '출구에 철저히 사띠 함'이라고 번역할 수 있다.[14] 그래서 일부 논사는 빠리무캉을 '입 주변의 언저리'라고 규정한다. 빨리 삼장회(PTS)에서 제공하는 영문 번역도 in the area around the mouth라고 하여, '입 주변'으로 본다. 경의 뒤에 나오는 내용이 숨(breath)인 것으로 미루어 호흡을 전제로, 출구를 입 주변 또는 코 주변으로 하는 해석은 타당성이 있어 보인다. 그러나 여기서는 '전면에'라고 번역하였다. 그것은 빠리무카(parimukha)를 목적격으로 볼 때, '전면에'로 번역하는 것이 자연스럽다는 판단 때문이다. 몸을 대상으로 사띠 하는 신념처의 경우, 일단 명상수행자의 몸 전면에 관찰 지점을 위치시키는 것이

---

13 두타행이란 분소의를 입고, 3의衣 만을 수용하며, 탁발에 의지하고, 숲속 나무 아래에 머물며, 눕지 않는 등의 요건을 갖춘 수행생활을 말한다. (『청정도론』 제2장 1-93, 대림 역, 제1권, 초기불전연구원, 2004, pp.219-264) 두타행을 그대로 지키는 것은 오늘날 한국에서 갖추기 어려운 조건이다. 시대와 상황에 맞추되 그 정신을 살려, 고요하고 방해요소가 없는 수행 장소를 확보하는 것이 명상에서 중요하다.

14 『청정도론』 제8장 161.(대림 역, 제2권, p.92)

일반적이며 효율적인 방법이다. 『대념처경』에서 '처'를 중시하고 있는 자체가 대상을 상정한다는 의미이므로 그러한 해석 쪽이 타당성이 있다 하겠다.

〔명상수행자를 위한 양념〕

『대념처경』에서 사띠의 대상은 신수심법의 4처이지만 그 모두가 '나' 특히 '나의 몸(等身大)'에서 벗어나지는 않는다고 생각하는 것이 좋다. 신념처 수행의 단계에서는 몸이 사띠의 대상이 된다. 염처인 몸을 전면에 설정하고 알아차림을 하면 신념처 수행이 된다.

시끄러운 저잣거리에서도 수행은 가능하다. 그리고 궁극적으로는 그래야 한다. 그뿐 아니라 일정 수준의 소음은 오히려 일심에 도움이 되는 수도 있다. 어수선한 카페에서 음악을 들으며 공부하는 사람들의 경우도 일리가 있다. 다만 아무 곳 아무 때나 명상수행한다는 것은 초보자로서 쉽지는 않다. 따라서 일단 명상에 적합한 환경을 조성하는 것이 유리하다. 학생이 카페보다는 도서관에 가면 공부할 마음이 더 드는 것과 마찬가지인 셈이다. 그래서 붓다는 외진 장소를 수행처로 권한 것이다. 그렇지만 명상수행이 조금만 깊어져도 시끄러운 소음은 전혀 문제되지 않는다. 소리는 듣지만〔受〕 마음에서 그 지각〔想〕 작용은 멈출 수 있기 때문이다.

명상수행 환경은 숲이나 빈집 등 외진 처소가 좋다. 그것은 특정한 장소를 말한다기보다는 마음을 산란하게 하는 외경外境으로부터 떨어진 장소를 가리킨다고 본다. 명상수행에 좋은 곳은 지기地氣와 천기天氣가 잘 조화된 곳이고, 그보다 더 좋은 곳은 많은 명상수행자들이 마음을 모았던 곳이며, 그보다 더 좋은 곳은 고급 도인이 머물던 곳이다. 명상하기 좋은 환경을 감지하는 것은 약간의 수행력만 있어도 그리 어려운 일이 아니다.

조용하고 평화롭고 안전한 곳이 우선이지만, 특별한 공간이 없을 경우 자신만의 특정한 장소를 정해놓고 수행처로 삼는 것도 좋다. 공원의 벤치, 산책길가 낙엽 쌓인 곳, 다용도실 한편에 놓인 의자 등도 명상수행의 장소가 될 수 있다. 그러나 가장 중요한 것은 마음가짐이다. "나는 세상 밖에 있다."라는, 스스로에게 말하는 한마디의 말이 그곳을 명상에 적합한 출세간의 장소로 만든다.

실제 명상상태에서 몸을 바라볼 때는 3D가 아니라 4D가 된다.[15] 3D의 경우는 입체적이지만 보는 순간은 평면적으로 보일 수밖에 없다. 그러나 4D라는 표현은 그것을 보는 순간에도 전체적으로 입체감이 그대로 느껴지는 상황을 말하는 것이다. 물론 안이비설신眼耳鼻舌身이라고 하는 감각기관을 통해서는 4D가 불가능하다. 그러나 '의意'라고 하는 차원에서는 그것이 가능하다. 실제 명상수행 중 어떤 사상事象이 보일 때, 위 혹은 아래에서 보이기도 하고, 자기 자신이나 다른 사물을 다양한 각도와 상황에서 보는 게 어처구니없을 정도로 가능하다.

초기불교에서는 무아無我를 주장하다 보니 사띠의 행위에서까지 챙김의 주체를 애써 외면하려 한 것이 상좌부 논사들의 입장이다.

---

15 3D 혹은 4D라는 말은 필자의 입장에서 설명의 편의상 한 말이며, 과학적이고 기술적인 측면에서 정의를 내린 개념이 아니다.

그 때문에 오늘날에도 무아無我의 함정에서 빠져나가지 못하는 일부 초기불교 신봉자들도 있다. 그러나 무아라는 열반에 이르고 보니 아我라고 할 것이 없더라는 결과론적 무아이며, 수행할 때에 아我에 집착해서는 안 된다는 수행적 측면에서의 무아이다. 무아를 표방한 붓다가 천상에 태어날 것(生天)을 강조하고, 윤회를 초월할 것을 강조하기도 한 법문을 생각해 보자. 만약 무아라면 천상에 태어나는 것은 어떠한 존재이며, 무아라면 초월해야 할 윤회가 어디 있겠는가?

뿐만 아니라 명상수행에서의 결정적인 의문은 과연 사띠는 어디에서 나온 마음인가 하는 점이다. 그러한 어려움들은 알아차림의 주체를 설정할 때 수월하게 해결된다. 후일 대승불교에서는 여래장·알라야식 등의 주체를 설정하면서도, 그것의 궁극적인 실체는 무아요 공空이라는 것을 증명하려 하였다. 주체는 마침내 무아임이 분명하지만, 명상할 때 수행의 주체를 설정하는 것은 필요하다. 그렇게 명상을 계속하다 보면 어느 날 각성이 온다. "나라고 할 만한 것은 아무것도 없구나, 진정 무아無我로구나!" 하고.

여기에 나오는 빨랑까(pallaṅka)는 양 발을 허벅지에 교차로 올려놓는 가부좌를 말하는데, 『대념처경』에서 앉는 자세에 대한 유일한 언급이다. 필자도 젊은 시절에는 명상시간에 반드시 가부좌를 고집하였고, 높은 자부심만큼 심한 고통에 괴로워하였다. 그러다가 인도인 요기들을 보면서 깨달은 바가 있었다. 그들의 하체는 한국인들의 체형과 달리 가늘고 길어 가부좌가 자연스러워 보였다.[16] 그 후로

---

16 마하트마 간디(1869-1848)의 사진을 기억하라.

필자는 가부좌의 고행으로부터 벗어나 명상시간에서의 괴로움을 상당 부분 덜었다.

명상수행자가 앉아 명상할 때 가부좌를 한다면 당연히 좋다. 명상에 가부좌처럼 몸이 안정된 자세는 찾아보기 어렵다. 몸이 안정되면 마음도 따라 안정되기 마련이다. 그러나 사람마다 신체조건이 다르므로 일률적으로 모두에게 적용할 것은 아니라고 본다. 그렇다고 아무렇게나 혹은 꾸부정하게 앉아도 된다는 말은 아니다. 흔히 반좌盤坐를 말하는데, 그것은 편안하고 안정되면서도 반듯한 자세이어야 한다. 명상수행에서 다리를 교차하여 올리는 가부좌는 선택사항이어야 한다.

So sato va assasati, sato va passasati.[17] Dīghaṃ[18] vā assasanto 'dīghaṃ assasāmī' ti pajānāti,[19] dīghaṃ vā passasanto 'dīghaṃ passasāmī' ti pajānāti. Rassaṃ vā assasanto 'rassaṃ assasāmī' ti pajānāti, rassaṃ vā passasanto 'rassaṃ passasāmī' ti pajānāti. 'Sabbakāyapaṭisaṃvedī[20]

---

17 assasati: 들이쉬다. ※ passasati: 내쉬다.

18 dīgha: 길게. ※ rassa: 짧게.

19 이 pajānāti라는 표현은 뒤편에 나오는 sampajāna와 더불어 sati의 성격을 규정하는 중요한 또 하나의 용어이다. 『대념처경』에서만 해도 붓다는 sati를 말해야 하는 곳에 빠자나띠를 많은 곳에서 자유롭게 대치하고 있다. 자세한 것은 이 책의 〈해제〉를 참고하라.

20 sabbakāyapaṭisaṃvedī: 온몸으로 느끼면서, 온몸으로 경험하면서. ※ sabba:

assasissāmī' ti sikkhati,[21] 'sabbakāyapaṭisaṃvedī passasissāmī' ti sikkhati. 'Passambhayaṃ kāyasaṅkhāraṃ assasissāmī' ti sikkhati, 'passambhayaṃ[22] kāyasaṅkhāraṃ[23] passasissāmī' ti sikkhati.

사띠 하며 들이쉬고 사띠 하며 내쉰다. 길게 들이쉬면서 '길게 들이쉰다'고 바르게 알아차리고, 길게 내쉬면서 '길게 내쉰다'고 바르게 알아차린다. 짧게 들이쉬면서 '짧게 들이쉰다'고 바르게 알아차리고, 짧게 내쉬면서 '짧게 내쉰다'고 바르게 알아차린다. '들이쉬는 숨을 온몸으로 느끼면서 들이쉬며 수련하고, 내쉬는 숨을 온몸으로 느끼면서 내쉬며 수련한다. 온몸을 편안히 하고 들이쉬며 수련하고, 온몸을 편안히 하고 내쉬며 수련한다.

〔경에 대한 설명〕

사띠라는 말은 '깨다'와 '기억하다'의 복합어이다. 한글에서는 좀처럼 찾기 어렵지만 빨리나 산스끄리뜨 같은 인도어에는 그런 경우가 있다. 사띠가 두 가지 개념의 복합어인 까닭에 붓다는 '관찰하며 지낸다'라는 표현을 쓴 것이다. '깨어 기억함'이나 '관찰하며 지냄'

전체. kāya: 몸. paṭisaṃvedeti: 느끼다, 경험하다, 증지證知하다.

21 sikkhati: 수련하다.

22 passambhaya: 고요히 가라앉은 상태. ※ 동사형(passambhayati)으로는 '가라앉히다', '고요히 하다'라는 뜻이다. '편안히 하다'로 번역하였다.

23 kāyasaṅkhāra: 몸의 움직임, 신행身行. ※ kāya: 몸. saṅkhāra(saṃkhāra): 움직임, 행行, 형성력, 행위와 그 습관력, 기초.

등은 '알아차림'의 상태를 달리 표현한 것에 불과하다.

삿바까야빠띠상웨디(sabbakāyapaṭisaṃvedī)를 '온몸으로 느끼며'라고 번역하였는데, 명상 시에 숨을 들이쉬거나 내쉴 때 온몸으로 느끼는 것이 요긴하다. 『청정도론』에서도 "수행을 하면서 '나는 호흡에서 온몸의 시작과 중간과 끝을 알아차리고 꾸밈없도록 하면서 숨을 들이마실 것이다. 나는 호흡에서 온몸의 시작과 중간과 끝을 알아차리고 꾸밈없도록 하면서 숨을 내쉴 것이다'라고 자신을 수련시킨다."라고 말하고 있다.[24]

'숨의 처음부터 중간과 끝에 이르는 전 과정을 온몸으로 느끼며 바르게 알아차림 하는 것'은 사띠 수행에서 중요하다. 호흡은 사띠 수행에서 매우 유용한 것이다. 예컨대 손발은 타율신경, 심장은 자율신경의 통제를 받는다. 그러나 호흡은 자율과 타율 모두에 통해 있어, 수동적으로 통제를 받을 수도 있고 자동적으로도 가능하다. 이처럼 호흡은 자율신경과 타율신경이 만나는 지점인 까닭에 의식을 통해 무의식에 진입하는 통로로서 호흡의 가치가 명상수행자들에게 알려졌다고 판단된다.

그렇지만 명상수행에서 호흡이 자율이면서 동시에 타율이라는 바로 그 점이 문제가 된다. 왜냐하면 호흡은 그냥 놔두면 저절로 자동항법장치로 돌아가 버리는 시스템이므로, 놓아 풀어져버리기가 너무 쉽기 때문이다. 호흡이 수동항법장치가 되기 위해서는 '숨의 처음부터 중간과 끝에 이르는 전 과정을 온전히 그리고 바르게 깨어

---

24 『청정도론』 제8장 171.(대림 역, 제2권. p.96)

알아차림' 하는 것이 중요하다.

붓다의 명상수행에서 호흡이 첫 관문이 된 것은 다음 몇 가지 의미가 있다. 첫째, 생명은 호흡과 호흡 사이에 달려 있기 때문이다. 사람이 숨을 쉬면 살아 있는 것이며, 숨을 멈추면 생명도 마치고 마음도 떠난다. 통상 무호흡이 3분 이상 진행되면 뇌세포는 괴사를 시작한다. 호흡이 인간 생명의 일차적 표징이므로 붓다는 호흡을 사띠 수행의 첫 관문으로 삼았다. 둘째, 호흡은 자율신경과 타율신경이 동시에 작용하는 곳이어서 수련에 효과가 있다. 셋째, 호흡은 사띠의 대상으로 삼기에 가장 분명하고 직접적인 변화의 대상이어서 유리하다. 넷째, 호흡은 몸의 무상(無常, anicca)함을 알게 하는 일차적인 표징이다. 호흡은 들이쉼과 내쉼이 교차로 반복되므로 몸의 어떤 부분보다 무상하다. 다섯째, 호흡은 본 경의 뒷부분에서 나오는 4대四大 중 바람의 요소이므로 수련의 대상으로 적절하다.[25] 여섯째, 호흡을 알아차리는 수행은 부작용이 적다. 사띠 수행에서 숨 하나만을 대상으로 삼아 공부할 수도 있고, 숨을 통해 알아차림에 힘이 붙으면 몸의 다른 부분으로 사띠의 대상을 이전할 수도 있다.

〔명상수행자를 위한 양념〕

일부 수행자들은 명상 첫 단계부터 마음을 알아차리지 못해 안타까워한다. 하지만 그것은 갈망과 혐오 중 갈망에 속하는 상태이다.

---

25 마하시 사야도(1904~1982)는 배의 움직임을 보라고 가르치기도 하였다. 마하시 사야도의 가르침은 배의 움직임을 통하여 호흡과 무상을 사띠 하도록 인도하는 가르침이라고 생각된다.

마음을 처음부터 알아차리는 것은 쉬운 일이 아니다. 우선 물질적 몸 혹은 변화하는 대상을 통해 그것을 알아차리는 연습을 해야 한다. 그런 면에서 호흡을 바라보는 연습은 사띠 명상의 시작단계에 매우 유용하다. 명상수행이란 거친 혹은 쉽게 알아차릴 수 있는 대상으로부터, 미세한 혹은 쉽게 알아차릴 수 없는 대상으로 이행하는 것이 순서이기 때문이다.

대부분의 사람들은 호흡을 하고 살면서도 숨을 쉬고 있다는 것을 자각하지 못하는데, 그 이유는 늘 생각에 사로잡혀 있기 때문이다. 심지어 무슨 생각을 하는지도 모른 채 생각에 빠져 있는 것이 보통 사람들의 모습이다. 그러므로 호흡을 알아차리는 것은 지금·이곳으로 마음을 돌려놓는 데에 큰 도움이 된다. 처음에, '나는 숨을 쉬고 있다'고 자각하는 것이 필요하다. 이어서, 숨을 알아차리기 위하여 들숨과 날숨에 명칭이나 숫자를 세는 것도 효과적이다. 그 다음 단계에는, 호흡이 들어오고 나갈 때 부드럽게 기도를 통과하는 느낌, 차거나 따뜻한 느낌 등을 미세하게 알아차림 한다. 다음에는, 호흡을 전신으로 느끼면서 시작과 중간과 끝을 알아차림 한다. 마지막으로, 마음이 호흡과 함께 머물고 있다면, 숫자도 개념도 느낌도 모두 놓아버리며 알아차림만 존재하게 한다.

"온몸으로 느낀다."는 말은 앞서 말한 4D 영상과 관련지어서도 매우 중요한 말이다. 숨 쉬는 것을 대상으로 마음 챙길 때, 숨 자체만을 알아차리는 대상으로 하는 것이 아닌 '온몸으로 느끼며'가 중요하다. 이것은 숨을 바라보더라도 온몸에 인식의 기반을 두고 보라는 뜻이다. 자신의 몸을 빛으로 가득 채운 상태에서 사띠 하는 빛 몸 명상은 『대념처경』의 이 부분에 기반을 두고 있는 행법이다.

사띠 수행을 하면서 '챙기는 마음'이라는 주체[26]를 설정해 보자. 그리하여 숨 쉬는 것을 챙겨 바라볼 때 자신의 몸 전체를 바라보면서 들이쉬고, 그와 같이 내쉬어보자. 그때 숨을 온몸으로 느끼는 것이 된다. 그럴 경우 온몸을 빛이 꽉 찬 상태로 생각하며 호흡을 한다면 상당한 도움이 된다.

사띠 상태가 된다는 것은 숨이 자동항법장치가 되도록 내버려 두는 것이 아니고, 놓치지 않고 알아차리는 수동항법장치로 전환하는 것에 포인트가 있다.[27] 그 경우 명상수행자는 온몸으로 호흡을 느끼는 것으로 수동항법장치의 작동 여부를 가늠할 수 있다. 알아차리지 않을 때 호흡은 자동모드로 전환되며 즉시 의식에서 사라진다. 이 경우 우리는 중생에 머물 가능성이 증가된다. 알아차림 할 때 호흡은 수동운행이 되며, 의식 중에 살아 있게 된다. 그것은 명상수행자의 삶이 된다.

여기에서 명상수행을 하면서 대상을 아는 마음(knowing mind)과 그것을 지켜보는 마음(Watching mind) 두 가지가 필요하다.[28]

---

26 주체라는 말이 지닌 다양한 해석과 표현상의 오류 가능성을 염두에 둔다면, 그 말에 대한 정의를 내리는 데에 복잡한 검토가 필요하다. 필자는 소박하게 '수행의 주체'라는 개념을 생각했을 뿐이다.

27 비행기운행을 예로 들어, 자동항법장치를 수동항법장치로 전환하는 것이 사띠의 수행이라는 말은, MBSR을 창안한 존 카밧진의 표현이다. 존 카밧진은 자동항법장치의 해제解制라는 말로 사띠 수행이 지닌 특성을 재치 있게 규정하였다. 이는 사띠 수행의 특성을 잘 표현한 것이라고 생각된다.(존 카밧진, 장현갑·김교헌·김정호 역, 『마음 챙김 명상과 자기치유』, 학지사, 2005, p.260 참조)

그 상태를 명상수행자에 따라서는 대상을 알아차리는 마음(noticing)과 그것을 알아차리는 것(watching)이라고 표현하기도 한다.[29] 노티싱을 워칭하는 것이야말로 알아차림의 정의라고 생각한다. 필자는 그 두 가지를 몰아서 '깨어 알아차림'의 상태로 규정한다.

호흡을 지켜보라는 말은 호흡을 통제하라는 말과 다르다. 호흡을 지켜보는 초급 명상수행자는 흔히 호흡을 통제하는 쪽으로 가기 쉽다. 그뿐 아니라 요가나 단전 수련에서는 호흡 통제를 주문하기도 한다. 명상수행에서 호흡을 길게 혹은 가늘게, 강하게 혹은 약하게 통제하는 데에 신경을 쓰다 보면 호흡에 갇힐 우려가 있다. 의식이 호흡에 갇히는 것은 사띠가 아니다. 사띠는 호흡이 중심이 아니라, 깨어 알아차림이 중심이 되어야 하는 수행이다.

명상수행자의 공부가 깊어지면 자연히 깊은 사마디에 들게 된다. 깊은 사마디에 들게 되면 호흡이 매우 미세해져서 호흡이 있는지 없는지 의심이 들 때도 있다. 그때 명상수행자는 자칫 잠을 자는 것과 같은 상태에 이를 수도 있다. 그뿐 아니라 그대로 둘 경우 대부분 잠으로 돌입한다. 명상상태로 들어가는 입구와 잠으로 들어가는 입구는 동일한 알파α파의 대역을 지나게 되며, 사마디와 잠을 구분하는 막은 매우 얇다. 일부 연륜 있는 명상수행자가 정좌수행에 들어서자마자 고개를 끄덕이며 졸기 시작하는 것은 그 때문이다. 이때 요긴한 것은 깨어 알아차림이다. 즉 사띠가 필요한 것이다. 자신의 의식을

---

28 잭 콘필드, 김열권 옮김, 『붓다의 후예, 위빠사나 선사들』, 도서출판 한길, 2014, pp.300-301.

29 묘원, 『대념처경 해설』 3, 행복한 숲, 2011, p.236.

깨워 들숨과 날숨을 알아차리는 것이 중요하다는 말이다.

명상수행자가 숨이 거의 사라지는 상태에서 알아차림이 생생하게 살아 있음은 사띠수행에서 바람직한 방향이다. 반면에 숨이 사라지며 알아차림도 사라지는 쪽으로 진행되면 무기無記의 사선死禪이 될 가능성이 높다. 이는 사마디와 사띠가 균형적으로 개발되지 않아서 나타나는 증상이다.

그러나 명상수행 하면서 숨이 사라졌다고 당황하거나 찾을 필요는 없다. 이미 과거로 흘러간 숨을 찾는 것은 사띠가 아니며 미래의 호흡을 준비하는 것도 사띠가 아니다. 사띠는 현재를 알아차리는 것이다. 현재의 숨을 알아차린다는 것은 엄밀하게 말할 때, [사띠의 주체가] 현재 숨을 알아차리는 상태를 일깨워 지속하는 것이다. 이윽고 마음이 고요하고 생각이 느려지며 주변의 모든 것이 희미해지기 시작한다. 마음이 집중되고 있는 증거이다.

Seyyathāpi,[30] bhikkhave, dakkho[31] bhamakāro[32] vā bhamakārantevāsī[33] vā dīghaṃ vā añchanto[34] 'dīghaṃ añchā-

---

30 seyyathāpi: 마치, …과 같이. ※ yathā: …와 같이, …처럼, …에 관하여. ※ 이는 주로 사물이나 방식에 부합되는 상태를 말한다.

31 dakkho: 가능한, 안전한, 숙련된.

32 bhamakāro: 도공陶工.

33 bhamakārantevāsī: 도공의 제자. ※ antevāsīn: 도제, 견습공.

34 añchanto: 끌다, 당기다, 돌리다.

mī' ti pajānāti, rassaṃ vā añchanto 'rassaṃ añchāmī' ti pajānāti. Evameva kho, bhikkhave, bhikkhu dīghaṃ vā assasanto 'dīghaṃ assasāmī' ti pajānāti, dīghaṃ vā passasanto 'dīghaṃ passasāmī' ti pajānāti, rassaṃ vā assasanto 'rassaṃ assasāmī' ti pajānāti, rassaṃ vā passasanto 'rassaṃ passasāmī' ti pajānāti. 'Sabbakāyapaṭisaṃvedī assasissāmī' ti sikkhati, 'sabbakāyapaṭisaṃvedī passasissāmī' ti sikkhati, 'passambhayaṃ kāyasaṅkhāraṃ assasissāmī' ti sikkhati, 'passambhayaṃ kāyasaṅkhāraṃ passasissāmī' ti sikkhati.

빅쿠들이여! 마치 숙련된 도공이나 그의 견습공이 〔진흙이 올려 있는 물레를〕 오래 돌릴 때는 '오래 돌린다'고 바르게 알아차리며, 잠깐 돌릴 때는 '잠깐 돌린다'고 바르게 알아차리는 것과 같다. 또한 빅쿠여! 빅쿠는 숨을 길게 들이쉬면서 '길게 들이쉰다'고 바르게 알아차리고, 숨을 길게 내쉬면서 '길게 내쉰다'고 바르게 알아차린다. 숨을 짧게 들이쉬면서 '짧게 들이쉰다'고 바르게 알아차리고, 숨을 짧게 내쉬면서 '짧게 내쉰다'고 바르게 알아차린다. 들이쉬는 숨을 온몸으로 느끼면서 들이쉬며 수련하고, 내쉬는 숨을 온몸으로 느끼면서 내쉬며 수련한다. 온몸을 편안히 하고 들이쉬며 수련하고, 온몸을 편안히 하고 내쉬며 수련한다.

〔경에 대한 설명〕

여기에서 도공(陶工, bhamakāro)이 출현한 이유는 다음 두 가지 사항이 고려된 것으로 보인다. 첫째, 붓다의 주변에 그릇 만드는 도공이 흔하였기 때문일 것이다. 붓다가 주변에 있는 사람이나 사물을 예로 들며 설법했던 것은 흔히 있는 일이었다. 둘째, 여러 가지 예 중에서 흙으로 그릇을 만드는 일은 사띠 수행의 비유에 적합했기 때문일 것이다. 물레 위에 진흙을 올려놓고 돌리는 일은 여간 숙련이 필요한 작업이 아니다. 조금만 손가락 방향이 어긋난다든지 주의를 게을리 해도 물레 위의 흙 그릇은 망가져 버린다. 괭이질 같은 농사일은 약간 실수하더라도 별다른 문제가 없다. 그렇지만 물레질은 즉시 망가져 버리므로 수정 자체가 불가능하다. 고도의 집중이 특히 요구되는 작업인 것이다. 사띠 수행도 그렇다.

"들이쉬는 숨을 온몸으로 느끼면서 들이쉬며 수련하고, 내쉬는 숨을 온몸으로 느끼면서 내쉬며 수련한다."라는 말에는 숨겨진 함의가 있다. 그것은 들이쉬고 내쉬는 숨의 처음부터 중간과 끝에 이르는 전 과정을 온몸으로 느끼며, 바르게 알아차리면서 수행하라는 말이다.

붓다는 이곳에서 사띠 대신 빠자나띠(pajānāti)를 사용한다. 번역도 그에 걸맞게 '바르게 알아차린다'로 하였다. 사띠가 단순한 알아차림이라면, 빠자나띠는 그 정황과 원리를 숙지한 위에 알아차림 하는 것으로 대비할 수 있다. 붓다는 『대념처경』에서 사띠와 빠자나띠를 상황에 맞게 적절히 선택하여 사용 혹은 혼용하고 있다.

붓다는 또한 이곳에서 '식카띠(sikkhati, 수련한다)'라는 말도 사용한다. 식카띠를 영역본에서는 train이라 번역한다. 즉 익히다·배우다 등의 뜻이 있는데, 특히 학문공부가 아니라 명상수행공부 할 때 식카띠가 적용된다. 식카띠는 그냥 수련하는 것이 아니라 열반이라는 꼬띠(koti), 즉 정점을 향한 최선의 노력을 말한다. 이곳에서 붓다는 최선의 노력을 포함한 사띠라는 의미로 식카띠를 사용한 것으로 보인다.

"온몸을 편안히 하고 들이쉬며 수련하고, 온몸을 편안히 하고 내쉬며 수련한다."는 말은 온몸의 흥분과 긴장을 가라앉히고 숨 쉬며 수련한다는 말이다. 명상 일반에서 중요한 것은 이완弛緩이다. 이완하지 않은 상태에서의 명상은 바른 명상이 아니다. 숨을 바라보는 것으로 명상을 시작했더라도, 몸 어딘가 긴장된 부분이 있으면 즉시 그곳이 사띠의 대상이 되어 버릴 우려가 있다. 우리들의 주의는 긴장된 곳에 머물게 마련이기 때문이다. 사띠는 힘을 뺀 곳에서 시작한다. 따라서 전신에서 흥분과 긴장을 이완시킨 이후에 호흡을 알아차리는 수련을 시작하는 것이 효과적이다.

명상 마스터 중에는 오히려 호흡을 강하게 하라고 권하는 경우도 있다. 순룬 사야도(1878~1952)가 그 예이다. 그는 맹렬한 명상수행자로 알려져 있는데, 45분 동안 강하게 호흡을 하게 한 후 2~3시간 동안 몸을 움직이지 않고 몸에서 일어나는 감각을 집중하게 한다.[35] 강렬한 호흡은 사람의 마음에 잡념을 사라지게 하며 몸의 기운을 빠르게 순환하게 하는 효과가 있다. 그러나 호흡을 자연스럽게

---

35 잭 콘필드, 앞의 책, p.149, p.159.

하는 쪽이나 호흡을 강하게 하는 쪽을 막론하고, 핵심은 감각을 사띠 하는 것에 있음을 잊어서는 안 된다.

『청정도론』에는 들숨 날숨에 대한 비유가 있다. "마치 얇은 헝겊 조각을 기울 때는 바늘도 가는 것이 필요하고 바늘귀를 뚫는 기구도 더 가는 것이 필요한 것과 같다. 이와 같이 얇은 헝겊 조각과 같은 명상 주제를 닦을 때는, 가는 바늘을 움직일 때와 같은 알아차림, 그리고 미세한 바늘귀를 뚫는 기구와 같은 알아차림, 그리고 그에 어울리는 통찰지가 필요하다."[36]

같은 호흡을 대상으로 하더라도, 몸에서 일어나는 감각을 알아차리면 신념처 수행이 되고, 느낌으로 알아차리면 수념처 수행이 되며, 마음으로 알아차리면 심념처 수행이 되고, 법으로 알아차린다면 법념처 수행이 된다.

〔명상수행자를 위한 양념〕

호흡을 알아차리는 실제 방법으로 크게 두 가지가 있다. 가슴이나 배가 일어나고 꺼지는 것을 알아차리는 것과, 코끝에서 숨이 들어가고 나가는 것을 알아차리는 방법이다. 두 경우 모두 호흡 중간의 정지상태도 알아차려야 한다는 것이 위빳사나 마스터들의 제안이다. 만약 명상수행자가 그러한 것들이 복잡하다고 느낀다면, 일어남 혹은 들숨 하나에만 사띠 하고, 꺼짐 혹은 날숨 하나에만 사띠 하다가, 점차 짝을 지어 관찰하고, 이윽고 중간의 정지 상태마저

---

36 『청정도론』 제8장 212.(대림 역, 제2권, p.114)

사띠 하는 순서를 밟아도 좋다. 하지만 요가나 도교에서 가르치는 바와 같이 지식止息, 문화文火·무화武火 따위 에너지 조절과 관련된 호흡은 사띠 수행의 목적과 일치하지 않는다. 위빳사나 명상에서 호흡은 다만 사띠의 대상일 뿐이다.

숨을 관찰하는 데는 4단계가 있다. 여기에서 순룬 사야도의 가르침이 참고된다. 첫째, 호흡의 숫자를 세는 방법이다. 마음을 호흡의 접촉부위, 즉 코끝에 집중하여, 들어오고 나가는 호흡을 센다. 둘째, 호흡의 형태를 아는 것이다. 호흡이 닿는 부분에 마음을 집중하여, 짧으면 짧다고 길면 길다고 알아차리는 것이다. 셋째, 호흡의 출입과 소재를 아는 것이다. 호흡이 닿는 부분에 마음을 집중하여, 들어오고 나가는 숨의 처음·중간·끝을 모두 느끼는 것이다. 그렇다고 아랫배 끝까지 호흡을 따라갈 필요는 없다. 집중의 초점은 호흡과 신체의 접촉 부분에 고정시키면 된다.[37] 넷째, 호흡의 감촉만을 순수하게 관찰하는 방법이다. 이 방법은 호흡의 감각에 대하여 사띠 하는 것이다. 호흡을 하되 호흡의 접촉 부위에서 부딪치는 감촉을 깨어 알아차리는 것이다. 이때는 숫자를 세지도 말고, 길이의 정도를 알려고 하지도 말고, 호흡이 들어오고 나가는 길을 따라가지도 말아야 한다. 오직 감각만을 사띠 하는 것으로, 개념·상상·관념 등이 형성할 기회를 주지 말아야 한다. 그렇게 되면 모든 현상들은 일어나는 순간을 사념

---

37 이 방법에 대하여 『청정도론』에서는 톱니에 비유하여 말하고 있다. 『청정도론』, 제8장 202.(대림 역 제2권, p.110) 예컨대 톱의 이빨은 항상 나무와 접촉되는 한 부분에만 한정되어 있다. 하지만 나무에 접촉되는 부분만으로 톱의 전체 길이를 인지할 수 있다. 톱의 전체 길이가 그 접촉 부분을 통과하기 때문이다.

따위로 왜곡됨이 없이 본질 그 자체로 포착할 수 있다.[38]

다른 방식으로 호흡을 알아차리는 길도 있다. 첫째, 들이쉬는 숨만을 알아차린다. 둘째, 내쉬는 숨만을 알아차린다. 셋째, 들이쉬고 내쉬는 숨 모두를 알아차린다. 넷째, 들이쉬는 숨, 잠시 멈춤, 내쉬는 숨, 잠시 멈춤 등의 모든 과정을 알아차린다.

숨에 관한 사띠에 전념하면 머지않아 표상이 나타난다. 그러나 그 표상은 모두에게 동일하게 나타나는 것은 아니다. 『청정도론』에서는 다음과 같이 설명한다. "어떤 자에게는 별빛이나 마니주, 진주처럼 나타나고, 어떤 자에게는 거친 촉감을 가진 목화씨나 거친 촉감을 가진 심재로 만든 못처럼 나타나고, 어떤 자에게는 긴 허리끈이나 화환, 한 모금의 연기처럼 나타나고, 어떤 자에게는 펴진 거미줄이나 구름의 장막, 연꽃이나 수레바퀴, 월륜이나 일륜처럼 나타난다."[39]

실제 명상수행에서는 『청정도론』에서 예시한 것 이외에도 다양한 표징이 나타날 수 있다. 이러한 현상들은 깨달음의 궁극과는 직접적인 관련이 없으며 과정에 불과하다. 다만 그러한 표상들이 나타남으로 인하여 명상수행자들이 희열심을 내고 가일층 정진하게 된다면, 그것은 긍정적 효과라 하겠다.

호흡을 알아차리는 명상수행에서 중요한 것은 잘하려는 생각을 내려놓는 일이다. 한 차례 호흡을 처음부터 끝까지 알아차리는 능력은 누구나 지니고 있다. 그러나 한 시간 동안 단 한 번의 호흡도

---

38 잭 콘필드, 앞의 책, pp.159-160.

39 『청정도론』 제8장 214-215.(대림 역, 제2권, p.116)

놓치지 않겠다고 결심한다면 그는 반드시 좌절할 것이다. 모든 명상수행자는 현재 한 차례의 호흡을 대상으로 하여, 시작부터 끝까지 온전하게 알아차리는 것이 중요하다. 그리고 이어서 다시 한 차례의 호흡을 온전하게 알아차리면 된다. 명상수행자의 능력은 온전한 알아차림의 횟수가 증가함에 따라 저절로 높아지게 되어 있다.

Iti[40] ajjhattaṃ[41] vā kāye kāyānupassī[42] viharati, bahiddhā vā kāye kāyānupassī viharati, ajjhattabahiddhā vā kāye kāyānupassī viharati, samudayadhammānupassī[43] vā kāyasmiṃ viharati, vayadhammānupassī vā kāyasmiṃ viharati, samudayavayadhammānupassī vā kāyasmiṃ viharati, 'atthi kāyo' ti vā panassa[44] sati paccupaṭṭhitā[45] hoti.

---

40 Iti: 이와 같이, 여기에, 등등의 의미로 사용된다. ※ ti와 같은 의미.

41 ajjhatta: 자신의, 안[쪽]의, 개인적인, 내적인. ※ bahiddhā: 밖으로, 외부에.

42 kāyānupassī: 몸에 관한 관찰, 몸에 대한 명상. ※ 여기서는 대상이 몸인 만큼 '관찰'이라는 용어가 적절할 것 같다.

43 samudayadhammānupassī: 일어나는 현상을 관찰하다. ※ samudaya: 발생, 기원, 일어남, 생기生起. dhamma: 현상, 법法. anupassī: 응시하다, 관찰하다, 보다. ※ samudaya의 반대말은 vaya: 손실, 부족, 소멸. ※ samudayavaya: 나타나고 소멸하고.

44 panassa: 사라지다, 잃다, 소멸되다.

45 paccupaṭṭhitā: 나타나다, 일어나다, 확립하다. ※ 영역에서는 established로 번역하고 있다.

Yāvadeva[46] ñāṇamattāya[47] paṭissatimattāya[48] anissito[49] ca viharati, na ca kiñci[50] loke upādiyati.[51] Evaṃ pi kho, bhikkhave, bhikkhu kāye kāyānupassī viharati.

이와 같이 몸 안에서 몸을 관찰하며 지낸다. 몸 밖에서 몸을 관찰하며 지낸다. 몸 안팎에서 몸을 관찰하며 지낸다. 몸에서 일어나는 현상을 관찰하며 지낸다. 몸에서 사라지는 현상을 관찰하며 지낸다. 몸에서 일어나고 사라지는 현상을 관찰하며 지낸다. 〔그리하여〕 '이것이 몸이로구나'라는 사띠가 확립된다. 이제 지혜가 확장되고 사띠만이 현전하여 지낸다. 그리하여 〔안팎의〕 세계에 집착함을 하찮게 여긴다. 빅쿠들이여! 참으로 이것이 빅쿠가 몸에서 몸을 관찰하며 지내는 것이다.

〔경에 대한 설명〕

이 말씀은 붓다가 『대념처경』을 설하면서 항목마다 매듭짓는 공통 내용이다. 경 전체를 통하여 몸·느낌·마음·법 등 목적어만 바뀌면서 20차례나 반복 출현한다. 그만큼 중요한 내용이며, 알아차림 명상의 요강要綱이라 보아도 무방하다.

46 yāvadeva: 드러남, 현전함.

47 ñāṇamattāya: 지혜가 가득함. ※ ñāṇa: 지식, 지혜. mattāya: 넘치는, 풍부한.

48 paṭissatimattāya: 마음챙김, 마음 가득함. ※ paṭissati: 마음챙김, 기억함.

49 anissito: 독립적인, 집착되지 않은, 자유로운.

50 kiñci: 하찮음, 사소함.

51 upādiyati: 잡다, 붙들다.

바딧다(bahiddhā)를 번역서에 따라 '외부에 있는 사물' 혹은 '다른 사람 몸의 관찰' 따위로 번역하는 경우가 있다. 그들은 이와 마찬가지로 다음에 나오는 '감각에서 감각을'을, '다른 사람의 감각을'로 번역한다. 예컨대 다음과 같이 번역한다. "앗잣땅 와 까예(ajjhattaṃ vā kāye)의 단계는 자신의 몸에서 내적인 신체를 말한다. 바힛다 와 까예(bahiddhā vā kāye)의 단계는 다른 사람의 몸을 관찰하는 것이다. 앗잣따바힛다 와 까예(ajjhattabahiddhā vā kāye)의 단계는 자신의 몸도 다른 사람의 몸도 같은 행위를 하고 있다고 이해하여 양쪽 다 관찰하는 것이다."[52] 이러한 번역은 모든 중생을 구제하려는 붓다의 자비로운 의도에서라면 옳을 수 있다.

그러나 다른 사람을 관찰하는 수행은 고도로 순숙된 명상수행자에게나 적용되는 사항이라고 할 수 있다. 이는 경에서 "빅쿠들이여! 빅쿠가 숲속에 가거나 나무 아래에 가거나 빈집에 가거나 하여 가부좌를 틀고 몸을 곧추세우고 전면에 바르게 사띠를 일으킨다."라는 내용을 보더라도 알 수 있다. 혼자 하라는 말이 아닌가? 일단 명상수행은 혼자서 내면을 알아차리는 것에서 출발하는 것이다. 그러므로 필자는 '밖에서'라는 말은 다른 사람을 대상으로 하라는 말이 아닌, '몸의 표면을 기준으로 한 밖으로부터'라고 해석하고자 한다. 단 II-6. '아홉 가지 묘지의 절'에서와 같이 다른 사람의 주검을 관찰하는 것은 논외로 한다.

---

52 Alubomulle Sumanasara 역주, 『大念處經』, 東京, 株式會社 サンガ, 2016, p.75. 또한 각묵의 번역본과 그곳에서 인용하고 있는 주석서에서도 비슷하게 보고 있다.(각묵 역, 『대념처경』, 『디가 니까야』 2. 초기불전연구원, 2005, p.499)

〔명상수행자를 위한 양념〕

사띠는 마음이 주체가 되어 명상수행하는 마음공부이다. 그래서 명상수행자는 처음에는 마음이 몸을 대상으로 하여 사띠를 하다가 이윽고 마음이 느낌을, 마음이 마음을, 마음이 법을 알아차리는 수행을 한다. 그런데 마음이 몸을 대상으로 하여 알아차리는 것이나 마음이 마음을 대상으로 하여 알아차리는 것이나, 통상적으로 '느낌'이라는 것을 통한다. 그런 점에서 느낌을 키워나가는 것이 사띠를 향상시키는 것이라고 보아도 좋다.

사띠 수행에서 중요한 것은 대상을 관념이 아닌 실재(reality)로 느낀다는 점에 있다. 몸과 마음의 실재를, 마음이 주체가 되어 느낌을 통하여 깨어 알아차리는 것이 사띠이다. 그리하여 내면이 본래 가지고 있는 알아차림의 내공, 즉 통찰력을 열반의 상태로까지 끌어올리자는 것이 명상수행인 것이다.

2. Iriyāpathapabbaṃ[53]

2. 움직임(四威儀)의 절

Puna[54] caparaṃ,[55] bhikkhave, bhikkhu gacchanto[56] vā

53 Iriyāpathapabba: 움직임의 절. ※ Iriyā: 움직임, 자세. patha: 길. pabba: 매듭, 부분.

54 puna: 다시.

55 capara: 한편으로, 달리 생각하면.

'gacchāmī' ti pajānāti, ṭhito[57] vā 'ṭhitomhī' ti pajānāti, nisinno vā 'nisinnomhī' ti pajānāti, sayāno vā 'sayānomhī' ti pajānāti. Yathā[58] yathā vā panassa kāyo paṇihito[59] hoti, tathā[60] tathā naṃ pajānāti.

다시 한편으로 빅쿠들이여! 빅쿠는 걸어가면서 '나는 걷고 있다'고 바르게 알아차리고, 서 있으면서 '나는 서 있다'고 바르게 알아차리며, 앉아 있으면서 '나는 앉아 있다'고 바르게 알아차리고, 누워 있으면서 '나는 누워 있다'고 바르게 알아차린다. 또 그 몸이 어떤 자세를 하고 있든지 그대로 바르게 알아차린다.

〔경에 대한 설명〕

이번에는 앉아서만이 아닌 행주좌와行住坐臥간 어떤 자세에서도 몸을 알아차림 하며 머물 것을 촉구하고 있다. 자세와 관련하여

56 gacchanti: 가다.

57 ṭhito: 서 있는.

58 yathā: …과 같은, 다음과 같은. ※ 두 차례 반복함으로써 '이렇게 저렇게'라는 의미가 된다. 여기서는 '어떤 자세이든지'라고 번역하였다.

59 paṇihito: …로 향한, …에 열중한. ※ 영역본에서는 이 부분에 대해서는 별 의미가 없이 생략한 상태로 처리하고 있다. 여기서는 사띠의 대상이 처한 상태를 묘사한 것으로 판단하여, '…하고 있든'으로 처리하였다.

60 thatā: 이와 같이, 이렇게 하여, 그대로. ※ 여기에서 타따(thatā)를 두 번씩이나 연속한 것은 어떠한 상태에서도 가능한 사띠를 강조하기 위한 것으로 보인다. 여기서는 '그대로'라는 한 음절로 번역하였다. 야타(yathā)의 경우와 유사하다.

알아차림 한다는 말에는 세 가지 의미가 있다. 첫째, 대상을 깨어 본다. 둘째, 본 것의 상태를 실재로서 바르게 알아차린다. 셋째, 걷거나 서 있거나 앉아 있거나 누워 있거나 어떤 자세를 취하고 있거나 상관없다.

일상의 모든 몸가짐, 즉 위의威儀를 후일 중국불교의 전통에서는 행주좌와어묵동정行住坐臥語默動靜이라는 개념으로 규정한다. 『대념처경』의 이 부분이 한자로 번역될 때는 행주좌와行住坐臥로 번역되는데, 그렇다면 나머지 어묵동정은 알아차림의 범위를 벗어난다는 것인가? 그렇지 않다. 이 말은 시간이나 공간 따위를 네 가지 상태로 한정하는 것이 아니라, 생활하는 도중 일어나는 모든 사항을 지칭한다. 즉 알아차림으로 행주좌와어묵동정을 모두 커버하는 것이다.

사띠는 일상생활 전반에 적용되는 명상법이다. 만약 좌선이나 경행에는 적합하지만, 일상생활에서는 가능하지 못하다면 그것은 온전한 사띠 수행법이라 할 수 없다. 한 동작에서의 알아차림이 다음 동작의 알아차림으로 연결되어 온종일 지속되어야 수행의 목적을 이룰 것이기 때문이다.

왜 행주좌와 4위의四威儀가 알아차림의 대상이 되는가? 그것은 4위의 모두가 연기緣起하여 있으며, 고(苦, dukkha)의 원인이며, 무상(無常, anicca)인 까닭이다. 따라서 모든 고는 행주좌와 4위의를 통하여 산출된다. 당연히 고를 벗어나기 위해서도 4위의를 대상으로 하지 않으면 안 된다.

이 부분은 사띠 수행의 방법을 한 단락으로 요약한 것으로 보아도 좋다. '앉으나 서나 당신 생각~'이라는 가요의 가사를 '앉으나 서나 사띠 하나~'로 바꿔 부른다면 그것은 사띠 수행가修行歌가 될 것 같다.

행주좌와라는 일상생활은 고를 산출하는 통로일 뿐 아니라 고를 초월하는 통로이다. 따라서 일상은 너무도 성스럽고 너무도 소중하다.[61] 4위의를 통해 나타나는 우리네 삶은 고해라서 힘든 여로인 동시에, 행복과 열반으로 가는 축복의 길이다. 축복의 길이란 행주좌와 4위의를 소재로 하여 사띠로 행하고, 사띠로 주하고, 사띠로 앉고, 사띠로 눕는 것을 전제로 한 경우를 말한다.

몸의 움직임을 사띠의 대상으로 삼을 때, 문제가 되는 순간이 있다. 즉 동작과 동작 사이의 순간이 그것이다. 예컨대 앉았다가 일어서려 할 때와 같은 어중간한 사이는 일상생활 어디에나 존재한다. 심지어 호흡을 들이쉬고 내쉬는 짧은 사이에도 공백이 있다. 명상수행자는 이러한 '낀 현상'까지 알아차림을 놓치지 않는 것이 중요하다.

사람이 무심히 행위하는 것과 분명한 알아차림(正知, pajānāti)으로 행위하는 것은 천지 차이이다. 그냥 행위하는 것은 비수행인의 행동이고, 분명한 알아차림으로 행위하는 것은 명상수행인의 행동이다. 습관적·무의식적으로 하는 짓과, 깨어 알아차림 하는 행동

---

61 이러한 견해는 필자의 생각이지만, 붓다의 견해라고도 본다. 붓다가 고의 세계를 신성한 가르침의 하나로 파악하여 고성제苦聖諦라 규정하고 있는 것은 그러한 사유의 반영이라고 본다.

이라는 사소한 갈림은 중생과 부처라는 천지현격天地懸隔의 결과를 낳게 된다. 두 가지 행동 모두 '나는 ~하고 있다'라는 행위인 점에서는 공통적이지만 전혀 다른 결과를 낳는다. 그것은 수행인과 비수행인의 행위가 질적으로 다르기 때문이다.

두 행위에는 몇 가지 차이가 있다. 먼저 행위하기 전의 의도에 차이가 있다. 수행인은 명상이라는 선한 의도에 바탕을 두고 사띠 하지만, 비수행인은 행위의 의도를 알지 못하고 자동적으로 행위한다. 따라서 수행인은 행위마다 선한 결과를 맺지만, 비수행인은 나쁜 결과를 낳을 가능성이 높다. 마치 설탕과 독약이 든 병을 구분하지 못하는 사람이 혹 설탕을 먹을 수도 있지만, 마침내 독약을 먹을 가능성이 높은 것과 마찬가지다.

다음으로, 행위하는 중 수행인은 매 순간을 알아차리고 비수행인은 알아차리지 못한다. 그러므로 만약 어떤 사람에게 현재의 생각을 물어보면 수행인은 "지금 ~생각을 하고 있다."라고 즉각 답을 하고, 비수행인은 "어? 지금 ~생각을 하고 있었네?"라고 답할 것이다.

끝으로, 행위하는 중에 수행인은 알아차리고 있으므로 그 밖의 잡념에 사로잡히지 않지만, 비수행인은 순간마다 수많은 생각이 교차하므로 결과적으로 잡념에 사로잡혀 있는 셈이 된다. 인간으로 생활하고 있으므로 생각이 일어나는 것은 피할 수 없다. 다만 생각이 일어날 때 수행인은 그 생각이 마음공부의 소재가 되어 알아차림의 대상이 되고, 비수행인은 그 생각이 흩어진 것이라서 잡념이 되고 마는 것이다.

결과적으로, 수행인의 입장이 지속되면, 마음을 마음대로 사용할 뿐 아니라 '〔본래마음의 선한〕 의도'와 '〔본래마음이 관여〕하는 사띠' 두 가지만 남게 되어 마침내 본래마음의 정화된 측면이 증가하여 열반에 들 것이다. 반대로 비수행인으로 있게 된다면 어떠한 변화도 없을 것이며, 결과적으로 본래마음의 오염된 측면이 굳어져 중생의 윤회를 면하기 어려울 것이다.

필자가 명상수행을 할 때, 행주좌와의 대상 가운데 좌坐와 더불어 선호하는 방법은 행行, 즉 걷는 것이다.[62] 걷는 동작은 움직임이 있어 사띠에 상대적으로 수월하다. 그뿐 아니라 걷다 보면 다른 잡념을 제어하기도 쉽다. 그러므로 정좌 수행 전이나 중간에 걷기 수행을 하는 것도 좋고, 아니면 초보자의 경우 아예 걷기 명상을 상당 시간 배려하는 것도 좋다. 걸을 때는 발을 듦·나아감·놓음의 3단계로 사띠 해도 좋고, 왼발·오른발 하며 사띠 하는 것도 좋다. 걷는 행법이 효과적이라는 사실은, 위빳사나 마스터들 중에서 정좌 수행 1시간이면 경행 수행 1시간을 배정하는 예가 있는 것에서도 알 수 있다.

초보 명상수행자가 사띠를 잘하는 방법 중 효과적인 방법 중 하나는 특정 대상에 대하여 명칭을 붙이는 것이다. 예컨대 호흡에 대하여 '들숨, 날숨', 생각에 대하여 '생각, 생각', 어떤 소리와 이미지가 함께 나타난다면 '들림, 보임' 등과 같이 말이다. 명칭 붙이기는 우리의 알아차림을 특정 대상에 매어두려는 데에 목적이 있다. 명칭 붙이기를 하면 대상을 더 또렷하게 관찰하며 알아차림 할 수 있다.

---

62 이때의 행(行: walking)은 수상행식에서의 행(行: saṅkhārā)과는 전혀 다른 개념이다.

이때 너무 강하게 명칭에 집중하면 그로 인하여 오히려 현재의 알아차림이 방해받는 수가 있다. 그러므로 가볍게 명칭 짓고 경쾌하게 떠나는 것이 중요하다. 만약 명칭 붙이는 것이 명상을 방해한다든지 자신의 명칭 붙이기가 대상의 변화를 따라가지 못한다면 잠시 쉬는 것도 좋은 방법이다. 물론 명칭 붙이기가 필요 없는 사띠의 경지에 도달한 경우에는 자신에게 졸업장을 주어도 좋다.

Iti ajjhattaṃ vā kāye kāyānupassī viharati, bahiddhā vā kāye kāyānupassī viharati, ajjhattabahiddhā vā kāye kāyānupassī viharati, samudayadhammānupassī vā kāyasmiṃ viharati, vayadhammānupassī vā kāyasmiṃ viharati, samudayavayadhammānupassī vā kāyasmiṃ viharati, 'atthi kāyo' ti vā panassa sati paccupaṭṭhitā hoti. Yāvadeva ñāṇamattāya paṭissatimattāya anissito ca viharati, na ca kiñci loke upādiyati. Evaṃ pi kho, bhikkhave, bhikkhu kāye kāyānupassī viharati.

이와 같이 몸 안에서 몸을 관찰하며 지낸다. 몸 밖에서 몸을 관찰하며 지낸다. 몸 안팎에서 몸을 관찰하며 지낸다. 몸에서 일어나는 현상을 관찰하며 지낸다. 몸에서 사라지는 현상을 관찰하며 지낸다. 몸에서 일어나고 사라지는 현상을 관찰하며 지낸다. 〔그리하여〕 '이것이 몸이로구나'라는 사띠가 확립된다. 이제 지혜가 확장되

고 사띠만이 현전하여 지낸다. 그리하여 〔안팎의〕 세계에 집착함을 하찮게 여긴다. 빅쿠들이여! 참으로 이것이 빅쿠가 몸에서 몸을 관찰하며 지내는 〔방법인〕 것이다.

〔경에 대한 설명〕

"그리하여 〔안팎의〕 세계에 집착함을 하찮게 여긴다. 빅쿠들이여! 참으로 이것이 빅쿠가 몸에서 몸을 관찰하며 지내는 〔방법인〕 것이다." 이 부분은 『디가 니까야(DN)』에는 있으나 『맛지마 니까야(MN)』에는 없는 내용이다. 전체적인 내용의 흐름에 영향을 줄 만한 것은 아니지만 명상수행자의 입장에서는 매우 의미 있는 부분이다.

모든 삶의 고비는 갈망과 혐오가 관련되어 있다. 그리고 그 갈망과 혐오 안에는 공통적으로 '집착'이 들어 있다. 명상수행자에게는 세상의 어떤 것보다 명상이 최고의 가치이다. 명상은 세상의 모든 것에 집착을 여의는 것이다. 집착하는 순간 명상수행자는 수행의 행위에서 멀어지고 만다. 그 순간 사띠는 자신의 몸으로부터 집착의 대상으로 옮아가고 말기 때문이다. 알아차림 명상이란 알아차림의 대상이 중요한 것이 아니다. 알아차림 하는 주체와 알아차림 하는 실재 그것이 중요한 것이다.

마음과 물질의 세계에 대한 집착을 벗어난다는 것은, 몸으로 인하여 일어나는 갈애와 사견을 벗어난다는 것을 의미하는 것이다. 그 경지를 달리 표현한다면 '사띠만 있는 상태'가 된다. 사띠만 있는 상태야말로 4념처관의 궁극이요 목표이다. 그것은 8정도의 항목을 빌려 말한다면 정념(正念, sammā-sati)과 정정(正定, sammā-samādhi)이 조화된 상태이기도 하다. 필자는 정념과 정정이 궁극적으로 조화된 것이 열반의 모습이라고 생각한다. 붓다는 순수한 정념의 상태는 정정의 궁극과 일치한다고 니까야 곳곳에서 말하고 있다. 만약 두 가지 상태가 별개의 것이라면, 한 가지를 온전히 하는 것도 어려운 우리네 중생이 어떻게 수행을 마쳐 열반에 도달할 수 있겠는가.

〔명상수행자를 위한 양념〕

"이와 같이 안으로 밖으로 혹은 안팎으로 몸을 관찰하며 지낸다."는 말은, 몸을 관찰하되 그 관찰자와 관찰의 대상이 자신의 몸을 벗어나지 않는다는 의미이다. 수행에서 몸은 너무도 중요하다. 몸은 모든 명상수행자의 성전聖殿이며 마음공부의 유용한 도구이다. 우리가 설사 전생에 천도天道에서 높은 수준의 영체로 있었을지라도, 마음공부에 유용한 육체를 활용하기 위하여 인도人道에 원생願生하였다고 필자는 생각한다.

붓다는 우리에게 몸에 집착하지 말 것을 누누이 가르쳤지만, 몸을 소홀히 하라고 가르치지는 않았다. 붓다는 세수 80세에 반열반에 들었다. 풍찬노숙을 주로 하던 붓다의 수명은 당시의 평균수명으로 따진다면 엄청난 장수이다.[63] 그 사실은 붓다가 평소 얼마나 몸을 소중히 다루었는지를 짐작하게 한다. 스승이 몸을 소중히 여기며 살았다면 우리도 그렇게 살아야 한다.

63 붓다 당시 인도의 평균수명은 알 길이 없지만, 참고로 1920년대 한국인의 평균수명은 37.4세였다. 오늘날도 인도의 생활환경은 열악하기 짝이 없는데, 당시는 어떠했을 것인가. 붓다 외에 그의 제자들도 장수를 누린 경우가 많다.

3. Sampajānapabbaṃ

3. 분명한 앎(正知)의 절

Puna caparaṃ, bhikkhave, bhikkhu abhikkante paṭikkante[64] sampajānakārī[65] hoti, ālokite vilokite[66] sampajānakārī hoti, samiñjite pasārite[67] sampajānakārī hoti, saṅghāṭi-pattacīvaradhāraṇe[68] sampajānakārī hoti, asite pīte khāyite sāyite[69] sampajānakārī hoti, uccārapassāva-kamme[70] sampajānakārī hoti, gate ṭhite[71] nisinne sutte jāgarite[72] bhāsite tuṇhībhāve[73] sampajānakārī hoti.

---

64 abhikkamati: 앞으로 나아간, 지나간. ※ paṭikkamati: 뒤로 돌아온, 물러난.

65 sampajānakārī: 바른 알아차림(正知)의 행위. ※ sam: 바른. pajānati: 알아차림. kāra: 행위, 소행.

66 ālokite vilokite: 앞을 바라봄과 뒤를 바라봄. ※ āloketi: 앞을 바라보는. vilokita: 뒤를 바라보는, 관찰하는, 검사하는.

67 samiñjati: 접다, 구부리다. ※ samiñjita : 구부러진. pasāreti: 펴는, 잡아 늘이는.

68 saṅghāṭipattacīvaradhāraṇe: 가사·발우·승복을 착용함. ※ saṅghāṭi: 가사. patta: 발우. cīvara: 승복. dhāraṇe: 착용, 소유함.

69 asite: 먹는. ※ 원형: asati. ※ pīte: 마시는. khāyite: 씹는. sāyite: 맛보는.

70 uccārapassāvakamme: 대소변을 보는 행위. ※ uccāra: 대변을 봄. passāva: 소변을 봄. kamme: 행위, 일.

71 gate: 가는. ※ 원형: gacchati. ※ ṭhite: 서는. ※ 원형: ṭiṭṭhati.

72 sutte: 자는, 졸리는. ※ 원형: supati. ※ jāgarati: 자지 않는, 경계하는.

73 tuṇhībhāve: 침묵하고 있을 때. ※ tuṇhī: 조용히. bhāve: 상태. ※ 수행자가 침묵하고 있을 때는 사띠 수행에 전념하고 있을 때임이 분명하므로, 말할 때의

다시 한편으로 빅쿠들이여! 빅쿠는 나아갈 때도 물러날 때도 분명한 앎으로 행한다. 앞을 볼 때도 돌아볼 때도 분명한 앎으로 행한다. 구부릴 때도 펼 때도 분명한 앎으로 행한다. 가사·발우·의복을 수지受持할 때도 분명한 앎으로 행한다. 먹을 때도 마실 때도 씹을 때도 맛볼 때도 분명한 앎으로 행한다. 대소변을 볼 때도 분명한 앎으로 행한다. 걸을 때도, 설 때도, 앉을 때도, 잠들 때도, 잠을 깰 때도, 말할 때도, 침묵할 때도, 분명한 앎으로 행한다.

〔경에 대한 설명〕

『대념처경』은 알아차림의 대상을 4처로 구분하여 설하는 경이다. 각 절은 장의 콘셉트에 맞추어 알아차림의 '대상'을 분류·설명하고 있다.

본 장의 이름은 'II. 몸을 따라 알아차림 하는 장'이다. 그런데 이곳 II-3 만은 삼빠자나(Sampajāna)가 절의 이름이다. 묘하게도 알아차림의 '대상'이 아닌 '방법'이 제시되어 있는 것이다. 앞의 II-2에서는 행주좌와 4위의라는 '대상'을 강조하였는데, 이곳 II-3에서는 근본되는 '원리'를 강조하고 있다. 그 이유는 이제 대상도 다양해졌고 알아차림도 깊어져야 하는데, 그에 부응하는 전반적인 지혜가 요청되기 때문으로 생각된다.

삼빠자나까리 호띠(sampajānakārī hoti)는 문자 그대로 직역한다면 '삼빠자나를 〔언제나〕 행한다'라는 뜻이다. 그 말은 붓다 사띠의

대귀임과 동시에 수행할 때를 의미한다고 보아도 좋겠다.

성격을 이해하는 데에 유용하다. sam은 접두사로서 ~과 같이, 혹은 바르게 등의 의미로 사용된다. '자나띠(jānāti)'는 '안다'는 뜻이며, 나아가 '빠자나띠(pajānāti)는 '〔깊은 지혜로써〕 온전히 알아차림 한다'는 의미이다. 그러므로 삼빠자나까리의 속뜻은 '지혜를 동원하여 분명하고 온전하게 알아차린다'는 뜻이다. 여기에서는 삼빠자나까리의 의미를 '분명한 앎'이라고 번역하였다. 삼빠자나까리는 사띠의 성격을 아는 데에 유용하다.

사띠는 빠자나띠와 매우 통한다. 그러나 이들 두 가지 개념은 같으면서도 미세한 차이가 있다. 둘 다 청정함을 회복하는 길이라는 점은 공통적이다. 그러나 사띠가 대상에 대한 순수한 알아차림에 방점이 있다면, 삼빠자나는 대상을 알고 이해하며 알아차림에 중점이 있다고 볼 수 있다.

4위의 속에서 행하는 사띠 공부는 몸 표면에서 일어나는 감각들에 대하여 알아차리는 단계로 생각해도 좋다. 몸을 스캔하는 방법을 제시하는 우바킹-고엥까 사야도의 수행은 이 가르침에 기반을 두고 있다고 보인다. 그 방법은 앉아서 머리에서 발끝까지 온몸을 훑으면서 몸의 감각을 느끼는 것이다. 숨을 고르고 몸과 마음을 이완한 뒤, 온몸을 천천히 훑어가면서 한기와 열기, 통증과 긴장, 아픔과 편안함 등의 감각을 알아차리는 것이다.

몸을 관찰하는 행위와 순서에서, '안으로 밖으로 안팎으로'라는 말은 무엇을 기준으로 안으로 밖으로라는 것인지 잘 모를 수 있다. 그러나 경의 다음 구절에서 장기를 관찰하는 내용이 나오는 것을 보면, 몸의 표면이 기준이 된다는 것을 알 수 있다. 몸의 표면을 기준으로 밖으로부터 안으로, 안으로부터 밖으로, 또는 교대하여 안팎으로 스캔하는 것은 사띠 수행에서 유용한 방법이다.

붓다는 『대념처경』의 4념처 수행 각각의 첫머리에서 주제에 맞게 사띠 할 것을 말하고 있다. 예컨대 신념처의 경우는 '몸에서 몸을'이라고 하고, 수념처의 경우는 '느낌에서 느낌을'이라는 식으로 말한다. 여기에서 초보 단계에서는 섞이지 않게 사띠 하는 것이 중요하다는 것을 알 수 있다. 신념처의 사띠는 '몸에서 몸을,' 수념처의 사띠는 '느낌에서 느낌을' 대상으로 하여, 몸의 공부와 느낌의 공부가 섞이지 않는 것이 필요하다는 것이다.

〔명상수행자를 위한 양념〕

처음 명상을 시작할 때는 대상을 알아차림 하면서 명칭을 붙이는 것이 효과적이다. 예컨대 '들숨·날숨', '무릎에 통증' 등 현상에 명칭을 붙이면서 실재에 접근한다. 다음 단계로는 명칭이 필요 없이 그대로 느껴 알아차림 한다. 대상에 대하여 개념을 형성하면 마음이 산만해지기 때문에, 이 단계에서는 생각을 넘어서서 실재를 직접 알아차림 한다. 만약 명상수행자가 하나의 감각·현상을 정확하게 느낄 수 있다면 수행은 성공을 기약할 수 있다. 큰 벽을 허무는 것은 매우 어렵지만 중간의 벽돌 하나를 빼내면 다음은 수월한 것처럼 말이다. 한 가지를 확실하게 알아차림 한다면 열 가지를 분명하게 알아차림 하는 것도 그리 멀지 않을 것이다.

"앞을 볼 때도 돌아볼 때도 바른 지혜의 관찰을 행한다."고 할 때, 참고 되는 말로 '우보호시牛步虎視'라는 말이 있다. 우보는 소의

걸음걸이를 말하는 것으로, 서두르지도 게으르지도 않고 뚜벅뚜벅 걷는 걸음을 가리킨다. 호시란 호랑이가 뒤를 돌아다 볼 때는 고개만 돌아보는 것이 아니고 순간적으로 몸 전체를 돌이켜 보는 것을 말한다. 이를 사띠에 적용한다면 어떠한 행위를 하든지 소처럼 서두르지도 게으르지도 않지만, 호랑이처럼 하나의 행위에 전 의식과 전 주의력을 순간적으로 풀가동해야 한다는 것이다. 그렇게 될 때 명상수행자는 불필요한 동작을 하지 않으며, 한 동작 한 동작이 모두 사띠와 연관되어 수행에 진전이 있게 된다.

몸의 느낌이 동시에 두 곳 이상에서 나타날 때, 어떤 대상에 사띠 해야 할 것인가 하는 것은 실제 수행에서 흔히 부딪히는 일이다. 여기에 두 가지 이론이 있다. 첫째, 상대적으로 강한 느낌을 사띠의 대상으로 삼으라는 것이다. 둘째, 온몸에서 일어나는 느낌을 차례대로 사띠 하라는 이론이다. 여기에서 둘째 방법이 효과적이다. 왜냐하면 강한 느낌만을 대상으로 삼을 경우 약한 느낌은 늘 소외될 가능성이 있으며, 온몸에 걸쳐 공평하게 느낌을 관찰하는 것이 '업業의 해소'라는 면에서 유리하다는 점 때문이다.

업의 해소라는 말은 매우 조심스러운 말이다. 예컨대 신념처의 경우, 몸의 감각을 사띠 하는 것이 업을 해소하는 길일까 하는 의문이 발생할 수 있다. 답은, 몸의 감각을 사띠 하더라도 업의 해소는 진행된다. 왜 그럴까?

업의 생성과 소멸의 과정을 생각해 보자. 하나의 감각이 일어났다고 할 때 그 업은 이전의 인因과 연緣에 따라 나타난 과果에 해당한다. 그 업은 순간적으로 나타나 자신의 값을 실현하고 소멸하는 운명을 지녔다. 그러나 대부분의 사람은 업이 나타나는 순간 갈망·혐오로 반응하면서 새로운 업을 발생시킨다. 그때 대개 기존 업에 비하여 증폭된 결과를 낳기 마련이다. 그러한 까닭으로 인하여 중생의 업은 소멸되지 않고 오히려 증가할 수밖에 없는 것이다.

명상수행의 목적은 업의 윤회를 떠나 해탈하자는 데에 있다. 수행의 의의는 업이 나타나는 순간 반응하지 않고 사띠 함으로써 그 업의 유지·증폭이 아닌, 축소·소멸로 결과(果) 맺도록 하자는 데에 있다. 우리의 의식 속에 있는 업이 값을 실현하는 순간 그에 반응하지 않고 알아차림을 하면 업은 세력을 잃고 약화·소멸에 이르게 되는 이치가 있다. 그러한 과정이 반복되어 사띠 명상이 지속되면 업의 소멸은 당연하다. 만약 사띠 수행과 업의 소멸이 관계없다면 우리가 수행할 이유는 사라진다.

명상수행을 하면서 흔히 오해하는 사항이 있다. 그것은 즐거운 느낌이 나면 명상을 잘하는 것이고, 통증이나 고통 등 괴로운 느낌이 드는 것은 명상을 잘못하는 것이라는 견해이다. 그러나 명상수행의 향상은 수행 중 쾌락 혹은 고통을 얼마나 많이 느끼느냐에 달려 있는 것이 아니다. 지금 나타나는 현상에 대하여 얼마나 알아차림 하느냐에 달려 있다.

또 한 가지 명상수행자가 빠질 수 있는 함정이 있다. 그것은 일찍이 체험했던 경쾌하고 멋진 명상경험에 대한 향수이다. 많은 명상수행자는 한 차례 혹은 몇 차례 겪었던 신비하고 의미 있는 체험상태를 그리워하며 다시 나타나기를 원한다. 명상 중에 강한 빛이 나타난다든지, 평소 알기 원하던 것이 문득 알아진다든지, 마음에 희열감이 솟는다든지, 몸에 진동이 생긴다든지, 자신의 모습이 드론에서 내려다 보이는 각도에서 보인다든지, 멀리 있는 가족들의 상황이 앞에 보이는 것 같은 현상도 일어날 수 있다. 그러나 그 모든 현상들에 대하여 심드렁하게 알아차리고 가볍게 보내야 한다. 문제는 현상이 일어남에 있지 아니하고, 그 현상에 집착하는 마음에 있다.

또한 알아야 할 것은, 명상체험 중에 이전과 동일한 현상이 반복적으로 나올 확률은 매우 적다. 모든 사물은 무상한 것이므로 명상에서의 현상도 늘 변화하기 마련이다. 그래서 붓다는 "몸에서 일어나는 현상을 관찰하며 지낸다. 몸에서 사라지는 현상을 관찰하며 지낸다."라고 말한다. 현재 일어나고 사라지는 현상만을 알아차릴 뿐 과거의 현상에 집착하지 말라는 말씀이다.

Iti ajjhattaṃ vā kāye kāyānupassī viharati, bahiddhā vā kāye kāyānupassī viharati, ajjhattabahiddhā vā kāye kāyānupassī viharati, samudayadhammānupassī vā kāyasmiṃ viharati, vayadhammānupassī vā kāyasmiṃ viharati, samudayavayadhammānupassī vā kāyasmiṃ viharati, 'atthi kāyo' ti vā panassa sati paccupaṭṭhitā hoti. Yāvadeva ñāṇamattāya paṭissatimattāya anissito ca viharati, na ca kiñci loke upādiyati. Evaṃ pi kho, bhikkhave, bhikkhu kāye kāyānupassī viharati.

이와 같이 몸 안에서 몸을 관찰하며 지낸다. 몸 밖에서 몸을 관찰하며 지낸다. 몸 안팎에서 몸을 관찰하며 지낸다. 몸에서 일어나는 현상을 관찰하며 지낸다. 몸에서 사라지는 현상을 관찰하며 지낸다. 몸에서 일어나고 사라지는 현상을 관찰하며 지낸다. 〔그리하여〕 '이것이 몸이로구나'라는 사띠가 확립된다. 이제 지혜가 확장되고 사띠만이 현전하여 지낸다. 그리하여 〔안팎의〕 세계에 집착함을 하찮게 여긴다. 빅쿠들이여! 참으로 이것이 빅쿠가 몸에서 몸을 관찰하며 지내는 〔방법인〕 것이다.

〔경에 대한 설명〕

사띠 수행은 알아차림의 능력을 산만함에서 집중으로, 거침에서 미세함으로 제고시키자는 데에 목적이 있다. 그리하여 우리의 마음을 오염으로부터 맑음으로 정화하자는 것이다. 다만 알아차리는 데에 있어서 주의할 점이 있다. 그것은 네 가지 대상의 상태만을 알아차려야 한다는 것이다. 그 대상이 나에게 주는 영향을 기대하거나 혹은 그 대상이 나에게 미치는 무엇인가에 반응하면 안 된다는 것이다. 사띠란 '반응'이 아닌 '주시'라는 사실을 잊어서는 안 된다. '반응'은 행(行, saṅkhārā)이 속성이라서 업(業, kamma)을 낳고, '주시'는 관(觀, sati)이 속성이므로 열반(涅槃, nibbāna)을 낳는다.

〔명상수행자를 위한 양념〕

몸을 사띠 할 때 주의할 점은, 몸을 '나(我)' 혹은 '나의 것(我所)'으로 알아차려서는 안 된다는 것이다. 사띠란 대상을 지켜보는 것인데,

구체적으로는 대상을 알아차리는 마음만 존재하는 것이다. 대상에 대하여 나 혹은 나의 몸이라는 생각이 개입하는 순간 상대적 이원성二元性이 지배하게 되고, 명상수행의 공효는 떨어지게 된다. 이원성의 다른 표현은 집착성이다.

그러므로 사띠 수행이란 '나의 몸'이 아니라 결과적으로 '무상한 몸'을 알아차리는 셈이 된다. 나의 몸을 무상한 존재로 알아차리는 순간, 추함과 아름다움, 괴로움과 즐거움, 욕망과 혐오 따위의 상대성과 집착을 본질로 하는 번뇌로부터 벗어날 수 있다.

4념처 수행 중 몸을 사띠 할 때에는, 느낌·마음·법 등 다른 대상과 알아차림을 섞지 말아야 한다. 다른 대상과 섞게 되면 사띠가 지닌 본래 목적을 달성하기 어렵다. 왜냐하면 우리 마음의 기능은 한 차례에 한 가지씩 사띠 하는 데에서 출발하기 때문이다. 예컨대 장기를 차례로 사띠 하는 신념처 수행을 할 경우, 해당 장기를 깨어 알아차려야 한다. 만약 장기를 관찰하다가 심념처에 속하는 '한 생각'이 나타나 그것을 좇아갈 경우, 몸에 대한 알아차림은 그만 흩어지고 만다.

『대념처경』의 4념처를 분류하여 신身은 부정不淨, 수受는 고苦, 심心은 무상無常, 법法은 무아無我라고 보는 견해도 있다.[74] 학문적으로는 그렇게 분류해 볼 수 있겠으나, 명상수행할 때 대상의 사상적 성격을 구분해 가면서 사띠 하는 것은 유용하지 않다. 부정·고·무상·무아 등의 분류보다는, 깨어 알아차리는 사띠 상태를 유지하는 것이

74 水野弘元, 『佛教要語の基礎知識』, 東京, 春秋社, 1992, p.191.

중요하다. 단 대상을 분석하면서 사량하는 것과, 대상을 바로 알면서 (pajānāti) 명상하는 것은 다르다.

4. Paṭikūlamanasikārapabbaṃ[75]

4. 혐오집착(嫌惡執着)의 절

Puna caparaṃ, bhikkhave, bhikkhu imameva[76] kāyaṃ, uddhaṃ[77] pādatalā[78] adho[79] kesamatthakā,[80] tacapariyantaṃ[81] pūraṃ[82] nānappakārassa[83] asucino[84] paccavekkhati:[85]

---

75 paṭikūlamanasikāra: 혐오에 집착하는. ※ paṭikūla: 싫어하는, 혐오하는. anukūla: 좋아하는. manasikāra: 주의하는, 집착하는.

76 imameva: 이것이야말로. ※ imam: 이것, eva: 뿐, …야말로. ※ 이 부분은 특별히 번역하지 않아도 좋을 것으로 판단되었다.

77 uddha: 위에, 높게. ※ 이는 '…로부터 위로 향하는'의 의미가 강하므로 발바닥에서 위로 향하는 것으로 번역하였다.

78 pādatalā: 발바닥. ※ pāda: 발. talā: 바닥.

79 adho: 아래에, 아래로 향한.

80 kesamatthakā: 머리카락 끝. ※ kesa: 머리카락. matthaka: 꼭대기, 정상.

81 tacapariyanta: 피부 주변, 피부로 둘러싸인. ※ taca: 피부. pariyanta: 주변.

82 pūra: 차다, 충만하다, 가득한.

83 nānappakārassa: 여러 가지 종류, 다양한 종류. ※ nāna: 여러 가지의, 다양한. pakāra: 종류.

84 asucino: 더러운 것, 부정한 것. ※ 원형은 asuci이며, 영역본에서는 impurities라고 번역하고 있다.

'Atthi imasmiṃ kāye[86] kesā lomā nakhā dantā taco maṃsaṃ nhāru aṭṭhi aṭṭhimiñjaṃ vakkaṃ hadayaṃ yakanaṃ kilomakaṃ pihakaṃ papphāsaṃ antaṃ antaguṇaṃ udariyaṃ karīsaṃ pittaṃ semhaṃ pubbo lohitaṃ sedo medo assu vasā kheḷo siṅghāṇikā lasikā muttaṃ'[87] ti.[88]

다시 한편으로 빅쿠들이여! 빅쿠는 발바닥에서 위로, 머리카락에서 아래로, 피부로 둘러싸인 이 몸이 여러 가지 부정不淨한 것들로 가득함을 성찰한다. 즉 '이 보이는 몸에는 머리카락·몸 털·손발톱·이빨·피부·근육·힘줄·뼈·골수·신장·심장·간장·늑막·비장·폐장·대장·소장·위장·대변·담즙·가래·고름·혈액·땀·지방·눈물·피고름·타액·콧물·관절액·소변 등이 있다'[89]고 〔관찰한다〕.

---

85 paccavekkhati: 성찰하다, 관찰하다.

86 Atthi imasmi kāye: 이와 같이 우리의 보이는 몸에서. ※ imasmi: 보이는, 보여지는.

87 kesā: 머리카락. lomā: 몸 털. nakhā: 손·발톱. dantā: 이빨. taco: 피부. maṃsa: 살, 근육. nhāru: 힘줄. aṭṭhi: 뼈. aṭṭhimiñja: 골수. vakka: 신장. hadaya: 심장. yakana: 간장. kilomaka: 늑막. pihaka: 비장. papphāsa: 폐장. anta: 대장. ※ 때로 anta는 식도·위·소장·대장 등 내장 모두 포함하는 개념으로도 사용된다. antaguṇa: 소장. udariya: 위장. karīsa: 대변. pitta: 담즙. semha: 가래. pubbo: 고름. lohita: 혈액. sedo: 땀. medo: 지방. assu: 눈물. vasā: 피고름. ※ vasā는 지방 고름이나 여드름 따위도 포함한다. kheḷo: 타액, 침. siṅghāṇikā: 콧물. lasikā: 관절액. mutta: 소변.

88 ti: 이와 같이, 여기에. ※ iti와 같은 의미로 사용된다.

89 이 숫자는 31개인데, 후일 붓다고사는 여기에 뇌(腦: mattha-lunga)를 첨가하여 32가지로 말하고 있다.(Sumaṅgalavilāsinī (SV 혹은 DA). III. 769 : dvattingsākārā.

〔경에 대한 설명〕

몸에 대한 명상의 콘셉트는 경에 따라 다르다. 『대념처경』에서는 혐오의 관점, 『긴 코끼리 발자국 비유경』·『긴 라훌라 교계경』·『요소 분결경』 등에서는 요소의 관점, 『염신경』에서는 색깔의 까시나(kasiṇa, 表象)로 접근하도록 하고 있다. 그것은 모두가 명상수행자로 하여금 갈애와 집착에서 벗어나도록 하자는 점이 공통목적이며, 몸에 대한 혐오를 유발하거나 몸의 요소를 분석하자는 데에 목적이 있지 않다. 요컨대 사띠 수행이란 감각기관이 감각대상과 부딪혔을 때 그것을 깨어 알아채는 마음을 활성화시키자는 것이다.

몸을 이와 같이 31가지로 분석한 이유는 두 가지이다. 첫째, 5온 중에서 색온色蘊, 특히 몸이 여러 가지 요소로 인하여 이루어진 것이라는 연기의 진실을 알게 하려는 의도가 있다. 둘째, 부정관不淨觀을 하게 하려는 의도가 있다. 부정관은 육체에 대한 집착을 여의도록 하자는 데에 목적이 있다. 『청정도론淸淨道論』에서는 "마하 띳사 장로처럼 생각해야 한다."고 말한다. 그 장로는 부정관을 실천하여 활짝 웃고 있는 여인의 이빨에서 더러움을 인식하게 되었고, 마침내 초선정에 이르렀다.[90] 그리고 그는 수행을 거듭하여 마침내 아라한과를 얻었다고 한다.

이곳은 온몸을 스캔하는 위빳사나 수행과 연관이 있다. 이때 스캔하는 것은 몸의 표면만을 대상으로 하는 것이 아니라, 내면에

Vism. 242. PED. p.518] 그것은 32상과 같은 숫자에 맞추기 위함이라고 보인다.

90 『청정도론』, 제1장, 55.(대림 역, 제1권, pp.155-156)

있는 장기나 체액까지도 대상이 된다는 것을 알 수 있다.

이곳에서 붓다는 사띠나 빠자나띠 대신 빳차웩카띠(pacca-vekkhati)라는 용어를 사용한다. 빳(paṭ)은 '다시'라는 뜻이며, 아웩카띠(avekkhati)는 바라보다, 고려하다 등의 의미가 있다. 이를 영역본에서는 'considering'으로 번역한다. 여기서는 '성찰하다'로 번역하였는데, 이는 '어떤 개념의 성찰이나 행위의 반조 등을 수반한 바라봄'이라는 의미가 강하다. 붓다가 빳차웩카띠라는 용어를 사용한 것은 앞에서 '식카띠(sikkhati: 수련한다)'의 경우와 마찬가지로, 장기의 통찰을 통해서 나와 나의 것에 대한 집착에서 벗어나게 하는 성찰을 유도한다. 그것을 통하여 우리는 알아차림이 지닌 또 하나의 성격을 알게 된다.

붓다 당시에 부정관을 하던 빅쿠들이 몸에 대한 혐오가 지나친 결과 목숨을 스스로 끊은 사례가 불전에 기록되어 있다. 그러나 몸은 수행에 매우 중요한 수단이므로 목숨을 끊는 것은 옳은 일이 아니다. 몸의 더러움(asuci)을 사띠 하는 부정관은 결코 몸을 혐오하기 위한 것이 아니라, 몸에 대한 진실을 알아 갈애와 집착에서 벗어나자는 데에 최종 목적이 있기 때문이다.

〔명상수행자를 위한 양념〕

『대념처경』에 나와 있는 대로 몸의 각 부위에 대한 관찰을 하는 것은 명상수행에서 유용하다. 그러나 수행자는 몇 가지 문제에 봉착한다. 그 문제들에 대하여 생각해 보자.

첫째, 인체의 각 부위에 대한 인식을 어떻게 하며, 31곳에 대한 알아차림을 어떻게 할 것인가? 『대념처경』의 31가지 인체의 분류를, 해부학적으로 볼 때는 그보다 많거나 적게 분류할 수 있다. 인체 206개의 뼈와 700개의 근육 이름을 외워야만 하는 의과 대학생의 입장에서 볼 때, 『대념처경』에서 말하는 인체의 부위는 소략하거나 계통이 불분명한 것이 분명하다. 그럼에도 불구하고 31가지 이름을 하나하나 외우면서 그것을 관하는 방식을 택할 수는 있다. 일부 남방불교 수행자들은 몸의 각 부분을 외우는 수행을 하기도 한다. 예컨대 머리카락·몸의 털·손톱과 발톱·이빨·피부 등 5개 항목을 5일 동안 외워 15일 동안 세 차례 반복한다. 이런 식으로 몸의 각 부분의 이름을 외우면 165일이 걸린다고 한다.[91] 문제는 지루한 것을 견디지 못하는 한국인수행자에게 165일 동안 몸의 부분과 장기 이름을 외우고 있으라 하면 견뎌낼 사람이 과연 몇이나 있겠는가 하는 점이다. 그런 점에서 『대념처경』의 31가지 이름이나 분류 등에 얽매이지 않고 생략하거나 새로이 분류할 수 있다고 본다. 불교는 과학적인 가르침이다. 인과因果의 원리가 과학의 원리와 동일하기 때문이다. 과학에 가장 가까운 방법은 합리적인 접근이다.[92] 합리적으로 볼 때, '몸에 대한 집착을 싫어하는 마음을 일으키는 항목'에서의 31가지 대상은 선택사항에 해당할 수 있다는 것이다.

둘째, 분류하기에 계통도 분명치 않고, 실제 관찰의 대상으로

---

91 여기에서 외우는 속도, 외부로부터 오는 산만함, 다른 부분과의 혼선 등을 고려할 때 165일은 절대적인 시간이 아니다.

92 대승 후기에 발달한 불교 학파들은 논리를 매우 중시하였다. 대표적인 논리방법으로 현량現量·비량比量·성언량聖言量 등이 있다. 그 가운데 성언량은 스승의 말씀에 해당하며, 비량은 논리를 통한 접근을 말한다.

도 적합하지 않은 부분을 어떻게 할 것인가? 예컨대 담즙·가래·고름·혈액·땀·지방·눈물·피고름·타액·콧물 따위를 어떻게 분류하며, 어떻게 그것을 대상으로 삼아 관찰할 것인가? 이 부분에 대하여는 명상 스승의 지도에 따라야 하겠지만 관찰에 유리한 대상을 몇 가지 선정하는 것도 방법이 되겠다. 예컨대 머리털은 관찰대상으로 적합하지만 몸털은 상대적으로 덜 적합하다. 31가지 가운데 우리의 인식대상으로 적합한 것을 선정하여 관찰의 대상으로 삼으면 좋을 것으로 본다. 계율을 창조적으로 적용하는 개차開遮법이라는 게 있는데, 그것을 여기에 적용하면 어떨까 한다.

셋째, 명상수행자가 31가지 항목을 하나하나 순차적으로 관찰해야 하나? 혹 전체 31가지 부위와 장기를 한꺼번에 바라볼 수는 없을 것인가? 경의 내용이나 맥락으로 보아서는 하나하나의 장기를 순차적으로 체크하도록 되어 있다. 그러나 수행이 진전되고 관찰력이 증장되면 한꺼번에 알아차리는 것도 불가능하지는 않다. 왜냐하면 인식적 측면에서의 깨달음이란, '시공을 초월하여 멀티적으로 아는 능력'이기 때문이다. 만약 목표가 한꺼번에 모든 것을 다 아는 것이라면, 그에 이르는 방법도 통째로 하지 못할 이유가 있을까? 다만 명상수행자의 능력에 따라 적용의 범위가 다를 뿐이다.[93]

---

93 어느 명상수행자가 사띠 수행을 하다가 한 경지 도달한 후 나무의 수액이 흐르는 소리, 사방팔방에서 나는 여러 가지 소리를 동시에 인식하는 것 등이 가능하더라는 이야기를 들은 적이 있다. 원래 인간의 인식시스템이란 하나의 순간에 한 가지씩 하도록 되어 있는 것 같다. 그러나 만약 수행의 준위가 높아진다면 그 한계를 넘어서서 인식하는 것이 가능하지 못할 것도 없다. 그런 의미에서

넷째, 어떤 방식으로 관해야 할 것인가? 일단 몸의 부위나 장기를 바라보는 연습을 해야 한다. 위빳사나 명상은 눈을 감고서 하는 것이 통상적인 방법이므로 눈을 감은 상태에서 부위나 장기를 관찰한다. 예컨대 심장을 떠올려 바라본다. 명상수행자가 심장에 대한 관찰을 하려고 의도하면 자연히 심장이 떠오르게 된다. 처음에는 『자연도감自然圖鑑』이나 유튜브 영상에서 본 심장을 연상하며 관찰하겠지만, 점차 수행자 자신의 심장이 보이게 된다. 묘한 것은 관찰을 거듭함에 따라, 펄떡펄떡 뛰는 심장의 모습이 영상처럼 선명하게 보이기도 하고 심지어 심장소리가 들리기도 한다. 때로 실제 크기보다 크게, 때로 작게도 보인다. 관찰의 공효는 이렇게도 나타난다. 아무튼 그러한 과정을 따라 명상수행자의 관찰력, 즉 사띠의 힘이 커가게 된다.

다섯째, 어떤 목표를 설정하고 할 것인가? 몸의 부위와 장기를 나열하는 붓다의 의도는 혐오감을 키우기 위한 것이다. 사람들이 집착하는 대상은 대체로 '나'와 '나의 것' 두 가지인데, 대부분 '나'와 '나의 것'을 혼동한다. 특히 '나의 것'인 육체를 '나'와 동일시하여 크게 집착한다. 그에 대한 효과적인 처방은 몸이 지니는 가치를 떨어뜨리는 데에 있다. 몸의 가치를 떨어뜨리는 데에는 분리하여 알아차리는 것이 좋은 방법이다. 그것은 "몸 전체는 소중하나 분리된 각 부분은 귀하지 않다"는 원리 때문이다. 날마다 트리트먼트를 해야 하는 아름다

붓다가 말하는 6신통이란 통상적인 인간 인식시스템의 한계를 넘어선 능력이라 볼 수 있다.

운 머릿결, 네일 케어를 해 대는 손톱, 생명에 없어서는 안 될 귀중한 혈액도 몸에서 분리되는 순간 혐오의 대상으로 전락하게 마련이다. 몸에서 떨어져 나간 손톱이나 빠진 이빨을 소중히 여기는 사람이 있을까? 몸과 장기를 31가지로 분석하는 붓다의 의도는 '나의 것'에 대한 집착을 분리를 통하여 여의게 하고자 함이다. 31가지가 모여 있을 때는 아름다운 여인이지만, 그 여인을 장기·똥·오줌 따위로 분해할 경우, 결코 사랑스러운 대상이 될 수 없다. 이처럼 분리하여 알아차리자는 것이 부정관의 핵심이다.

『대념처경』에서 이 절은 '몸에 대한 집착을 싫어하는 마음을 일으키는 수행'이라는 것을 상기해야 한다. 여기에서 주의할 것은 몸에 대한 집착을 떠나야 한다는 것에 중점이 있으며, 몸이나 장기 등을 미워하거나 더러워할 것까지는 없다는 점이다.

Seyyathāpi, bhikkhave, ubhatomukhā[94] putoḷi[95] pūrā nānāvihitassa dhaññassa,[96] seyyathidaṃ[97] sālīnaṃ vīhīnaṃ muggānaṃ māsānaṃ tilānaṃ taṇḍulānaṃ.[98] Tamenaṃ

---

94 ubhatomukhā: 양쪽으로 입구가 있는. ※ ubhato: 양쪽으로, 이중의. ※ mukhā: 입, 얼굴, 입구, 원인.

95 putoḷi: mutoḷī(자루, 푸대)의 오기誤記로 본다.

96 nānāvihitassa dhaññassa: 다양하게 구비된 곡식. ※ nānā: 다양한. ※ vihita: 정리된, 준비된(원형: vidahati). ※ dhañña: 곡식.

97 seyyathida: 다음과 같음.

cakkhumā[99] puriso muñcitvā[100] paccavekkheyya:[101]'Ime sālī ime vīhī, ime muggā, ime māsā, ime tilā, ime taṇḍulā' ti; evameva kho, bhikkhave, bhikkhu imameva kāyaṃ, uddhaṃ pādatalā adho kesamatthakā, tacapariyantaṃ pūraṃ nānappakārassa asucino paccavekkhati: 'Atthi imasmiṃ kāye kesā lomā nakhā dantā taco maṃsaṃ nhāru aṭṭhi aṭṭhimiñjaṃ vakkaṃ hadayaṃ yakanaṃ kilomakaṃ pihakaṃ papphāsaṃ antaṃ antaguṇaṃ udariyaṃ karīsaṃ pittaṃ semhaṃ pubbo lohitaṃ sedo medo assu vasā kheḷo siṅghāṇikā lasikā muttaṃ' ti.

빅쿠들이여! 마치 양쪽 입구가 있는 자루[102]에 여러 가지 곡식,

---

98 sālī: 벼, 쌀, 육도陸稻. vīhī: 쌀, 수도水稻. muggā: 녹두. māsā: 콩. tilā: 깨. taṇḍula: 싸라기.

99 cakkhumā는 통찰력 있는, 지혜가 있는. ※ 특히 cakkhumā-samphassa(눈에 의한 감촉, 안촉眼觸)과 같이 주로 눈으로 인식하는 통찰을 가리킬 때 사용한다.

100 muñcitvā: 해탈하다, 자유롭게 하다, 풀어놓다, 해방하다. ※ muñcati가 원형이며, 명사인 muñcana는 해탈·자유·해방으로 쓰인다. 그러나 여기서는 자유·해탈 등의 고상한 의미가 아니라, 묶은 자루를 푸는 것으로 번역하였다.

101 paccavekkheyya: 성찰하다, 바라보다. ※ paccavekkhana: 바라보다, 관찰하다.

102 우리가 오늘날 볼 수 있는 자루(포대)는 대체로 한 쪽은 막혀 있고 반대쪽에 입구가 있어 사용하기 편리하게 되어 있다. 그러나 옛날, 그것도 인도의 경우 어떤 재질, 어떤 모양의 자루를 사용하였는지 알 수 없다. 그저 양쪽이 트여 있고, 그 한쪽을 묶어 사용하였을 것으로 막연히 짐작할 뿐이다. 다만, 경의 전체 흐름에서 이 사안은 중요한 것이 아니라고 생각된다.

즉 밭벼(陸稻)·논벼(水稻)·녹두·콩·깨·싸라기[103] 등이 가득 담겨 있는데, 어떤 눈 밝은 사람이 그 자루를 풀고 일일이 헤쳐 보면서 '이것은 밭벼, 저것은 논벼, 이것은 녹두, 저것은 콩, 이것은 깨, 저것은 싸라기'라고 헤아려 아는 것과 같다. 이와 같이 빅쿠들이여! 빅쿠는 발바닥에서 위로 올라가고 머리털에서 아래로 내려가며 피부로 둘러싸인 이 몸이 여러 가지 부정한 것들로 가득함을 성찰한다. 즉 '이 몸에는 머리카락·몸 털·손발톱·이빨·피부·근육·힘줄·뼈·골수·신장·심장·간장·늑막·비장·폐장·대장·소장·위장·대변·담즙·가래·고름·혈액·땀·지방·눈물·피고름·타액·콧물·관절액·소변 등이 있다'고 〔관찰한다〕.

〔경에 대한 설명〕

양쪽 입구가 다 터진 자루는 위와 아래로 구멍이 나 있는 우리의 몸이며, 자루 속의 각종 곡식은 우리 몸에 있는 각종 장기와 기관을 비유하고 있다. 이때 자루는 자루일 뿐이며 그곳에 있는 곡식은 곡식일 뿐이듯이, 어떤 것도 '나' 혹은 '나의 것'이라고 할 만한 것이 없다는 것을 알도록 하기 위한 명상법이다.

---

103 번역본에 따라서는 sālī와 vīhī, 그리고 taṇḍula를 벼·보리·쌀, 밭벼·보리·논벼, 벼·보리·쌀, 둔덕쌀·벼·쌀 등으로 다양하게 번역하고 있다. 그러나 필자는 sālī를 밭에서 나는 벼(陸稻), vīhī를 논에서 나는 벼(水稻)로 생각하였다. 필자의 어린 시절 경험에 의하면, 밭에서 나는 벼와 논에서 나는 벼를 눈으로 쉽게 구분할 수 있었다. 밭벼는 껍질이 약간 붉은 색이 돋고, 밥맛이 좋았다는 기억이 있다. 또한 taṇḍula는 싸라기로 번역하였다. muggā와 māsā도 번역본마다 표기가 다르지만 중요한 사안은 아니다.

경에서는 신념처 수행에 도움을 주기 위하여 예를 들고 있다. 예컨대 콩팥이나 심장을 그냥 알아차리기만 하라는 것이 아니고, 이것은 콩팥 저것은 심장이라는 분별 인식을 분명히 가지며 알아차리는 것이 중요하다는 것이다. 그것은 분별을 분명히 하는 것이 사띠의 본질이라는 점을 다시 상기하게 한다. 그런 점에서 대상에 대한 분명한 앎, 즉 삼빠자나(sampajañña, 正知)적 요소를 갖춘 상태에서 사띠 하는 것이 중요하다. 예컨대 심장과 신장을 구분하지 못하는 사람에게 심장 혹은 신장을 관찰하라고 한다면 그것이 가능하겠는가? 이곳에서 사용하고 있는 빳차웩카띠(paccavekkhati, 성찰함)는 빠자나띠의 의미를 기반에 두고 대상을 알아차린다는 의미일 수 있겠다.

여기에서 당시의 해부학적 수준을 알게 한다. 그 시대에 이런 정도로 인체의 기관과 장부가 알려진 것은, 수행자들이 공동묘지[104]에서 백골관을 하는 것이 일상적이었던 사실을 반증한다.[105] 당시 화장은 높은 계급이나 부자, 그리고 이름 있는 수행자에 한정된 고급스러운 장례였다. 가난한 사람들은 시신을 공동묘지에 갖다 버리는

---

104 『청정도론』, 제2장, 67(대림 역, 제1권, p.252)에 보면 공동묘지에서의 수행은 죽음에 대한 알아차림을 얻고, 방일함이 없으며, 부정한 표상을 얻고, 애욕을 버리는 등의 여러 가지 이익이 있음을 말하고 있다.

105 이러한 사항은 지엽적이긴 하지만 흥미 있는 일이다. 조선조 중엽에 살다간 허준(1539~1615)이 그의 스승이 죽은 후 몸을 해부하며 장기를 공부하는 모습을 TV 드라마에서 본 일이 있다. 고대 인도의 경우는 적어도 조선조 시절보다 인체 해부학적 지식이 더 높은 수준이 아니었을까 하는 생각이 든다. 조선조 시절이 '신체와 발모는 부모로부터 받은 것'이라 하여 육체가 손상되는 것을 엄격하게 금했던 유교적 사회였기 때문이다.

것이 일상화되어 있었기 때문에 그것들을 대상으로 하는 백골관이 가능하였을 것이다. 그뿐 아니라 묘지에서의 수행은 명상수행자가 방해받지 않고 조용히 수행할 수 있는 이점도 있었을 것이다. 당시에는 공동묘지에서 백골관 하는 것이 사문들에게 일상화된 수행방식이었고, 그들이 입던 옷, 즉 분소의糞掃衣의 경우도 사체를 쌌던 헝겊들을 이어 만든 것이었다.[106]

일반적으로 사람들은 주검을 보면 무섭고 두려운 생각을 한다. 그러나 죽음이란 4대四大의 변화일 따름이며, 그러한 통찰을 유도하기 위한 것이 본 내용의 근본 의도 가운데 하나일 것이다. 티베트불교에서 사람의 해골이나 골반뼈로 불구佛具를 만드는 것도 같은 맥락일 것이다. 죽음을 외면하지도, 집착하지도 말라는 것이 백골관의 가르침이다.

만약 우리가 가장 소중하게 여기는 몸이 무상하다는 것을 통찰한다면, 다른 사람이나 물질 등에 대한 집착을 떠나는 것은 상대적으로 쉬울 것이다. 여기에서도 사띠 수행이란 실재(reality)를 대상으로 하여 그것을 알아차리는 것이 핵심이지만, 그에 수반하는 통찰적 지혜까지 포함하는 것을 알게 된다. 만약 죽음의 공포에서 벗어난다면, 물질에 대한 집착 등은 훨씬 수월하게 벗어날 수 있을 것이다.

여기에서 몸과 관련된 부분들을 살펴보면, 몸의 기관 혹은 몸의 부산물 따위를 빠짐없이 나열하고 있는 것은 아니다. 당시의 해부학적 수준으로는 그럴 수도 없었을 것이다. 다만 주목되는 점은

106 『청정도론』, 제2장, 14. 분소의를 입는 수행의 주석.(대림 역, 제1권, p.226)

분류의 숫자가 31개라는 점이다. 후일 뇌를 더하여 32개가 되기도 하는데, 이는 붓다 당시에 32상相처럼 32가 의미 있는 숫자였기 때문에 덧붙여진 것으로 추정된다.

〔명상수행자를 위한 양념〕

이곳에서 주목되는 것은 사띠의 대상이 지닌 공통점이 '부정적'이라는 점에 있다. 그러나 자세히 생각해 보면 몸에서 신장이나 심장은 부정적인 것이 아니고 생명을 유지하는 데에 필수적인 것이다. 그 사실을 모를 리 없는 붓다는 그것들을 부정적인 것으로 간주하고 바르게 알아차리라 하였다. 붓다가 장기들을 부정한 대상으로 인식하게 한 이유는, 사람들이 가장 집착하는 것이 자신의 몸이기 때문에, 그로부터 벗어나도록 부정적不淨的으로 간주하게 했을 것이다. 또한 몸은 무상한 것이며 명상수행자로서 극복해야 할 것으로 보았기 때문에, 부정적否定的으로 간주하게 했을 것이다.

붓다는 장기를 곡식에 비유하고 있는데, 만약 명상수행자가 곡식은 비교적 깨끗한 것이며 장기는 더러운 것이라고 생각한다면, 붓다의 가르침은 헛수고에 그칠 것이다. 장기를 곡식에 비유한 붓다의 숨은 뜻은 장기가 부정하고 부정하지 않다는 것이 핵심이 아니다. 그것을 깨어 알아차리는 것이 중요함을 강조하기 위함이다.

여기에서 또 하나 주목되는 바는 관찰의 방향에 있다. 방향은 위에서 아래로, 아래에서 위로 교대로 실시한다. 또한 명상하며 스캔할 때는 몸의 표면을 쓸어가며 알아채는 것만이 아니라, 몸의 내부를 구성하고 있는 장기와 부산물에 대한 분별 인식을 분명히 가지면서 알아차려야 한다. 이것이 붓다의 사띠이다. 단순히 쓸어가기만 할 경우 분명한 분별 인식이 수반되지 못할 우려가 있다. 사띠의 목적은 분명함, 즉 분별관찰력을 강화하자는 데에 있다. 일부 명상가문에서 이름을 외우거나 억념憶念하는 것도, 분별 인식에 도움이 되기 때문에 권하는 것이다.

한편 실제 명상수행에서 장기에 대한 사띠를 하면 해당 장기가 또렷하게 보이거나, 큼직하게 혹은 작게 보이는 것을 체험하기도 한다. 그러나 모든 체험은 사라지는 것을 본질로 한다는 것을 명심해야 한다. 명상 중에 나타나는 현상에 대하여 일희일비一喜一悲할 것도, 집착하거나 그리워할 것도 없다.

더러운 물질로 가득 차 있다고 하는 몸은, 사실 더러울 것도 깨끗할 것도 없다. 더럽다는 것은 우리 인간의 안목에 비친 것일 따름이다. 피고름이 가득한 인간의 시체를 배고픈 자칼이 만났다면 얼마나 향기로운 식사꺼리로 볼 것인가? 또한 피부가 몸에 있을 때는 백옥처럼 아름다운 것이지만, 벗겨 놓은 껍질을 아름답다고 하는 사람은 없을 것이다. 그와 같이 한편에 집착하여 판단할 때, 더럽거나 깨끗한 것이 된다. 명상수행자가 한편에 집착하는 것을 초월할 때, 추醜와 정淨을 넘어선 무상無常의 본질에 닿게 될 것이다.

몸을 알아차리는 사띠 수행은 관찰력을 키우기 위한 목적과 집착을 벗어나기 위한 이중 목적이 있다. 그러므로 사띠 수행에서는 더럽고 아름다운 것이라는 관념을 버린 상태에서 그저 몸을 알아차리는 대상으로 삼는 것이 중요하다. 또한 몸이 지닌 아름다움의 이면에 있는 무상한 담마의 본질을 알아차리는 것이 중요하다.

Iti ajjhattaṃ vā kāye kāyānupassī viharati, bahiddhā vā kāye kāyānupassī viharati, ajjhattabahiddhā vā kāye kāyānupassī viharati, samudayadhammānupassī vā kāyasmiṃ viharati, vayadhammānupassī vā kāyasmiṃ viharati, samudayavayadhammānupassī vā kāyasmiṃ viharati, 'atthi kāyo' ti vā panassa sati paccupaṭṭhitā hoti. Yāvadeva ñāṇamattāya paṭissatimattāya anissito ca viharati, na ca kiñci loke upādiyati. Evaṃ pi kho, bhikkhave, bhikkhu kāye kāyānupassī viharati.

이와 같이 몸 안에서 몸을 관찰하며 지낸다. 몸 밖에서 몸을 관찰하며 지낸다. 몸 안팎에서 몸을 관찰하며 지낸다. 몸에서 일어나는 현상을 관찰하며 지낸다. 몸에서 사라지는 현상을 관찰하며 지낸다. 몸에서 일어나고 사라지는 현상을 관찰하며 지낸다. [그리하여] '이것이 몸이로구나'라는 사띠가 확립된다. 이제 지혜가 확장되고 사띠만이 현전하여 지낸다. 그리하여 [안팎의] 세계에 집착함을 하찮게 여긴다. 빅쿠들이여! 참으로 이것이 빅쿠가 몸에서 몸을 관찰하며 지내는 [방법인] 것이다.

5. Dhātumanasikārapabbaṃ[107]

5. 요소 관찰(要素觀察)의 절

Puna caparaṃ, bhikkhave, bhikkhu imameva kāyaṃ yathāṭhitaṃ yathāpaṇihitaṃ[108] dhātuso paccavekkhati: 'Atthi imasmiṃ kāye pathavīdhātu[109] āpodhātu[110] tejodhātu[111] vāyodhātū'[112] ti.

다시 한편으로 빅쿠들이여! 빅쿠는 이 몸을, 있는 그대로 요소별로 고찰한다. '이 몸에는 땅의 요소, 물의 요소, 불의 요소, 바람의 요소가 있다'고 〔관찰한다〕.

107 Dhātumanasikārapabba: 요소 관찰. ※ dhātu: 계界, 요소. manasikāra: 집중, 생각의 고정. ※ manasa: 형태, 모습. kāra: 행위, 길. ※ manasikāra는 어떤 외형적인 사물을 집중해서 바라볼 때 사용하는 말인데, 여기에서는 관찰이라고 표기하였다. 다만 pajānāti라든지 sati와는 성격이 다른 것은 분명하다.

108 yathāṭhita yathāpaṇihita: 서서 그대로 열중하는. ※ yathā: 바로, 그와 같이. ※ ṭhita: 서 있는, 움직일 수 없는. ※ paṇihita: (paṇidahati의 과거완료형) 향해진, 열중한, 골몰한. 여기에서는 '있는 그대로'라고 번역하였다.

109 pathavīdhātu: 흙의 계, 흙의 요소. ※ pathavī: 흙, 땅.

110 āpo: 물.

111 tejo: 불, 빛.

112 vāyo: 바람.

〔경에 대한 설명〕

이번에는 몸을 구성하고 있는 요소별로 사띠 할 차례이다. 경에서는 이제 몸보다 상대적으로 미세한 지수화풍의 요소로 진입하고 있다. 사띠 수행은 이제 거친 단계로부터 미세한 단계로 점차 이행하고 있는 것이다. "지수화풍 4대四大의 네 가지 측면에서 몸을 각각 알아차리라. 그때마다 몸은 땅이 되고 물이 되고 불이 되고 바람이 될 것이다."고 가르치고 있다. 요소별로 관찰할 때 사람이라는 분별과 그에 따른 집착이 사라지는 것은 당연할 것이다.

4대는 신체보다 미세한 영역이다. 『청정도론』에서는 지수화풍을 관찰하며 까시나(kasiṇa, 表象)의 방법을 제시한다.[113] 그곳에서도 신체보다 미세한 세계로 이행하고 있다.

지수화풍을 관찰하라는 이유는 『근본법문의 경』에 나와 있다. "지수화풍으로 이루어진 육신에 집착하지 않으며, 있는 그대로 바르게 알아차리며, 육신을 영원한 자아라고 생각하지 않으며, 나의 것이라고 애착하지 않으며, 육신에서 즐거움을 찾지 않는다. 그 이유는 무엇인가? 명상수행자는 〔이러한 현상을〕 온전히 이해하기 때문이며, 탐욕과 성냄과 어리석음을 쳐부수어 그것들로부터 벗어났기 때문이다."[114]

지수화풍 4대를 사띠의 대상으로 삼는 다른 이유는 몸을 존재로 보지 말고, 구성요소로 보아 실재적으로 접근하도록 하기

---

113 『청정도론』 제4장.(대림 역, 제1권 pp.334-473)

114 MN: 1, *Mūlapariyāyasutta*(『근본법문의 경』).

위함이다. 명상수행자가 몸을 4대의 결합으로 볼 때 '나의 몸이 있다'는 유신견有身見으로부터의 탈피가 수월할 것이다.

〔명상수행자를 위한 양념〕

사띠란 사띠 자체로서의 목적을 지닌다. 즉 깨어 알아차림이라는 사띠 행위가 현전하여, 마침내 순수한 사띠 상태에 이르는 것이 목적이다. 그 과정에서 붓다는 집착을 여의어야 할 여러 대상들을 적절히 배치함으로써 부수적인 효과를 노린다.

몸이란 부르기 위한 명칭이므로 당연히 관념이다. 그래서 실재하는 것이 아니다. 사띠의 대상이 되는 실재는 몸이 아니라 몸에서 일어나는 감각이며, 더 미세하게는 지수화풍 4대이다. 그래서 4대에 대한 관찰을 하라는 것이다.

4대를 사띠의 대상으로 삼는 이유는 지수화풍이야말로 실재이기 때문이다. 예컨대 '손'이란 관념적으로 형성된 약속의 표현이며, 손의 감촉이나 따스함 등이 실재이다. 그러므로 사람들은 손의 감촉이나 따스함을 통하여 손이 존재한다고 간주한다. 그러한 요소적 실재를 붓다는 4대라고 한 것이다. 여기에서도 거듭 강조해야 할 것은, 손이 지닌 감촉이나 따스함 그리고 손의 관념 따위로 접근하는 것이 중요한 것이 아니라, 그러한 감촉·따스함 등을 깨어 알아차림 하는 사띠이다.

『대념처경』에서는 4대가 모두 사띠의 대상이다. 이와 관련하여 『큰 라훌라 교계경』의 내용이 참고가 된다. 그곳에는 붓다가 라훌라에게 4대와 관련한 것을 설명하는 내용이 나온다. "첫째, 〔4대를〕 있는 그대로 바른 통찰지로써 보며, 〔4대의〕 요소를 역겨워(厭離)하고,

〔4대의〕 요소에 대한 탐욕을 떠나게(離慾) 하라. 둘째, 〔4대를〕 닮는 수행을 하라. 땅을 닮는 수행을 닦으면 마음에 드는 감각접촉과 마음에 들지 않는 감각접촉이 일어나더라도 그런 것이 마음을 사로잡아 남아 있지 않을 것이다. 예컨대 땅에 대해서는 더러운 것이 떨어져도 놀라거나 넌더리 치지 않는 수행을 해야 한다."[115] 이를 보면 어떤 면에서 『대념처경』보다는 『큰 라훌라 교계경』 쪽이 4대를 관찰하는 수행에 대하여 더 친절한 가르침을 하고 있다. 물론 『대념처경』과 『큰 라훌라 교계경』이 가진 공통점은 '사띠'와 '집착하지 않음'에 있다.

Seyyathāpi,[116] bhikkhave, dakkho goghātako[117] vā goghāta-kantevāsī[118] vā gāviṃ[119] vadhitvā[120] catumahāpathe[121] bila-so[122] paṭi-vibhajitvā[123] nisinno[124] assa; evameva kho, bhik-

---

115 MN: 62. 8-17.(*Mahārahulovāda Sutta*, 『큰 라훌라 교계경(大教誡羅睺羅經)』)

116 seyyathāpi: 마치, …과 같이, 바로 그와 같이.

117 goghātako: 소 도축자. ※ go: 소. ghātaka: 죽이는 자.

118 goghātakantevāsī: 소 도축자의 제자. ※ antevāsin: 제자, 학생.

119 gāvi: 소. ※ gāva: 소.

120 vadhitvā: 때리다, 죽이다.

121 catumahāpathe: 네거리, 교차로. ※ catu: 넷, 사四. mahā: 크다. patha: 길.

122 bilaso: 부분적으로, 부위별로.

123 paṭi-vibhajitvā: 나누어놓다. ※ paṭi: …에 대하여, …을 향하여. vibhajati: 분류하다, 나누다, 해석하다.

124 nisinna: 앉아 있는, 앉은.

khave, bhikkhu imameva kāyaṃ yathāṭhitaṃ yathāpaṇihitaṃ dhātuso paccavekkhati: 'Atthi imasmiṃ kāye pathavīdhātu āpodhātu tejodhātu vāyodhātū' ti.

빅쿠들이여! 마치 솜씨 좋은 백정이나 그 조수가 소를 잡아 조각내어 큰길 네거리에 벌여놓고 앉아 있는 것과 같다. 빅쿠들이여! 이와 같이 빅쿠는 이 몸을, 있는바 요소별로 관찰한다. '〔즉〕 이 몸에는 땅의 요소, 물의 요소, 불의 요소, 바람의 요소가 있다'고 〔관찰한다〕."

〔경에 대한 설명〕

솜씨 좋은 백정이나 그의 조수가 소를 잡아 조각내어 큰길 네거리에 벌려 놓고 앉아 있다는 비유는, 다만 조각난 고기만 보일 뿐 소는 보이지 않는다는 점을 예시한 것이다.

실제로 소를 잡아 부위별로 각을 떠서 푸줏간에 벌여놓은 것을 본다면, 앞서 말한 인체의 장기와 별반 다를 바 없을 것이다. 따라서 장기나 부위 등을 살피라는 말이 아니라 장기나 부위가 지니는 근본적인 성격, 즉 지수화풍의 요소를 사띠 하라는 당부로 받아들여야 한다. 그래서 여기서는 특히 '요소별로 관찰하라'는 말에 무게를 두어야 한다. 쇠고기에서 땅의 요소나 물의 요소 등을 분석·관찰하는 것이 가능할 것이기 때문이다.

여기에서 중요한 것은 사물을 4대로 표상하여 분별하는 태도이다. 그리고 표상하는 것보다 더 중요한 것은 그것을 알아차리는 사띠 그 자체이다.

땅의 요소는 굳고 무거운 것이다. 몸도 굳고 무겁다. 이를 땅의 요소로 표상하면 된다. 그러한 요소들은 에너지가 변환한 모습에 불과하다. 붓다는 몸에서 굳고 무거운 느낌을 통하여 땅(地)의 요소로써 사띠 하라는 것이다. 그것은 스스로의 마음에 있는 '굳은' 혹은 '무거운'이라는 개념의 통로를 통해서, 몸이라는 연기緣起현상이 일어나고 사라지는 과정을 관찰하는 것이라 하겠다. 나머지 수화풍의 경우도 마찬가지이다.

〔명상수행자를 위한 양념〕

이 단계는 앞의 장기와 부산물에 대한 관찰이 거친 것임에 비하여, 훨씬 미세한 관찰이다. 거침에서 미세함으로, 미세함에서 청정함으로, 깨어 알아차림을 이행하여 가는 것이 사띠 명상의 순서이다.

이 내용 앞에서는 사람의 장기와 4대를 말하고, 이 내용 뒤에는 공동묘지의 시체에 관한 것이 나오는데, 중간에 소의 비유를 삽입한 것은 무슨 의도가 있을까? 붓다에게 모종의 의도가 있다면, 그것은 소를 통해 인간의 죽음 과정을 암시하려 했을 것이다. 사람을 예로 들어 시체 부위별로 나누어 놓는다든지, 4대로 표상하는 일 등은 예로 들기 마땅치 않았을 것이기 때문이다.

Iti ajjhattaṃ vā kāye kāyānupassī viharati, bahiddhā vā kāye kāyānupassī viharati, ajjhattabahiddhā vā kāye kāyānupassī viharati, samudayadhammānupassī vā kāyasmiṃ viharati, vayadhammānupassī vā kāyasmiṃ viharati, samudayavayadhammānupassī vā kāyasmiṃ viharati, 'atthi kāyo' ti vā panassa sati paccupaṭṭhitā hoti. Yāvadeva ñāṇamattāya paṭissatimattāya anissito ca viharati, na ca kiñci loke upādiyati. Evaṃ pi kho, bhikkhave, bhikkhu kāye kāyānupassī viharati.

이와 같이 몸 안에서 몸을 관찰하며 지낸다. 몸 밖에서 몸을 관찰하며 지낸다. 몸 안팎에서 몸을 관찰하며 지낸다. 몸에서 일어나는 현상을 관찰하며 지낸다. 몸에서 사라지는 현상을 관찰하며 지낸다. 몸에서 일어나고 사라지는 현상을 관찰하며 지낸다. 〔그리하여〕 '이것이 몸이로구나'라는 사띠가 확립된다. 이제 지혜가 확장되고 사띠만이 현전하여 지낸다. 그리하여 〔안팎의〕 세계에 집착함을 하찮게 여긴다. 빅쿠들이여! 참으로 이것이 빅쿠가 몸에서 몸을 관찰하며 지내는 〔방법인〕 것이다.

6. Navasivathikapabbaṃ[125]

6. 아홉 가지 묘지(墓地九景)의 절

Puna caparaṃ, bhikkhave, bhikkhu seyyathāpi passeyya[126] sarīraṃ[127] sivathikāya[128] chaḍḍitaṃ[129] ekāhamataṃ[130] vā dvīhamataṃ vā tīhamataṃ vā uddhumātakaṃ[131] vinīlakaṃ[132] vipubbakajātaṃ.[133] So imameva kāyaṃ upasaṃharati:[134] 'ayaṃ pi kho kāyo evaṃdhammo[135] evaṃbhāvī[136] evaṃanatīto'[137] ti.

---

125 navasivathika 아홉 가지 무덤. ※ nava: 아홉, 구九. sivathika: 묘지.

126 passeyya: 보다, 발견하다, 알다. ※ 원형: passati

127 sarīra: 몸, 〔특히〕 시체, 유골.

128 sivathikāna: 묘지, 시체를 버리는 곳. ※ 원형: sivathikā

129 chaḍḍita: 버려진, 거부된, 토해낸. ※ 원형: chaḍḍeti

130 ekāhamata: 하루 전에 죽은. ※ ekāha: 하루. marati: 죽다. dvīha: 이틀. tīha: 사흘.

131 uddhumātaka: 부풀은, 팽창된. ※ 원형: uddhumāyati

132 vinīlaka: 푸르게 멍든, 푸르게 변색된.

133 vipubbakajāta: 고름으로 차게 된, 부패하여 역겨움으로 가득 차게 된.

134 upasaṃharati: 비추어 바라본다. ※ 이는 모으다, 정리하다, 집중하다, 제공하다 등의 의미가 있다. 그런데 자신의 몸에 적용한다는 맥락에서 '〔자신의 몸에〕 비추어 바라본다'라고 번역하였다.

135 evaṃdhammo: 이와 같이 됨, 그와 같이 됨. ※ eva: 이렇게, 그렇게. ※ dhammo: 마침내, 이루어짐.

136 bhāvī: 분명히, 반드시.

다시 한편으로 빅쿠들이여! 빅쿠는 묘지에 버려진 시체가 죽은 지 하루나 이틀 또는 사흘이 지나, 시체가 부풀어 오르고 검푸르게 되고, 부패하여 고름으로 가득 차는 것을 보게 된다. 〔그는〕 자신의 몸에 비추어 바라본다. 〔그리하여〕 '이 몸 또한 저렇게 될 것이며, 반드시 저렇게 될 것이며, 저렇게 됨에서 벗어나지 못하리라'고 〔알게 된다〕.

〔경에 대한 설명〕

붓다 당시의 종교인은 주류 전통종교인 브라마나(Brāhmaṇa, 婆羅門)와 자유사상가인 사마나(samaṇa, 沙門)로 분류된다. 브라마나는 『베다』를 신봉하고 제사를 지내며 범아일여梵我一如의 철학에 바탕을 두고 불사의 진리를 얻으려 하였다. 그들은 네 단계의 인생과정을 거치는 것이 보통이었다. 범행기(梵行期, brahmacārin)는 어린 시절 스승의 문하에서 베다를 학습하는 기간이다. 가주기(家住期, gṛhastha)는 집으로 돌아가 결혼하고 가장으로서의 의무를 다하는 기간이다. 임서기(林棲期, vānaprastha)는 집을 떠나 숲에서 명상수행하는 기간을 말한다. 유행기(遊行期, parivrājaka)는 늙어서 죽을 때가 되면 떠돌다 생을 마치는 기간을 말한다. 이 중에서 유행기에 이르면 사람들은 성스러운 갠지스강가에서 죽기를 원하고 그곳을 향한 여정에 오르는 것이 보통이었다. 죽은 시체의 경우, 부자들은 화장할 수 있었으나 그렇지 못한 경우에는 공동묘지에 그냥 버려지는 일도 허다하였다.

---

137 anatīto: 벗어나지 못함. ※ nati: 묶음, 경향.

한편 사마나들은 공동묘지[138] 주변에서 생활한다든지, 명상하기도 하였다. 사마나였던 붓다가 공동묘지의 풍경에 익숙하였을 것은 물론이다.

〔명상수행자를 위한 양념〕

앞서의 관찰이 공간적이었다면 이번에는 시간적으로 관찰할 것을 제안하고 있다. 인간의 몸이란 죽으면 검푸르게 썩어가고 부풀고 문드러지게 되어 있는 무상無常한 것이다. 세상에서 가장 더럽고 역겨운 것이 시체이고, 그것이 썩어가는 모습이다. 그런데 그 시체가 생전에 가장 소중하게 여겼던 것이라는 점은 얼마나 아이러니인가? 인간에게 가장 가깝고 귀한 것이 가장 더럽고 역겨운 것이라는 메시지를 제시하는 것은, 붓다의 기지 넘치는 가르침이 아닐 수 없다.

부패해 가는 몸을 관찰하라는 것은 신념처 수행에서 중요한 부분이다. 붓다가 싱그러운 몸이 아닌 썩어가는 몸을 대상으로 삼은 것은 언젠가는 죽게 되는 몸이므로 집착에서 벗어나라는 의미가 있다. 시체를 대상으로 하는 관찰은 번뇌의 근본인 몸을 다른 관점으로 바라보게 하는 좋은 방법이다.

Iti ajjhattaṃ vā kāye kāyānupassī viharati, bahiddhā vā kāye kāyānupassī viharati, ajjhattabahiddhā vā kāye

138 엄밀히 말한다면 버려진 시체들이 있는 묘역이라 할 수 있다.

kāyānupassī viharati, samudayadhammānupassī vā kāyasmiṃ viharati, vayadhammānupassī vā kāyasmiṃ viharati, samudayavayadhammānupassī vā kāyasmiṃ viharati, 'atthi kāyo' ti vā panassa sati paccupaṭṭhitā hoti. Yāvadeva ñāṇamattāya paṭissatimattāya anissito ca viharati, na ca kiñci loke upādiyati. Evaṃ pi kho, bhikkhave, bhikkhu kāye kāyānupassī viharati.

이와 같이 몸 안에서 몸을 관찰하며 지낸다. 몸 밖에서 몸을 관찰하며 지낸다. 몸 안팎에서 몸을 관찰하며 지낸다. 몸에서 일어나는 현상을 관찰하며 지낸다. 몸에서 사라지는 현상을 관찰하며 지낸다. 몸에서 일어나고 사라지는 현상을 관찰하며 지낸다. 〔그리하여〕 '이것이 몸이로구나'라는 사띠가 확립된다. 이제 지혜가 확장되고 사띠만이 현전하여 지낸다. 그리하여 〔안팎의〕 세계에 집착함을 하찮게 여긴다. 빅쿠들이여! 참으로 이것이 빅쿠가 몸에서 몸을 관찰하며 지내는 〔방법인〕 것이다.

◆

Puna caparaṃ, bhikkhave, bhikkhu seyyathāpi passeyya sarīraṃ sivathikāya chaḍḍitaṃ kākehi[139] vā khajjamānaṃ[140] kulalehi[141] vā khajjamānaṃ gijjhehi[142] vā khajjamānaṃ

139 kākehi: 까마귀들. ※ kāka: 까마귀. hi: 복수명사.

140 khajjamāna: 먹게 되다, 삼켜지다, 소모되다. ※ 여기서는 여러 상황에 동일한 용어가 사용되고 있으나, 온갖 동물이나 벌레들이 등장하는 점을 따라 해석을

kaṅkehi[143] vā khajjamānaṃ sunakhehi[144] vā khajjamānaṃ byagghehi[145] vā khajjamānaṃ dīpīhi[146] vā khajjamānaṃ siṅgālehi[147] vā khajjamānaṃ vividhehi[148] vā pāṇakajātehi[149] khajjamānaṃ. So imameva kāyaṃ upasaṃharati:[150] 'ayaṃ pi kho kāyo evaṃdhammo evaṃbhāvī evaṃanatīto' ti.

다시 한편으로 빅쿠들이여! 빅쿠는 묘지에 버려진 시체를 까마귀 떼가 쪼아 먹고, 솔개 떼가 쪼아 먹고, 독수리 떼가 쪼아 먹고, 왜가리 떼가 쪼아 먹고, 들개들이 뜯어먹고, 호랑이들이 뜯어먹고, 표범들이 뜯어먹고, 재칼들이 뜯어먹고, 갖가지 벌레들이 파먹는 것을 보게 될 것이다. [그는] 자신의 몸에 비추어 바라본다. [그리하여] '이 몸 또한 저렇게 될 것이며, 반드시 저렇게 될 것이며, 저렇게 됨에서 벗어나지 못하리라'고 [알게 된다].

달리하였다.

141 kulalehi: 솔개들, 매들. ※ kulala: 솔개.

142 gijjhehi: 독수리 떼.

143 kaṅkehi: 왜가리 떼.

144 sunakhehi: 개들, 들개들.

145 byagghehi: 호랑이들.

146 dīpīhi: 표범들.

147 siṅgālehi: 재칼들.

148 vividhehi: 가지각색의, 여러 종류의.

149 pāṇakajātehi: 벌레들, 곤충들.

150 upasaṃharati: 서로 끌어당김, 환기함, 비교함. ※ 여기서는 '비추어 바라본다'로 번역하였다.

여기에서 묘사되는 사체들의 운명은 아프리카 세렝게티 평원에서 일어나는 TV 프로그램 '동물의 왕국'을 보면 쉽게 알 수 있는 것들이다. 사체가 발생하면 가장 먼저 오는 것은 하늘 높이 날던 날짐승들이고, 그 다음에 오는 것은 들개, 자칼 따위의 들짐승이다. 오랜 동안 길에서 지내던 붓다는 그러한 풍경들에 익숙하였을 것이 분명하다. 그래서 이토록 상황을 상세하게 묘사하고 있는 것이리라.

아프리카 세렝게티에서 흔히 볼 수 있는 얼룩말이나 루를 사자들이 포획하고 뜯어먹는 광경에 사람들은 거의 무심하다. 대부분의 사람은 동물이 동물을 뜯는 것에 심각하게 반응하지 않도록 프로그램되어 있다. 심지어 전염병으로 수십만 마리의 가축들을 산채로 살처분하는 현장을 TV 뉴스에서 보면서도 사람들은 저녁 식사를 중단하지 않는다. 그러나 만약 인간의 시체를 동물이 뜯는 것을 본다면 어떤 반응을 보일까? 대부분 몸서리칠 것이며 심히 분노할 것이다. 그것은 인상人相[151] 탓이다. 하지만 모든 상은 관념에 불과하며, 그것조차 사띠의 대상이 되어야 한다고 붓다는 권한다.

붓다는 왜 동물의 시체를 예로 들 수 있을 터인데 인간의 시체를 거론하고 있으며, 심지어 인간의 죽음 과정을 동물의 경우보다 더 리얼하게 묘사하고 있을까? 거기에는 극단적인 비유를 통하여 사람들의 삶에 대한 무상감과 수행에 대한 정진심을 북돋우려는 목적

---

151 『금강경』에는 아상我相·인상人相·중생상衆生相·수자상壽者相 등 사상四相이 나온다. 인상은 사람 중심으로 생각하는 사유를 뜻한다.

이 있다. 시체가 뜯어 먹히는 광경을 담담하고 세밀하게 서술하는 붓다의 경지에서 동물과 인간의 차별 따위는 존재하지 않았을 것이다.

Iti ajjhattaṃ vā kāye kāyānupassī viharati, bahiddhā vā kāye kāyānupassī viharati, ajjhattabahiddhā vā kāye kāyānupassī viharati, samudayadhammānupassī vā kāyasmiṃ viharati, vayadhammānupassī vā kāyasmiṃ viharati, samudayavayadhammānupassī vā kāyasmiṃ viharati, 'atthi kāyo' ti vā panassa sati paccupaṭṭhitā hoti. Yāvadeva ñāṇamattāya paṭissatimattāya anissito ca viharati, na ca kiñci loke upādiyati. Evaṃ pi kho, bhikkhave, bhikkhu kāye kāyānupassī viharati.

이와 같이 몸 안에서 몸을 관찰하며 지낸다. 몸 밖에서 몸을 관찰하며 지낸다. 몸 안팎에서 몸을 관찰하며 지낸다. 몸에서 일어나는 현상을 관찰하며 지낸다. 몸에서 사라지는 현상을 관찰하며 지낸다. 몸에서 일어나고 사라지는 현상을 관찰하며 지낸다. 〔그리하여〕 '이것이 몸이로구나'라는 사띠가 확립된다. 이제 지혜가 확장되고 사띠만이 현전하여 지낸다. 그리하여 〔안팎의〕 세계에 집착함을 하찮게 여긴다. 빅쿠들이여! 참으로 이것이 빅쿠가 몸에서 몸을 관찰하며 지내는 〔방법인〕 것이다.

◆

Puna caparaṃ, bhikkhave, bhikkhu seyyathāpi passeyya sarīraṃ sivathikāya[152] chaḍḍitaṃ[153] aṭṭhikasaṅkhalikaṃ[154] samaṃsalohitaṃ[155] nhārusambandhaṃ.[156] So imameva kāyaṃ upasaṃharati: 'ayaṃ pi kho kāyo evaṃdhammo evaṃbhāvī evaṃanatīto' ti.

다시 한편으로 빅쿠들이여! 빅쿠는 묘지에 버려진 시체가 해골이 되어 생살과 피가 묻은 채, 힘줄로 얽혀 이어져 있는 것을 보게 될 것이다. 〔그는〕 자신의 몸에 비추어 바라본다. 〔그리하여〕 '이 몸 또한 저렇게 될 것이며, 반드시 저렇게 될 것이며, 저렇게 됨에서 벗어나지 못하리라'고 〔알게 된다〕.

〔경에 대한 설명〕

묘지에서의 수행은 공효도 있겠지만, 부정적 효과도 만만치 않았을 것이다. 시체 옆에서 주검이 티끌로 변하도록 바라보는 명상수

---

152 sivathikāya: 묘지에 버려진 시체. ※ sivathika: 묘지.

153 chaḍḍita: 버려지다.

154 aṭṭhikasaṅkhalika: 뼈의 사슬, 뼈가 이어진 채로 있는 것. ※ aṭṭhika: 뼈. saṅkhalikā: 매달려 있음, 연쇄.

155 samaṃsalohita: 살과 피〔가 함께 있는 상태〕. ※ maṃsa: 고기, 살. lohita: 피.

156 nhārusambandha: 힘줄로 연결됨. ※ nhāru: 힘줄, 근육. sambandha: 결합, 연결.

행자는 우선 심한 악취 때문에 괴로울 것이다. 붓다 당시에도 일부 제자들은 그 광경을 견디지 못하고 뛰쳐나가거나 정신적으로 충격을 받고 후유증에 시달리기도 하였다.

묘지에서의 수행은 현재 미얀마에서조차 채택하지 않고 있다. 다만 사람의 뼈 모양을 재현해 놓고 그것을 대상으로 백골관을 하는 명상수행자들은 있다. 사띠 공부를 응용하여 현대 생활에서 스트레스를 경감시키는 대표적 심리 행법인 MBSR에서도, 『대념처경』에서 나오는 공부법을 대체로 권하고 있지만 백골관은 제외시키고 있다.

〔명상수행자를 위한 양념〕

붓다는 왜 신념처 수행의 말미를 으스스한 백골관으로 매듭짓고 있을까? 그것은 무상감을 극대화하여 사람들이 끝까지 떠나지 못하는 몸에 대한 집착을 여의도록 하려는 데에 의도가 있다.

신념처 수행은 무상감을 극대화하여 집착을 여의게 하면서도, 감각의 기반이 되는 육체를 사띠의 대상으로 삼도록 하였다는 점을 특징으로 꼽을 수 있겠다.

Iti ajjhattaṃ vā kāye kāyānupassī viharati, bahiddhā vā kāye kāyānupassī viharati, ajjhattabahiddhā vā kāye kāyānupassī viharati, samudayadhammānupassī vā kāyasmiṃ viharati, vayadhammānupassī vā kāyasmiṃ viharati, samudayavayadhammānupassī vā kāyasmiṃ viharati, 'atthi kāyo' ti vā panassa sati paccupaṭṭhitā hoti. Yāvadeva ñāṇamattāya paṭissatimattāya anissito ca viharati, na ca kiñci loke upādiyati. Evaṃ pi kho, bhikkhave, bhikkhu kāye kāyānupassī viharati.

이와 같이 몸 안에서 몸을 관찰하며 지낸다. 몸 밖에서 몸을 관찰하며 지낸다. 몸 안팎에서 몸을 관찰하며 지낸다. 몸에서 일어나는 현상을 관찰하며 지낸다. 몸에서 사라지는 현상을 관찰하며 지낸다. 몸에서 일어나고 사라지는 현상을 관찰하며 지낸다. 〔그리하여〕 '이것이 몸이로구나'라는 사띠가 확립된다. 이제 지혜가 확장되고 사띠만이 현전하여 지낸다. 그리하여 〔안팎의〕 세계에 집착함을 하찮게 여긴다. 빅쿠들이여! 참으로 이것이 빅쿠가 몸에서 몸을 관찰하며 지내는 〔방법인〕 것이다.

◆

Puna caparaṃ, bhikkhave, bhikkhu seyyathāpi passeyya sarīraṃ sivathikāya chaḍḍitaṃ aṭṭhikasaṅkhalikaṃ nimaṃsalohitamakkhitaṃ[157] nhārusambandhaṃ. So imameva kāyaṃ upasaṃharati: 'ayaṃ pi kho kāyo evaṃdhammo evaṃbhāvī evaṃanatīto' ti.

---

157 nimaṃsalohitamakkhita: 살이 없고 피가 묻은.

다시 한편으로 빅쿠들이여! 빅쿠는 묘지에 버려진 시체가 해골이 되어 살 없이 피가 묻은 채, 힘줄로 얽혀 이어져 있음을 보게 될 것이다. 〔그는〕 자신의 몸에 비추어 바라본다. 〔그리하여〕 '이 몸 또한 저렇게 될 것이며, 반드시 저렇게 될 것이며, 저렇게 됨에서 벗어나지 못하리라'고 〔알게 된다〕.

〔경에 대한 설명〕

니망사로히따막키따(nimaṃsalohitamakkhita)는 살이 없고 피가 묻은 상태를 묘사하고 있다. nir는 부정접두사로서 없음(無), 떠남(離), 아님(不) 등의 의미를 가지고 있다. 망사(maṃsa)는 살이나 고기를 의미하며, 로히따막키따(lohitamakkhita)는 피가 묻은 상태를 가리킨다.

그런데 이 부분은 논리적으로 납득이 가지 않는다. 왜냐하면 묘지에 버려진 시신이 시간이 지남에 따라 살이 썩어 없어져 버린 상황이 되었는데, 어떻게 피가 묻어 있느냐는 거다. 경전에 늘 합리적이고 과학적인 사실만 묘사되고 있지는 않은 것 같다. 물론 여기에서 그러한 사실이 중요한 건 아니다.

Iti ajjhattaṃ vā kāye kāyānupassī viharati, bahiddhā vā kāye kāyānupassī viharati, ajjhattabahiddhā vā kāye kāyānupassī viharati, samudayadhammānupassī vā kāyasmiṃ viharati, vayadhammānupassī vā kāyasmiṃ viharati, samudayavayadhammānupassī vā kāyasmiṃ viharati, 'atthi kāyo' ti vā panassa sati paccupaṭṭhitā hoti. Yāvadeva ñāṇamattāya paṭissatimattāya anissito ca viharati, na ca kiñci loke upādiyati. Evaṃ pi kho, bhikkhave, bhikkhu kāye kāyānupassī viharati.

이와 같이 몸 안에서 몸을 관찰하며 지낸다. 몸 밖에서 몸을 관찰하며 지낸다. 몸 안팎에서 몸을 관찰하며 지낸다. 몸에서 일어나는 현상을 관찰하며 지낸다. 몸에서 사라지는 현상을 관찰하며 지낸다. 몸에서 일어나고 사라지는 현상을 관찰하며 지낸다. 〔그리하여〕 '이것이 몸이로구나'라는 사띠가 확립된다. 이제 지혜가 확장되고 사띠만이 현전하여 지낸다. 그리하여 〔안팎의〕 세계에 집착함을 하찮게 여긴다. 빅쿠들이여! 참으로 이것이 빅쿠가 몸에서 몸을 관찰하며 지내는 〔방법인〕 것이다.

◆

Puna caparaṃ, bhikkhave, bhikkhu seyyathāpi passeyya sarīraṃ sivathikāya chaḍḍitaṃ aṭṭhikasaṅkhalikaṃ apagatamaṃsalohitaṃ[158] nhārusambandhaṃ. So imameva kāyaṃ upasaṃharati: 'ayaṃ pi kho kāyo evaṃdhammo evaṃbhāvī evaṃanatīto' ti.

---

158 apagatamaṃsalohita: 힘줄이 제거된. ※ apagata: 제거된, 죽은.

다시 한편으로 빅쿠들이여! 빅쿠는 묘지에 버려진 시체가 해골이 되어 살과 피도 없고 힘줄만 이어져 있는 것을 보게 될 것이다. 〔그는〕 자신의 몸에 비추어 바라본다. 〔그리하여〕 '이 몸 또한 저렇게 될 것이며, 반드시 저렇게 될 것이며, 저렇게 됨에서 벗어나지 못하리라'고 〔알게 된다〕.

◆

Iti ajjhattaṃ vā kāye kāyānupassī viharati, bahiddhā vā kāye kāyānupassī viharati, ajjhattabahiddhā vā kāye kāyānupassī viharati, samudayadhammānupassī vā kāyasmiṃ viharati, vayadhammānupassī vā kāyasmiṃ viharati, samudayavayadhammānupassī vā kāyasmiṃ viharati, 'atthi kāyo' ti vā panassa sati paccupaṭṭhitā hoti. Yāvadeva ñāṇamattāya paṭissatimattāya anissito ca viharati, na ca kiñci loke upādiyati. Evaṃ pi kho, bhikkhave, bhikkhu kāye kāyānupassī viharati.

이와 같이 몸 안에서 몸을 관찰하며 지낸다. 몸 밖에서 몸을 관찰하며 지낸다. 몸 안팎에서 몸을 관찰하며 지낸다. 몸에서 일어나는 현상을 관찰하며 지낸다. 몸에서 사라지는 현상을 관찰하며 지낸다. 몸에서 일어나고 사라지는 현상을 관찰하며 지낸다. 〔그리하여〕 '이것이 몸이로구나'라는 사띠가 확립된다. 이제 지혜가 확장되고 사띠만이 현전하여 지낸다. 그리하여 〔안팎의〕 세계에 집착함을 하찮게 여긴다. 빅쿠들이여! 참으로 이것이 빅쿠가 몸에서 몸을 관찰하며 지내는 〔방법인〕 것이다.

◆

Puna caparaṃ, bhikkhave, bhikkhu seyyathāpi passeyya sarīraṃ sivathikāya chaḍḍitaṃ aṭṭhikāni apagatasambandhāni[159] disā vidisā[160] vikkhittāni,[161] aññena hatthaṭṭhikaṃ[162] aññena[163] pādaṭṭhikaṃ[164] aññena gopphakaṭṭhikaṃ[165] aññena jaṅghaṭṭhikaṃ[166] aññena ūruṭṭhikaṃ[167] aññena kaṭiṭṭhikaṃ[168] aññena phāsukaṭṭhikaṃ[169] aññena piṭṭhiṭṭhikaṃ[170] aññena khandhaṭṭhikaṃ[171] aññena gīvaṭṭhikaṃ[172] aññena hanukaṭṭhikaṃ[173] aññena dantaṭṭhi-

---

159 apagatasambandhāni: 힘줄이 제거된.

160 disā vidisā: 사방 사유. ※ disā: 사방四方. vidisā: 사유(四維: 사방의 중간방위).

161 vikkhittāni는 여기저기, 산란한. ※ 여기서는 〔온갖 뼈들이〕 흩어져 있는 상태를 나타낸다.

162 hatthaṭṭhika: 손뼈. ※ hattha: 손. aṭṭhika: 뼈.

163 aññena: 또한. ※ 정경을 묘사하고 있음을 감안하여 '여기에는 저기에는'으로 번역하였다.

164 pādaṭṭhika: 발뼈.

165 gopphakaṭṭhika: 정강이뼈.

166 jaṅghaṭṭhika: 무릎뼈.

167 ūruṭṭhika: 넓적다리뼈.

168 kaṭiṭṭhika: 골반뼈.

169 phāsukaṭṭhika: 척추뼈.

170 piṭṭhiṭṭhika: 갈비뼈.

171 khandhaṭṭhika: 어깨뼈.

kaṃ[174] aññena sīsakaṭāhaṃ.[175] So imameva kāyaṃ upasaṃharati: 'ayaṃ pi kho kāyo evaṃdhammo evaṃbhāvī evaṃanatīto' ti.

다시 한편으로 빅쿠들이여! 빅쿠는 묘지에 버려진 시체가 해골이 되어 힘줄도 사라지고 뼈들도 흩어져서, 여기에는 손뼈, 저기에는 발뼈, 여기에는 정강이뼈, 저기에는 무릎뼈, 여기에는 넓적다리뼈, 저기에는 골반뼈, 여기에는 등뼈, 저기에는 갈비뼈, 여기에는 어깨뼈, 저기에는 목뼈, 여기에는 턱뼈, 저기에는 이빨, 여기에는 머리뼈 등이 사방에 널려 있는 것을 보게 될 것이다. 〔그는〕 자신의 몸에 비추어 바라본다. 〔그리하여〕 '이 몸 또한 저렇게 될 것이며, 반드시 저렇게 될 것이며, 저렇게 됨에서 벗어나지 못하리라'고 〔알게 된다〕.

◆

Iti ajjhattaṃ vā kāye kāyānupassī viharati, bahiddhā vā kāye kāyānupassī viharati, ajjhattabahiddhā vā kāye kāyānupassī viharati, samudayadhammānupassī vā kāyasmiṃ viharati, vayadhammānupassī vā kāyasmiṃ viharati, samudayavayadhammānupassī vā kāyasmiṃ vi-

---

172 gīvaṭṭhika: 목뼈.

173 hanukaṭṭhika: 턱뼈.

174 dantaṭṭhika: 이빨.

175 sīsakaṭāha: 머리뼈.

harati, 'atthi kāyo' ti vā panassa sati paccupaṭṭhitā hoti. Yāvadeva ñāṇamattāya paṭissatimattāya anissito ca viharati, na ca kiñci loke upādiyati. Evaṃ pi kho, bhikkhave, bhikkhu kāye kāyānupassī viharati.

이와 같이 몸 안에서 몸을 관찰하며 지낸다. 몸 밖에서 몸을 관찰하며 지낸다. 몸 안팎에서 몸을 관찰하며 지낸다. 몸에서 일어나는 현상을 관찰하며 지낸다. 몸에서 사라지는 현상을 관찰하며 지낸다. 몸에서 일어나고 사라지는 현상을 관찰하며 지낸다. 〔그리하여〕 '이것이 몸이로구나'라는 사띠가 확립된다. 이제 지혜가 확장되고 사띠만이 현전하여 지낸다. 그리하여 〔안팎의〕 세계에 집착함을 하찮게 여긴다. 빅쿠들이여! 참으로 이것이 빅쿠가 몸에서 몸을 관찰하며 지내는 〔방법인〕 것이다.

◆

Puna caparaṃ, bhikkhave, bhikkhu seyyathāpi passeyya sarīraṃ sivathikāya chaḍḍitaṃ aṭṭhikāni setāni saṅkhavaṇṇapaṭibhāgāni[176]. So imameva kāyaṃ upasaṃharati: 'ayaṃ pi kho kāyo evaṃdhammo evaṃbhāvī evaṃanatīto' ti.

다시 한편으로 빅쿠들이여! 빅쿠는 묘지에 버려진 시체의 뼈들이

---

176 setāni saṅkhavaṇṇapaṭibhāgāni: 흰 조개껍질 같은 〔상태〕. ※ seta: 하얀. saṅkha: 조개껍질. vaṇṇa: 색깔. upaṭibha: 동등한, 같은.

조개껍질처럼 하얗게 된 것을 보게 될 것이다. 〔그는〕 자신의 몸에 비추어 바라본다. 〔그리하여〕 '이 몸 또한 저렇게 될 것이며, 반드시 저렇게 될 것이며, 저렇게 됨에서 벗어나지 못하리라'고 〔알게 된다〕.

◆

Iti ajjhattaṃ vā kāye kāyānupassī viharati, bahiddhā vā kāye kāyānupassī viharati, ajjhattabahiddhā vā kāye kāyānupassī viharati, samudayadhammānupassī vā kāyasmiṃ viharati, vayadhammānupassī vā kāyasmiṃ viharati, samudayavayadhammānupassī vā kāyasmiṃ viharati, 'atthi kāyo' ti vā panassa sati paccupaṭṭhitā hoti. Yāvadeva ñāṇamattāya paṭissatimattāya anissito ca viharati, na ca kiñci loke upādiyati. Evaṃ pi kho, bhikkhave, bhikkhu kāye kāyānupassī viharati.

이와 같이 몸 안에서 몸을 관찰하며 지낸다. 몸 밖에서 몸을 관찰하며 지낸다. 몸 안팎에서 몸을 관찰하며 지낸다. 몸에서 일어나는 현상을 관찰하며 지낸다. 몸에서 사라지는 현상을 관찰하며 지낸다. 몸에서 일어나고 사라지는 현상을 관찰하며 지낸다. 〔그리하여〕 '이것이 몸이로구나'라는 사띠가 확립된다. 이제 지혜가 확장되고 사띠만이 현전하여 지낸다. 그리하여 〔안팎의〕 세계에 집착함을 하찮게 여긴다. 빅쿠들이여! 참으로 이것이 빅쿠가 몸에서 몸을 관찰하며 지내는 〔방법인〕 것이다.

◆

Puna caparaṃ, bhikkhave, bhikkhu seyyathāpi passeyya sarīraṃ sivathikāya chaḍḍitaṃ aṭṭhikāni puñjakitāni[177] terovassikāni.[178] So imameva kāyaṃ upasaṃharati: 'ayaṃ pi kho kāyo evaṃdhammo evaṃbhāvī evaṃanatīto' ti.

다시 한편으로 빅쿠들이여! 빅쿠는 묘지에 버려진 시체가 해골이 된 지 1년이 넘어 여러 해가 되면서 단지 뼈 무더기가 되어 있음을 보게 될 것이다. 〔그는〕 자신의 몸에 비추어 바라본다. 〔그리하여〕 '이 몸 또한 저렇게 될 것이며, 반드시 저렇게 될 것이며, 저렇게 됨에서 벗어나지 못하리라'고 〔알게 된다〕.

◆

Iti ajjhattaṃ vā kāye kāyānupassī viharati, bahiddhā vā kāye kāyānupassī viharati, ajjhattabahiddhā vā kāye kāyānupassī viharati, samudayadhammānupassī vā kāyasmiṃ viharati, vayadhammānupassī vā kāyasmiṃ viharati, samudayavayadhammānupassī vā kāyasmiṃ viharati, 'atthi kāyo' ti vā panassa sati paccupaṭṭhitā hoti. Yāvadeva ñāṇamattāya paṭissatimattāya anissito ca viharati, na ca kiñci loke upādiyati. Evaṃ pi kho, bhikkhave,

---

177 puñjakitāni: 덩어리, 무더기. ※ puñja: 덩어리, 집단.

178 terovassikāni: 1년이 넘은 시간적 상태.

bhikkhu kāye kāyānupassī viharati.

이와 같이 몸 안에서 몸을 관찰하며 지낸다. 몸 밖에서 몸을 관찰하며 지낸다. 몸 안팎에서 몸을 관찰하며 지낸다. 몸에서 일어나는 현상을 관찰하며 지낸다. 몸에서 사라지는 현상을 관찰하며 지낸다. 몸에서 일어나고 사라지는 현상을 관찰하며 지낸다. 〔그리하여〕 '이것이 몸이로구나'라는 사띠가 확립된다. 이제 지혜가 확장되고 사띠만이 현전하여 지낸다. 그리하여 〔안팎의〕 세계에 집착함을 하찮게 여긴다. 빅쿠들이여! 참으로 이것이 빅쿠가 몸에서 몸을 관찰하며 지내는 〔방법인〕 것이다.

◆

Puna caparaṃ, bhikkhave, bhikkhu seyyathāpi passeyya sarīraṃ sivathikāya chaḍḍitaṃ aṭṭhikāni[179] pūtīni[180] cuṇṇakajātāni.[181] So imameva kāyaṃ upasaṃharati: 'ayaṃ pi kho kāyo evaṃdhammo evaṃbhāvī evaṃanatīto' ti.

다시 한편으로 빅쿠들이여! 빅쿠는 묘지에 버려진 뼈가 상하여, 가벼워지고 티끌로 변한 모습을 보게 될 것이다. 〔그는〕 자신의

179 aṭṭhikāni: 가벼워진 뼈.

180 pūtīni: 썩은, 부패한. ※ pūti: 부패한, 악취가 나는. ※ 경의 본문에서는 뼈를 대상으로 하고 있으므로, '썩는다'가 아닌 '상하여'라고 번역하였다.

181 cuṇṇakajātāni: 가루가 된 상태. ※ cuṇṇaka: 가루. 경의 본문에서는 티끌로 번역하였다.

몸에 비추어 바라본다. 〔그리하여〕 '이 몸 또한 저렇게 될 것이며, 반드시 저렇게 될 것이며, 저렇게 됨에서 벗어나지 못하리라'고 〔알게 된다〕.

◆

Iti ajjhattaṃ vā kāye kāyānupassī viharati, bahiddhā vā kāye kāyānupassī viharati, ajjhattabahiddhā vā kāye kāyānupassī viharati, samudayadhammānupassī vā kāyasmiṃ viharati, vayadhammānupassī vā kāyasmiṃ viharati, samudayavayadhammānupassī vā kāyasmiṃ viharati, 'atthi kāyo' ti vā panassa sati paccupaṭṭhitā hoti. Yāvadeva ñāṇamattāya paṭissatimattāya anissito ca viharati, na ca kiñci loke upādiyati. Evaṃ pi kho, bhikkhave, bhikkhu kāye kāyānupassī viharati.

이와 같이 몸 안에서 몸을 관찰하며 지낸다. 몸 밖에서 몸을 관찰하며 지낸다. 몸 안팎에서 몸을 관찰하며 지낸다. 몸에서 일어나는 현상을 관찰하며 지낸다. 몸에서 사라지는 현상을 관찰하며 지낸다. 몸에서 일어나고 사라지는 현상을 관찰하며 지낸다. 〔그리하여〕 '이것이 몸이로구나'라는 사띠가 확립된다. 이제 지혜가 확장되고 사띠만이 현전하여 지낸다. 그리하여 〔안팎의〕 세계에 집착함을 하찮게 여긴다. 빅쿠들이여! 참으로 이것이 빅쿠가 몸에서 몸을 관찰하며 지내는 〔방법인〕 것이다.

〔경에 대한 설명〕

동물이 먹고, 벌레가 먹고, 세균이 분해하고, 이윽고 풍상에 의해 티끌로 사라지는 것은 인간을 비롯한 모든 존재물이 지닌 육신의 사후 운명이다. 생각만 해도 몸서리쳐질 상황을 담담하고 구체적으로 묘사하고 있는 것은, 붓다 자신의 수행과정에서 그 사실들을 충분히 경험하였기 때문이다. 불전을 보면 붓다는 정각 이전 혹독한 고행의 학점을 모조리 이수하였고, 어떠한 수행자보다 극한 고행에 뛰어났다고 기록되어 있다. 붓다로서는 여러 고행들 가운데 무덤가에서 냄새 고약한 시체를 바라보는 것은 가벼운 것에 속하였을지도 모른다.

앞에서는 살아 있는 내 몸 안을 대상으로 사띠 하였는데, 여기서는 죽어 있는 다른 사람의 몸이 대상이다. 그것은 생명을 다한 몸이 사라지는 과정을 바라보는 것이다. 공동묘지에서의 백골관은 나의 몸을 대신하여 타인의 몸을 알아차리는 사띠이다.

몸에 대한 사띠의 공효를 제공하는 것으로 다른 자료가 있다.[182] 그것은 『염신경念身經』이다. 그곳에는 사띠에 대한 네 가지 결과를 말하고 있다. 첫째, 명明에 도움이 되는 선법善法을 포용한다. 둘째, 마라에게 기회를 주거나 마라의 대상이 되는 일이 없다. 셋째, 신통지(abhiñña)를 실현하는 능력을 얻는다. 넷째, 열 가지 이익이 있다.[183]

---

182 MN: 119. 22-42.(*Kāyagatāsati Sutta*, 『念身經』, 몸에 마음 챙기는 경)

183 열 가지 이익은 다음과 같다. ⓐ싫어함과 좋아함을 극복한다. ⓑ두려움과 공포를 극복한다. ⓒ추위·더위, 배고픔·목마름, 날파리·모기·바람·뙤약볕·파충류, 고약하고 언짢은 말들, 몸에 생겨난 갖가지 느낌들을 감내한다. ⓓ지금

『염신경』의 내용을 보면 붓다가 체험한 소위 6신통은 신념처 수행의 결과이다. 이로써 붓다는 신통의 학점을 이수하고 정각으로 이행하였다고 기록되어 있다. 즉 6신통은 사띠의 공효라는 것이다. 불교가 중국을 거치면서 신통을 '성인聖人의 말변지사末邊之事'로 취급하는 유가儒家의 영향으로 말미암아 동아시아 불교인들에게 신통을 금기시하는 전통이 생겼다. 하지만 초기 불전에는 수많은 사례가 나와 있으며, 붓다가 되는 데에 6신통이 수반하는 것을 당연시하고 있다.

실제로 명상수행을 하다 보면 신통이적神通異蹟이 나타나는 것은 드문 일이 아니다. 다만 그것은 최종 목적지가 아니고 가는

여기서 행복하게 머물게 하고 더 높은 마음인 사선四禪을 힘들이지 않고 순조롭게 얻는다. ⓔ여러 가지 신통변화를 부린다. 하나인 채 여럿이 되기도 하고, 여럿이 되었다 하나가 되기도 한다. 나타났다 사라졌다 한다. 벽이나 담이나 산을 아무 장애 없이 통과하기를 마치 허공에서처럼 한다. 땅에서도 솟았다 잠겼다 하기를 물속에서처럼 한다. 물위에서 빠지지 않고 걸어가기를 땅위에서처럼 한다. 가부좌한 채 허공을 날아가기를 날개 달린 새처럼 한다. 저 막강하고 위력적인 태양과 달을 손으로 만져 쓰다듬기도 한다. 저 멀리 범천의 세계에까지도 몸의 자유 자재함을 발휘한다.(신족통) ⓕ청정하고 인간의 능력을 넘어선 천상의 귀로써 천상이나 인간의 소리를 멀거나 가깝거나 다 들을 수 있다.(천이통) ⓖ마음으로 다른 중생이나 사람의 마음에 대하여 꿰뚫어 안다.(타심통) ⓗ헤아릴 수 없는 전생의 갖가지 삶들을 기억할 수 있다.(숙명통) ⓘ청정하고 인간의 능력을 넘어선 천상의 눈으로 모든 중생들이 죽고 태어나고, 천박하고 고상하고, 아름답고 추하고, 좋은 곳에 있음과 나쁜 곳에 있음을 본다. 그는 중생들이 각자 지은 바 업에 따라 윤회하는 것을 꿰뚫어 안다.(천안통) ⓙ모든 번뇌가 다하여 아무런 번뇌가 없는 마음의 해탈(心解脫)과 지혜의 해탈(慧解脫)을 바로 지금 여기서 스스로 신통지에 의해 실현하고 증득하여 지낸다.(누진통)

도중에 나타나는 경치일 따름이다. 그러므로 공부과정 중에 그것을 좇아 가거나 집착하는 것은 바람직하지 않다.

몸에 대한 사띠를 마치는 것은 4성제 가운데 괴로움의 진리(苦聖諦)를 마스터 하는 셈이다. 왜냐하면 몸이야말로 괴로움의 직접적인 대상이며, 괴로움의 1번지이며, 괴로움의 집합체이기 때문이다.

4성제에서의 괴로움이란 통증(pain)이 아닌 존재로서의 괴로움을 말한다. 이유는 모든 존재가 무상(無常, anicca)하기 때문에 괴롭다는 것이다. 그러므로 존재자 모두는 괴로움을 피할 도리가 없다.

괴로움이라는 사실을 인지하지 못하는 동물이나 식물은 괴롭지 않을까? 그들도 고통을 피하려는 시스템은 있지만, 존재적 괴로움은 알지 못한다. 그러므로 그들은 괴로움의 원인을 알지 못할 뿐더러 그 상태에서 벗어나기도 어렵다.[184] 그러나 인간, 특히 괴로움을 인식하는 인간은 그것을 피하려는 생각을 하고, 괴로움을 해결하기 위하여 고의 근원에 사무치려 하며, 고를 매개로 열반에 이르려는 노력을 한다는 점이 특별하다.

〔명상수행자를 위한 양념〕

붓다의 구도과정과 가르침이 그랬다고 해서 우리도 시체의 변화과정을 옆에서 지켜보는 수행을 한다는 것은 오늘날의 현실에 적합하지 않다. 그는 정각에 이르기 전에 시체 유기죄로 기소되고

---

184 인간과 인간 이외의 존재를 구분하는 데에는 여러 가지 관점이 있겠으나, 그중 하나로 윤회를 벗어나 열반·해탈에 이르기 위한 능동적 시도를 꼽을 수 있겠다.

말 것이기 때문이다. 붓다와 전혀 다른 상황에 있는 우리는 경에 묘사한 대로 백골관을 시행할 수는 없다.

그렇다면 『대념처경』 사띠 명상에서 백골관은 건너뛰어도 좋을까? 그렇지 않다. 오늘날에도 얼마든지 백골관은 가능하다. 그것은 공동묘지의 시체가 변화하는 모습을 관찰하는 것이 아닌, 자신의 몸이 백골이 되어 흩어지는 정황을 연상하며 사띠 하는 방법이다. 그렇다면 아파트 생활 중에도 백골관이 불가능할 건 없어 보인다.

내 몸을 대상으로 하는 백골관은 그다지 어렵지 않다. 죽어있는 나의 모습을 머리끝부터 발끝까지 관하면 된다. 그 몸이 상하여 풍화되는 과정을 『대념처경』에 나와 있는 것처럼 아홉 단계로 나누어 설정하고 그것을 관찰하면 된다. 그러한 방법은 몸에 대한 집착을 약화시키는 데에 일정한 효과가 있다.

다음으로 자신의 뼈를 대상으로 관하는 방법도 있다. 이때는 뼈의 영역을 분할해가며 하는 방법이 효과적이다. 예를 들면 이마 끝 머리카락이 나있는 부분을 경계로 머리뼈를 생각하며 그 부위를 관찰하면 된다. 다음에는 이마부위를 빙 돌아 있는 뼈를 대상으로 관찰하고, 눈언저리, 코언저리, 입언저리 하는 식으로 발가락 끝까지 내려오면 된다. 그것은 일정한 간격을 정하고 그곳에 있는 뼈를 관찰하는 방법이다. 상상이 잘 되지 않으면 인터넷을 뒤져 인체의 뼈에 대한 공부를 상세히 하고 눈에 익혀둔 뒤, 구획을 정하고 스캔하듯이 내려가며 관찰하면 된다. 자신의 뼈를 대상으로 백골관을 하다보면 신비한 일이 일어나는 수가 있다. 처음에는 상상 속에서 억지로 떠올려 뼈를 관찰하지만, 어느 날 자신의 뼈가 마치 눈앞에 놓고 보듯이 생생하게 보이기도 한다. 백골관에서는 처음에 싱싱한 뼈를 대상으로 관찰하다가 『대념처경』에 나오는 것처럼 뼈의 모습이 변화하여 무너져 내리는 것을 관찰해도 좋다.

티베트에는 이 과정을 수행에 응용한 문파도 있다. 그들은 자신의 생각을 작은 점에 던져 넣고, 스스로의 몸을 죽이며, 자신의 주검을 관하는 것을 수행방법으로 삼는다. 주의할 사항은 그러한 수행을 통하여 자신을 죽인다든지 백골관을 심하게 할 경우 자신의 몸에 대한 집착을 덜어내는 효과는 있으나, 에고ego를 급격하고 과도하게 무너뜨려 정신적 충격이 나타나게 될 위험성도 있다. 매사에 중도가 필요하다. 공동묘지 알아차림이나 백골관은 몸에 대한 욕망과 혐오를 제거하며 물질에 대한 초연한 입장에 이르게 하자는 데에 주된 의미가 있다. 그러므로 몸에 대한 집착을 덜어내는 정도에서 학점을 이수한 것으로 간주해야 한다. 이 부분에 대해서는 개인의 근기에 따른 명상스승의 바른 지도가 필요하다.

이건 조금 다른 이야기인데, 나무 아래에서 생활하던 붓다를 비롯한 당시 사문들의 고행 가운데 가장 힘든 것은 무엇이었을까 하는 생각을 해 본 적이 있다. 경전에 뱀을 물리치는 주문만은 허락하였다는 내용이 있는 것을 보면, 그들은 코브라 같은 독사들로부터 수시로 생명의 위협을 받았을 것이다. 그리고 『대념처경』에 출현하는 포식자 들짐승들과도 밤낮없이 신경전을 벌였을 것이며, 그러한 것들이 무덤의 냄새보다 더 어려웠을 것이다. 그러나 그보다 더 견디기 힘들었던 것은 낮이면 까맣게 내려앉는 파리떼요, 밤이면 새벽에 이르도록 허공을 덮고 덤비는 모기떼였을 게다. 그뿐인가. 개미나 온갖 독충들도 밤낮없이 수행자들을 습격했을 것이다. 얼마나 열악한 조건이었으면 무소유를 원칙으로 하는 사문에게, 소 오줌을 발효하여 만든 '부란약'이라는, 바르는 약의 소지는 계율에서 예외조항이었다. 안전한 가옥에서 명상수행을 하는 우리들로서는 한편으로 앞선 수행자들께 송구하고, 다른 한편으로는 모기장과 냉난방의 호사 속에서 게으름을 피워서는 안 되겠다는 다짐을 해 본다.

III. Vedanānupassanā[1]

Ⅲ. 느낌을 따라 알아차림 하는 장(受隨觀)

Kathaṃ ca pana, bhikkhave, bhikkhu vedanāsu vedanānupassī viharati? Idha, bhikkhave, bhikkhu sukhaṃ[2] vā vedanaṃ vedayamāno[3] 'sukhaṃ vedanaṃ vedayāmī' ti pajānāti;[4] dukkhaṃ vā vedanaṃ vedayamāno 'dukkhaṃ vedanaṃ vedayāmī' ti pajānāti; adukkhamasukhaṃ vā vedanaṃ vedayamāno 'adukkhamasukhaṃ vedanaṃ ve-

---

1 vedanā: 느낌, 감각.

2 sukha: 행복한, 즐거운, 안락한. ※ sukha: 행복, 안락, 기쁨. dukkha: 괴로운. ※ adukkhamasukha: 괴롭지도 즐겁지도 않은.

3 vedayamāno: 느끼는, 감수感受하는. ※ vedayati: 느낌, 감수함. vedanā는 느낌(feeling) 또는 감각(sensation)을 나타내는 용어로 감각의 기관들과 감각의 대상들 사이에 접촉이 일어났을 때 발생하는 것을 말한다.

4 이 항목에서는 vedayamāno(느끼는 감수하는)를 빠자나띠(pajānāti)하는 것이, 느낌에 대한 사띠의 정의라고 할 수 있다. pajānāti는 '〔바르게〕 알다' '알아내다' '이해하다' 등의 의미이며 pajānā는 명사형이다.

dayāmī' ti pajānāti. Sāmisaṃ[5] vā sukhaṃ vedanaṃ vedayamāno 'sāmisaṃ sukhaṃ vedanaṃ vedayāmī' ti pajānāti; nirāmisaṃ vā sukhaṃ vedanaṃ vedayamāno 'nirāmisaṃ sukhaṃ vedanaṃ vedayāmī' ti pajānāti. Sāmisaṃ vā dukkhaṃ vedanaṃ vedayamāno 'sāmisaṃ dukkhaṃ vedanaṃ vedayāmī' ti pajānāti; nirāmisaṃ vā dukkhaṃ vedanaṃ vedayamāno 'nirāmisaṃ dukkhaṃ vedanaṃ vedayāmī' ti pajānāti. Sāmisaṃ vā adukkhamasukhaṃ vedanaṃ vedayamāno 'sāmisaṃ adukkhamasukhaṃ vedanaṃ vedayāmī' ti pajānāti; nirāmisaṃ vā adukkhamasukhaṃ vedanaṃ vedayamāno 'nirāmisaṃ adukkhamasukhaṃ vedanaṃ vedayāmī' ti pajānāti.

다음으로 빅쿠들이여! 빅쿠는 어떻게 느낌에서 느낌을 관찰하며 지내는가? 빅쿠들이여! 여기 빅쿠는 즐거운 느낌을 느끼면서 '즐거운 느낌을 느낀다'고 바르게 알아차린다. 괴로운 느낌을 느낄 때 '괴로운 느낌을 느낀다'고 바르게 알아차린다. 괴롭지도 즐겁지도 않은 느낌을 느낄 때 '괴롭지도 즐겁지도 않은 느낌을 느낀다'고 바르게 알아차린다. 육체적 즐거운 느낌을 느낄 때 '육체적 즐거운 느낌을 느낀다'고 바르게 알아차린다. 비육체적 즐거운 느낌을 느낄 때 '비육체적 즐거운 느낌을 느낀다'고 바르게 알아차린다.

---

5 sāmisa: 육체적인, 물질적인. ※ sa: 함께. amisa: 살, 육체, 음식. ※ nirāmisa: 비육체적인, 비물질적인.

육체적 괴로운 느낌을 느낄 때 '육체적 괴로운 느낌을 느낀다'고 바르게 알아차린다. 비육체적 괴로운 느낌을 느낄 때 '비육체적 괴로운 느낌을 느낀다'고 바르게 알아차린다. 육체적 괴롭지도 즐겁지도 않은 느낌을 느낄 때 '육체적 괴롭지도 즐겁지도 않은 느낌을 느낀다'고 바르게 알아차린다. 비육체적 괴롭지도 즐겁지도 않은 느낌을 느낄 때 '비육체적 괴롭지도 즐겁지도 않은 느낌을 느낀다'고 바르게 알아차린다.

〔경에 대한 설명〕

신념처에서 '감각을 알아차림 한다'는 것은 육체의 구조와 에너지를 활용하여 감각에 대한 관찰능력을 키워나가는 과정이다. 그러나 수념처에서 느낌을 느낀다는 것은 5온의 진행 과정에서 생긴 감정의 느낌을 알아차리며 관찰능력을 키워나가는 것이다. 신념처 공부를 통하여 집중력과 관찰력이 어느 정도에 이른 명상수행자가, 본격적인 알아차림 공부로 한 계단 올라서는 수행이 수념처 공부이다. 의과대학에 비유할 때, 신념처가 예과 과정이라면 수념처는 본과 과정이라고 할 수 있다.

6근六根이 6경六境을 접하면서 일어나는 것이 느낌이다. 그러나 수념처에서의 느낌은 앞서 다룬, 신념처에서 감각을 대상으로 느끼는 것과는 구분된다. 둘 다 느낌이지만 신념처가 감각을 대상으로 하는 느낌이라면, 수념처에서의 대상은 감정과 관련이 있다.

『대념처경』에서 수념처·심념처 법문은 신념처·법념처에 비하여 현저하게 양이 적다. 그렇다고 하여 마음공부에서 수념처와 심념처의 비중이 낮은 것은 아니며, 오히려 중요하다. 신념처 → 수념처 → 심념처의 순으로 그 중요도가 올라간다고 보아도 좋다.

일반적으로 느낌(vedanā)을 조건으로 갈애(taṇha)가 생긴다. 명상수행자가 욕망과 혐오가 생기는 것은, 느낌이 일어나는 순간 제대로 알아차리지 못함으로 인하여 갈애가 작동하기 때문이다. 느낌은 현재이며, 그로부터 미래로 향하는 순간적 포인트이다. 따라서 윤회·업의 방향으로 가느냐, 열반·해탈로 가느냐의 갈림길이 느낌에 대한 알아차림에 있다.

느낌을 관찰하는 데는 안과 밖이 있다. 안과 밖은 명상수행자의 겉몸을 기준으로 한 안과 밖이다. 몸의 안과 밖에서 일어나는 모든 느낌이 수수관受隨觀의 대상이 된다는 말이다. 관찰할 때는, 느낌이 발생하여 사라지기까지의 사이가 대상이다. 말로써는 장황하지만 실제 수행에서의 느낌은 찰나에 불과하다. 그뿐 아니라 느낌은 처음에는 강렬한 것 같지만 점차 무뎌지기 마련이다. 그 과정을 철저히 관찰하며 알아차림 하는 것이 수념처 수행이다.

『대념처경』에서의 느낌에 대한 관찰은 아홉 가지 범주로 설하고 있으나, 그 분류를 명확하게 하지 않으면 애매할 수 있다. 일단 앞에 나오는 즐거운 느낌(sukha)·괴로운 느낌(dukkha)·괴롭지도 즐겁지도 않은 느낌(adukkha asukha) 등 세 가지는 일반적인 범주이며, 뒤의 여섯 가지는 그것에 바탕을 둔 구체적 실천방법으로 볼 수 있다.

뒤에 오는 여섯 가지 느낌들은 서두에 '사미사(sāmisa)'와 '니라미사(nirāmisa)'라는 형용사가 붙는다. '사미사'는 육체를 통한, 물질적인, 현세적인 등의 의미가 있으며, '니라미사'는 반대로 정신을 통한, 감각적 욕망들로부터 벗어난, 비육체적인 따위의 의미가 있다. '사미사 웨다나(sāmisa vedanā)'는 인간의 감각기관을 통하여 얻게 되는 느낌이다. 이는 육체라는 원인이 명백하므로 '육체를 통한 느낌'이라고 해석할 수 있다. 즉 안이비설신의라는 감각기관이 색성향미촉법이라고 하는 대상을 통하여 정보를 얻을 때의 느낌이 사미사 웨다나이다. 예컨대 음악이 들릴 때, 아름다운 음악이라고 느끼는 것을 가리킨다. 이와 같이 육체적 느낌이란 일단 감각적 느낌을 말한다. 즐거운 느낌이란 육체적으로 즐겁고 재미있는 감각적 느낌을 말하며, 괴로운 느낌이란 육체와 관련한 감각들에 대하여 싫거나 지루한 느낌을 말한다.

같은 이치로, '사미사 숙카 웨다나(sāmisa sukha vedanā)'는 '육체적으로 즐거운 느낌', '사미사 둑카 웨다나(sāmisa dukkha vedanā)'는 '육체적으로 괴로운 느낌', 그리고 '사미사 아둑카마숙카 웨다나(sāmisa adukkhamasukha vedanā)'는 '육체적으로 괴롭지도 즐겁지도 않은 느낌'으로 볼 수 있다.

니라미사 웨다나(nirāmisa vedanā), 즉 비육체적 느낌이란 정신적 느낌을 말하는 것이다. 전통 주석서에 따르면 비육체적 느낌을 출가 생활로 보기도 한다. 그러나 니라미사는 대상이 존재하지 않는 감각에 대한 느낌으로 보는 것이 옳다. 예컨대 음악이 끝났는데도 아름답다는 여운이 남아 있음을 느끼는 경우를 말한다. 대상이 사라진 상태에서도 느낌은 가능하다.

사실 니라미사는 열반이나 해탈에 가까운 개념이다. 육체적 욕망의 집착을 떠난 느낌, 비육체적인 느낌, 정신적인 느낌 등으로 해석할 수 있다. 그것은 '집착이나 욕망을 벗어난 느낌'과 유사하며, 판본에 따라서는 '출세간적 느낌'으로 번역하기도 한다. 그러나 그것은 아라한의 정신적 경지인 출세간적 느낌이 아니다.[6] 『대념처경』 수념처의 알아차림은 어디까지나 해탈을 향하여 매진하고 있는 명상수행자에게 적용되는 것이므로, 모든 것을 마친 아라한의 경지와 동일시해서는 안 된다.

'정신적으로 괴롭지도 즐겁지도 않은 느낌'에는 두 가지 종류가 있다. 첫째, 괴롭거나 즐거운 상대적 느낌을 초월한 상태이다. 이 경우는 열반에 가까운 상태일 것이다. 둘째, 공부가 고락의 느낌을 초월하지 못한 상태에서 무기無記에 빠져 있는 경우가 있다. 명상수행에서는 둘째가 문제이다. 이 경우, '각성을 동반한 바른 알아차림'의 상태로 전환하는 것이 필요하다. 물에 물 탄 듯, 술에 술 탄 듯 각성 없이 무기 속에 지내는 것은 수행자가 경계해야 할 상태이다.

일반적으로 느낌은 다시 새로운 느낌을 유발한다. 따라서 모든 느낌은 그것이 설사 새로운 느낌이라 할지라도 반드시 이전의 느낌과 관련이 있게 마련이다. 모든 느낌이 일어나는 현상과 사라지는 현상 혹은 일어나기도 하고 사라지기도 하는 현상은 거미줄과 같은 연기의 관계이다. 그래서 『대념처경』에서는 느낌에서 일어나는 현상을 관찰하고, 느낌에서 사라지는 현상을 관찰하며, 느낌에서 일어나기도 하고 사라지기도 하는 현상을 관찰하면서 지내라고 한 것이다.

---

6 그런 경우, nirāmisa pīti(즐거움, 환희)라고 표기하고, 세속을 떠난 기쁨이라고 새기는 것이 옳다.

어느 측면에서 접근하든지 그 느낌의 가닥은 모두 연결되어 있으므로, 하나의 바른 알아차림으로 여러 가닥에 대응하는 것이 가능하다.

수념처에서 느끼는 범주는 괴로운 느낌, 즐거운 느낌, 괴롭지도 즐겁지도 않은 느낌의 세 가지이다. 여기에 일상·출세간·세간 등의 세 가지 경우를 곱하여 도합 아홉 가지 느낌으로 분류된다. 초보 수행자가 아홉 가지 느낌을 일일이 분류해 가면서 사띠를 행하기는 쉽지 않다. 그러나 고도로 훈련된 사띠 수행자는 가능하다.

느낌 가운데, 정신적으로 즐겁거나 괴로운 느낌들은 4선정을 완성하기 이전의 느낌이며, 괴롭지도 즐겁지도 않은 느낌은 4무색정의 영역에 해당한다고 볼 수 있다. 그리고 그 이후의 단계인 상수멸정에서는 관념과 감각에서 벗어나 자유로운 상태이므로, 『대념처경』에서 말하는 아홉 가지 범주의 느낌과는 별도의 상태이다.

일반적으로 '따라가며 본다'는 의미의 아누빳싸나(anupassanā)는 4념처 수행 전반에 해당하는 방법이다. 그런데 수념처에서 '느낌을 〔따라가며〕관찰한다'는 의미의 '웨다나누빳시(vedanānuassī)'라는 용어를 특별히 사용하는 것은, 아누빳싸나로 커버할 수 없는 공부가 수념처에 있기 때문이다. 느낌을 대상으로 하는 공부가 다른 3처와 대비되는 것은 느낌 자체가 매우 짧은 순간에 나타났다가 사라진다는 점이다. 그것을 놓치지 않고 알아차림 하는 것이 수념처 공부의 핵심이다. 그것이 웨다나누빳시인 것이다. 그런 점에서 수념처 공부의 요건은, 변화 속에 있는 감각·감정 등의 느낌을 빠른 속도로 관찰하는 능력을 기르는 데에 있다고 말할 수 있다.

즐거운 느낌은 탐심이며, 갈애로 나타난다. 괴로운 느낌은 진심이며, 혐오로 나타난다. 그리고 즐겁지도 괴롭지도 않은 느낌은 치심이며, 무명이 기반하고 있다. 괴로운 느낌·즐거운 느낌·괴롭지도 즐겁지도 않은 느낌 등은 단순한 느낌이며 별개인 것 같지만, 그 속내를 들여다보면 삼독에 뿌리를 두고 있다는 것을 알게 된다.

〔명상수행자를 위한 양념 1〕

4념처 수행 모두 중요하지 않은 것이 없다. 그렇지만 필자는 명상수행에서 수념처 공부가 특히 중요하다고 생각한다. 신념처는 마음 씨앗을 틔우는 작업이고, 심념처는 마음의 열매를 수확하는 단계라면, 수념처는 마음 밭을 갈고 감정의 잡초를 제어하며 농사짓는 단계에 비유할 수 있다.

4념처 수행은 특히 불교 교리 중 핵심인 5온과 깊은 관련이 있다. 그래서 4념처 수행을 5온관五蘊觀과 내용적으로 동일한 것으로 간주하는 학자도 있다.[7] 5온은 외부의 정보를(色), 받아들이고(受), 지각하여(想), 반응하고(行), 인식·갈무리하는(識) 과정을 말한다. 이를 보면 5온은 존재와 인식 전체를 커버하는 용어이기는 하나, 주로 인식 프로세스에 중점을 두고 있는 개념이다. 『대념처경』의 4념처관 수행 또한 그 모든 과정이 5온과 연계되어 있다.

5온과 연결 지어 볼 때, 신념처는 5온 중 감수작용(受)이 주된 대상이며 그 매개는 감각이다. 수념처는 5온 중 자신의 이름인 감수작용(受)에 입각하지만 지각작용(想)과 반응작용(行)까지 커버한

---

7 水野弘元, 앞의 책, p.191.

다. 따라서 수념처의 영역에서는 반응작용의 주요 요건인 감정 문제가 필연적으로 대두한다. 『대념처경』의 본문에서 즐거운 느낌·괴로운 느낌·즐겁지도 괴롭지도 않은 느낌 등으로 표현하고 있는 것은 수념처가 5온에서의 지각작용(想)과 그에 대한 반응작용(行)을 포괄하고 있음을 증명한다. 5온에서 수상행은 일반적으로, 한 묶음으로 작동함에도 불구하고 붓다가 '수'만을 떼어내어 수념처로 독립시킨 것은 행과 연결된 느낌의 중요성 때문이다.

수념처를 설정한 붓다의 의도는 6근을 통해 외부정보를 받아들여 처리하는 수상행의 과정에서 '수념처'라는 좁은 문턱을 만들어놓고 사띠 하라는 데에 있다. 그러므로 4념처 사띠 수행 가운데 가장 어렵기도 하지만, 가장 드라마틱한 공부 효과를 볼 수 있는 곳이 수념처 공부이다. 따라서 알아차림을 통하여 감정의 문제를 제어하기 위해서 명상 수행자는 5온의 수상행식 과정 중 수의 단계부터 알아차림을 동원하지 않으면 안 된다. 수는 현관에 비유된다. 좁은 현관문에서 알아차리면 갈애나 혐오의 방에 들어가지 않거나, 혹은 들어가더라도 적게 영향을 입는다. 만약 감수(受)의 단계에서 알아차리지 못하면, 그 정보는 지각(想)을 거쳐 넓고도 익숙한 갈애와 혐오의 방에 거침없이 들어가 버린다. 그리하여 집주인의 아상我相과 결합·반응하여, 새로운 업으로 옷을 갈아입고 내면에 알음알이(識)로 정착해 버린다. 도둑을 현관에서 제압하지 못하고 집안에 들어와 버리면 잡기 어려운 것과 같은 이치이다.

5온에서 행行은 상想의 지각된 정보에 대하여 갈망과 혐오라는 두 가지 감정을 입히는 반응작용이다. 외부 혹은 내부로부터의 정보(因)는 행의 단계에서 갈망과 혐오의 감정 반응을 유발하여, 그에 상응하는 업력이라는 과果로 변환시켜 인식·갈무리 단계인 식으로 이행하게 되어 있다. 따라서 우리가 내면의 어떤 업종자를 분석하면 그 업력의 태반은 감정 에너지가 혼합되어 있음을 알 수 있다. 감정과 업력의 관계를 알 수 있는 쉬운 실험이 있다. 각자 자신의 과거사를 조용히 회상해 보라. 자신의 생애에 외형적으로 커다란 사건들이 뇌리에 남아 있는가? 그렇지 않다. 감정상 좋았거나 싫었던 사건이 기억에 강하게 남아 있음을 알 수 있다.

따라서 행(行,saṅkhārā)은 수념처 알아차림의 핵심 대상이 된다. 사실, 행은 불교적 삶에서 정말 골치 아픈 존재이다. 오죽하면 12연기에서도 무명 다음에 위치한다. 모든 유정의 업이 무명에 뿌리를 두고 행을 통해 전개된다는 의미이다. 12연기에서 보거나 5온에서 보아도 행은 관문關門이다. 바꾸어 말하면 행의 관문을 통과하지 못하고서는 인식에 도달할 수도 없고, 행의 관문을 제어하지 못하고서는 수행의 열매를 얻을 수도 없다. 요컨대 감정에 대한 반응 문제를 건너뛰고 명상수행을 논할 수는 없다는 말이다.

〔명상수행자를 위한 양념 2〕

수념처 알아차림이 5온 중 상과 행을 포괄한다고 하지만, 정확하게 말해서 마음공부의 포인트는 수상과 행식의 중간지점이다. 5온에서 외부의 정보를 감수하고(受), 나름의 패턴으로 지각하는(想) 인식의 전반前半 과정은 비교적 중립적이다.[8] 그와 대조적으로 감정에 따른 갈망·혐오의 반응작용(行)과 갈망·혐오로 코팅된 결과를 갈무리

하는 알음알이(識)라는, 인식의 후반後半은 전혀 중립적이지 않다. 인식의 후반은 어떤 외적 경계境界에 대하여 감수·지각과정을 거친 전반의 정보에, 갈망 혹은 혐오의 힘으로 무장한 행이 반응함으로써 결과적으로 오염된 업業으로 전환해 버리는 과정이기 때문이다. 따라서 행과 식 중에서도 반응작용인 행이야말로 마음공부의 핵심 대상이다. 달리 말하면, 5온의 모든 과정은 감정을 통해 업화業化하기 때문에, 수념처에서 감정의 느낌을 알아차림 하는 것은 행 직전에 모든 업의 생성을 방지·와해시키는 포인트가 된다. 이처럼 지각작용(想)과 반응작용(行)의 틈새가 느낌을 알아차림 하는 수념처의 포인트인 것이다.

붓다는 누구보다 그러한 사실에 정통하였다. 그 명백한 증거는 『대념처경』에서 수상 다음에 행이 아닌, 체따나(cetanā, 思: 의도)로 이행할 것을 권하는 데에 있다. 붓다는 『대념처경』 법념처의 집성제와 멸성제에서 매혹적이고 기분 좋은 범주를 10가지로 설정하고 있다.[9] 10범주는 근根·경境·식識·촉觸·수受·상想·사思·갈애渴愛·심尋·사

---

8 그러나 엄밀하게 말한다면 상의 조합작용이 중립작용은 아니다. 외부의 정보를 패턴화해야만 다음 단계로 향해 갈 수 있는데, 그 패턴화를 하는 상想의 과정은 과거의 습관과 지식 등 기존 업의 영향 하에 있기 때문이다. 그래도 『대념처경』에서는 수와 상까지의 과정을 일단 마음공부의 대상으로 간주하여 하나로 묶어 처리하고 있다. 한편 붓다라는 최종단계에 이르기 위해서는 수와 상 또한 엄격한 지멸의 대상이 되며, 그것 또한 철저히 멸하는 수행을 해야 한다. 그 단계를 불전에서는 상수멸정想受滅定으로 표현한다. 상수멸정은 별개의 공부이다.

9 『대념처경』 V. 5, 2)와 3)의 집성제와 멸성제를 논하면서 그 과정을 10가지 범주로 설정하고 있다. 그것은 집착의 대상과 열반을 향한 정리의 대상이 10가지라는 것을 암시한다.

伺 등이다. 그 과정을 살펴보면, 6근根과 6경境을 통해 알음알이(識)된 정보를 접촉(觸)하여 감수(受)하고 지각(想)한 것을 체따나 즉 의도(思)로 이행하도록 유도하고 있다.[10] 일반 인식론인 5온의 수상행식에서는 상 다음 행으로 이행하도록 설정되어 있는 구도를, 『대념처경』의 수행 이론에서는 상 다음 사思로 돌리도록 설정하고 있는 것이다.

붓다가 12인연이라는 대표적 연기의 구도가 있음에도 불구하고 『대념처경』에서 다시 10범주를 설한 이유는 바로 체따나 때문이다. 체따나(思)는 의도적인 관여를 말한다. 마치 자석에 철을 움직이게 하는 힘이 있는 것처럼, 외부로부터 받은 정보에 대하여 업의 반응을 조정하는 정신작용이다. 일반인은 수상受想 이후에 행行으로 자동 이행하여 업을 오염시켜 식識으로 간다.

그러나 마음공부 수행자는 수상受想 이후에 의도적으로(思) 알아차림 함으로써, 행行에 의한 자동오염을 방지하고 지혜로 식識을 전환시키자는 것이다. 그리하여 구업舊業은 점점 사라지고 신업新業은 쌓이지 아니하여 마침내 열반에 이르게 하자는 것이 명상수행의 기본 원리이다. 12연기가 중생의 윤회 지향 과정이라면, 『대념처경』의 10범주는 수행자의 윤회 극복 과정을 보여주고 있다.

이곳에서도 우리는 알 수 있다. 사띠 공부란 단순하게 바라보는 것이 아니라, 원리적 지혜를 동반한 알아차림이어야 한다는 사실

---

10 사思는 의지를 말하는 것으로, '마음으로 하여금 무엇을 조작하게 하는 힘' 인데 엄밀히 말한다면 사업(思業, cetanā-karma)과 사이업(思已業, cetayitvā-karma)으로 구별된다. 사업이란 생각하는 것 그 자체가 업이며, 사이업이란 생각이 만들어낸, 즉 생각이 표현된 신身·어語의 두 가지 업을 말한다.

말이다. 그래서 붓다는 수념처 수행에서도 알아차림의 용어를 단순한 알아차림인 사띠(sati)가 아닌, 원리적 지혜까지 포함한 빠자나띠(pajānāti)를 적용하고 있다. 빠자나띠를 사용한 붓다의 의도는, '느낌에 대하여 바르고 빠르게 주시'하라는 데에 있다. 바르고 빠른 방향으로 의도적인 전환, 그 포인트를 붓다는 체따나라고 한 것이다. 그런 의미에서 수념처에서의 알아차림은 빠자나띠〔바른 알아차림〕+체따나〔의도〕라고 보아도 좋다.

〔명상수행자를 위한 양념 3〕

5온의 인식 프로세스 중 상카라(行) 이전에 체따나(思)를 동원하여 수동적 알아차림을 함으로써, 감정의 코팅이라는 자동반응으로 이행하여 업이 쌓이는 것을 방지하자는 것이 명상수행이라는 사항을 다시 정리해 보자.

수념처 명상은 처음부터 끝까지 감정이 대상이다. 그런데 감정이 코팅되는 것은 행의 단계이다. 여기에서 논리적인 문제가 발생한다. 행 이전이라면 감정의 코팅이 발생하기 이전이므로 수념처 공부는 의미가 없다. 또한 행 이후라면 이미 감정의 코팅이 이루어져 업이 발생한 이후가 되므로, 또한 수념처 공부가 해당 사항이 없다. 도대체 수념처는 어느 포인트에 알아차림 해야 한단 말인가?

고대 그리스 철학자 제논의 역설이 있다. 달리기 선수 아킬레우스는 아무리 달려도 앞서가는 거북이를 따라잡을 수 없다는 것이다. 아킬레우스가 거북이 있는 곳에 당도하면 거북이는 그 사이 그곳을 떠나 앞으로 갔을 것이므로, 영원히 거북이를 따라잡을 수 없다는 것이 그의 논리이다. 논리로야 흠잡을 데 없지만 실제로는 어린아이도 거북이를 앞지를 수 있다. 한 걸음만 떼면 거북이를 앞지른다. 마찬가지로 5온과 수념처 공부도 알아차림의 포인트가 이론적으로는 문제가 있어 보이지만 실제 수행에서는 모순되지 않는다.

그 이유는 5온의 프로세스에서, 상想과 행行이 논리적으로는 구분이 되지만 실제적으로는 동시에 일어나기 때문이다. 그 점은 마음공부에서 오히려 장점으로 작용한다. 사람의 인식 프로세스에서 수상행의 과정을 시간적 혹은 구성적으로 구분하는 것은 논리적으로 불가능에 가깝지만,[11] 실제적으로는 자신의 감정발생과정을 처음부터 끝까지 통째로 알아차림 함으로써 목적을 달성할 수 있다. 바꾸어 말하면 수념처의 알아차림 명상은 상과 행을 구분하여 그 순간을 포착하려는 것이 아니라, 깨어 스탠바이하는 데에 포인트가 있다. 자신이 거북이를 앞서는 것이 가능한지 혹은 그렇지 아니한지를 논리적으로 따지는 것이 아니라, 냅다 한 걸음을 내딛는 것이 중요하다는 말이다.

그렇지만 실제 명상수행에서는 아무리 눈을 부릅뜨고 알아차림의 깨어 있음으로 스탠바이하고 있다 할지라도, 우리의 인식은 즉각적이고 의연하게 상想에서 행行으로 이행해 버린다. 수행자 고속도로의 톨게이트에서 수동 수납처를 설치하여 대기하고 있더라도,

---

11 『밀린다팡하』에서 나가세나존자는 밀린다왕에게 이렇게 말한다. "붓다께서 마음의 작용인 수상행을 밝힌 것은 갠지스 강에 있는 물을 한웅큼 손에 쥐고 이 물은 히말라야의 어느 골짜기, 어느 골짜기에서 모인 물이라고 밝히는 것보다 더 어려운 일이다."

우리의 인식 자동차는 너무도 익숙한 하이패스 통로로 쏜살같이 지나치게 되어 있는 것이다. 결과적으로 수념처 공부는 어쩔 수 없이 유발된 감정을 대상으로 하는 것처럼 보인다.

그런데 미묘한 일은 그 다음에 발생한다. 그렇게 통로를 지나쳐 버린 감정의 업은 웬일인지 그 선명함의 색깔이 바래져 버린다는 것이다. 여기에서 수념처 수행의 맛이 나타난다. 수행자로서는, 상과 행 사이의 미묘한 틈새조차 구분하지 못한 채 알아차림 하고 있을지라도, 업의 입장에서는 깨어 알아차림 하고 있다는 의도(思)만으로도 갈망과 혐오라는 감정의 세력(行)이 현저하게 약화된다는 것이다. 현금을 받지 못한 상태로 톨게이트를 통과한 것 같지만, 알아차림의 통장에는 후불 통행료가 따박 따박 쌓이고 있는 것이다.

이론적으로 어렵다고 보았던 수념처 알아차림 수행이 실제에서는 은밀하고 점진적으로 이루어지고 있는 것이다. 예컨대 화라는 감정이 일어날 경우, 그대로 두면 화는 플러스 알파하여 업으로 저장되지만, 그 화냄을 알아차림 하고 있으면 화는 사라지거나, 일어나더라도 그 세력이 현저하게 줄어드는 것을 경험하게 된다. 일상생활이나 명상시간을 막론하고 일어나는 모든 감정이 그렇게 제어된다.

수념처 명상수행자는 처음에는 공부가 지지부진하고 공부의 포인트를 정하지 못하고 있는 것처럼 느낄 수 있다. 그렇다고 수행의 진전이 없는 것은 아니라는 말이다. 살다 보면 갈망과 혐오라는 반응(行)의 힘을 이기지 못하여 어쩔 수 없이 업력을 키우는 일이야 있지만, 알아차림의 수행력도 암암리에 조금씩은 자란다. 전체 업의 수지收支 상태를 대조해 보면 명상수행자의 장래에 희망은 있다는 이야기다.

이론적으로 파악할 때, 수념처 수행에서 중요한 것은 감정이 덧씌워지거나 증폭되기 전의 타이밍이다. 감정이 일어나기 전의 순간 혹은 감정이 일어나는 초기의 순간에, 반 박자라도 앞선 상태에서 사띠 하면 할수록 명상수행자는 유리하다. 그러나 실제에서는, 감정이 덧씌워지기 전이든지 후이든지 불구하고, 알아차림으로 스탠바이하고 있으면 결과는 감정의 진폭이 줄어드는 쪽으로 나타난다. 그것이 아킬레우스가 이론적으로는 앞설 수 없을지 몰라도, 실제로는 거북이를 앞지르는 현상이다. 한편, 이론적으로나 실제적으로 일치하는 점도 있다. 그것은 알아차림의 수행을 진행하면 할수록, 그 알아차림의 포인트가 암암리에 앞당겨진다는 사실이다.

그렇다면 선방에 앉아 있는 전문 수행자는 감정을 알아차림하는 수념처 공부가 필요 없을까? 많은 시간 동안 사띠의 내공을 쌓은 명상수행자는 경계가 많은 마을의 일반인보다 유리한 조건에 있는 것은 사실이다. 그렇지만 몸은 선방에 앉아 있어도 마음속이 천변만화의 실타래 속이라는 점은 동일하다. 그 말은 수행자가 명상을 통하여 힘을 얻어가는 것과는 별도로, 욕망에 의하여 업력이 쌓여갈 우려도 있다는 말이다. 명상수행자들 가운데 집중 수행을 통해 상당한 능력에 이르고 있으면서도, 자신의 내면에 있는 감정의 영역은 손도 못 대는 경우가 허다하다.

〔명상수행자를 위한 양념 4〕

수념처 알아차림의 수행이 어렵게 느껴지는 다른 이유로 다음 세 가지 있다.

첫째, 감정은 시작과 끝이 불분명하여 대상을 특정하기가 어렵다는 점이다. 육체는 만질 수도 있고 고통과 쾌감이 쉽게 느껴질 수 있다. 그리고 마음도 그 상태에 대한 정의가 가능하다. 하지만 감정은 어디에서 어디까지를 감정이라 할 수 있을지 분명치 않다. 그러나 명상수행자에게 너무도 다행스러운 소식이 있다. 그것은 알아차림의 목적이 괴롭거나 즐겁거나 혹은 둘 다 아닌 감정에 대한 느낌을 가려내는 것에 있지 않다는 점이다. 알아차림을 통하여 마음의 정淨한 측면을 활성화시키자는 데에 목적이 있는 것이다. 수념처 알아차림 수행의 의미는 인간이 지닌 감각과 감정을 구분하거나 없애자는 데에 있는 것이 아니라, 그것들을 알아차림 함으로써 마음의 맑은 측면을 상향 조정하여 붓다의 수준으로까지 정화하자는 데에 있다. 감정의 시작과 끝을 특정하자는 데에 있지 않은 것이다.

둘째, 감정은 '나'와 매우 깊이 동일시되어 있어 명상수행자가 거기에 휩쓸리기 쉽다는 점이다. 예컨대 사랑이나 분노 등 강렬한 느낌 속에 있을 때 그것과 자신과의 구분이 어렵다. 또한, 일반적으로 느낌을 느낀다고 할 때는 하나의 느낌만을 경험하는 경우는 드물다. 예컨대 어느 명상수행자가 엄청난 분노에 휩싸여 있다고 할 때, 그는 분노라는 표면 감정은 쉽게 알아차린다. 그러나 그 분노에 수반된 부수적 감정들, 즉 자존심이 상한 것 등은 알아차리기 쉽지 않다. 분노에 휩싸인 실제 원인은 다른 사람이 그를 비난하였기 때문이다. 만약 비난에 의하여 상처 입은 자존심에 대한 알아차림이 없이, 분노 자체만을 느낌의 대상으로 삼는 경우는 뿌리를 제거하지 못하는 잡초처럼 좀처럼 극복하기 어렵다. 명상수행자는 느낌에 대한 알아차림을 행할 때, 반드시 그 배경에 대한 알아차림을 동반해야 한다. 그래서 붓다는 수념처 명상에서도 사띠가 아닌 지혜를 동반한 알아차림인 빠자나띠를 사용하고 있다. 마음의 원리와 과정을 요해한 상태에서 알아차림 하는 빠자나띠가 필요한 것이다.

셋째, 명상수행자는 동화된 감정에서 헤어 나오기 어렵다는 점이다.[12] 뿐만 아니라 또 하나의 특성은 끊임없이 다른 감정들이 연달아 따라 나타난다는 것이다.[13] 감정에 동화되지 않고 느낌을 알아차리는 방법은, 그 감정에 끄달리기 전에 감정의 무상함을 알아차리는 것이다. 괴로운 느낌이 발생할 때, "이 괴로운 느낌이 있어 괴롭다!" "앞으로 더 괴롭겠지!" "저 괴로움도 걱정되는군!" 하는 따위의 마음을 일으킨다면 그것은 수수관受隨觀이 아닌 행수관行隨觀으로 이행해 버린 후의 일이 된다. 행수관이란 느낌에 대한 반응이 생겨 업이 이미 형성되어 버린 후라는 뜻으로, 필자가 정한 표현이다.[14] 여기에서

---

12 게다가 명상수행자는 어떤 감정에 사로잡히면 평소보다 더 심하게 반응할 가능성이 높아진다. 왜냐하면 수행자의 집중력이 향상되어 있기 때문에 평소의 감정값보다 월등히 높은 에너지가 동반하기 때문이다. 일부 수행자의 성격이 괴팍하거나 심각하게 화를 내는 사람으로 변화하는 것은 그러한 요소도 있다.

13 필자는 그 감정의 상태를 기러기떼 감정이라 명명한다. 선두 기러기를 따라 수많은 기러기들이 계속 따라가는 모습을 닮아서이다.

14 '행수관'이라는 말은 불교에 없는 용어이다. 지나가 버린 상태를 생각하는 것에 대하여 필자가 패러디해 본 것이다. 예컨대 지나간 버스에 안타까워하는 것과 같다. 이것은 『대념처경』이나 기타 불전에서 나오지 않는 개념이지만, 수상행식의 진행과정 중에서 수의 단계를 벗어났다는 것을 강조하기 위해 편의상 그렇게 말한 것이다. 그런데 아이러니컬하게도 대부분의 중생은 행수관에 빠져 있다고 생각된다. 왜냐하면 이미 신업新業이 이미 발생한 후에 그 사실에 대하여 연연하고

의 팁은 수념처 알아차림의 수행에서는 무상無常(anica)에 대한 철저한 인식이 동반되어야 한다는 것이다. 괴로움도 즐거움도 무상한 것이므로 연속되는 것이 아니다. 따라서 명상수행자는 연속되는 것에 대한 우려가 아닌, 일어남과 사라짐이라는 무상의 진리에 대한 바른 인식을 가지면서 알아차림 해야 한다. "이 또한 지나가리라"는 명언은 아무래도 붓다의 말씀이지 싶다.

〔명상수행자를 위한 양념 5〕

업은 심리학에서 말하는 빙산의 잠긴 부분 잠재의식에 종자로써 존재한다.[15] 따라서 그 잠재의식을 정화하지 않으면 해탈에 이를 수가 없다. 그런데 초보 명상수행자가 자신의 잠재의식 속에 들어가 번뇌·업을 가려내어 소멸하는 것은 불가능에 가깝다. 불가능하다는 점 때문에 무의식이라고도 부르는 것이다. 이때 잠재의식에 들어가서 정화하는 것이 어렵다면 그것을 의식화하는 것이 필요하다. 그 잠재력의 업이 의식화하여 현행업現行業으로 끌어 올려진 후 해소되어 사라지거나 혹은 덧씌워져 강화되는 등 업의 증감 과정을 겪게 된다. 우리의 잠재의식과 표면의식은 매우 밀접한 관계에 있어서, 표면의식이 비워지면 잠재의식이 올라오게 되어 있다. 그래서 어느 날 멍 때리고 있으면, 갑자기 생각지도 않았던 과거의 가슴 아팠던 추억이 뿅! 하고 떠올라 찌르르 가슴을 울리는 것이다. 만약 표면의식으로 떠오른

후회하며 집착하는 것이 보통사람들의 행태이기 때문이다.

15 대승의 유식학에서는 알라야식(ālaya vijñāna)이라는 저변의 의식을 고안해냈지만, 초기불교에는 아직 그러한 개념이 없다.

현행업이 해소되거나 다시 저장되면, 이번에는 잠재된 다른 업이 현행하여 같은 과정을 밟는다. 이때 업의 해소에 세 가지 방법이 있다.

첫째, 현행업이 해소될 때 업이 현실 속에서 감정값을 치르면서 사라지게 하는 방법이다. 이때 인과因果의 법칙에 입각하여 과거에 지은만큼 과보를 받으면서 업을 해소하게 된다. 과거에 남을 때린 업이 있었다면 내가 얻어맞으면 업이 사라지는 것이다. 그런데 그 과정에서 인과의 진리를 모르거나 자신의 수양이 부족한 경우, 한편으로 과거의 업을 해소하는 동시에 다른 한편으로 새로운 업을 덧씌울 우려가 있다. 맞은 사실에 심하게 화를 내면서 상대를 받아치게 되면, 결과적으로 업의 총량은 그대로이거나 오히려 증가한다. 동시에 다른 난관도 있는데, 그러한 정화작업의 끝이 보이지 않는다는 점이다. 우리의 잠재의식에는 헤아릴 수 없는 윤회를 통해 쌓아둔 어마어마한 양의 업종자가 가득 차 있기 때문이다. 요컨대 현실 속에서 감정값을 치르면서 해소하는 첫 번째 방법은, 경제적이지도 않을 뿐만 아니라 바닥을 볼 수도 없다는 단점이 있다.

둘째, 현행의 업에 대하여 감정 착색 이전에 고요하게 알아차림 함으로써 업을 해소하는 방법이다. 중요한 것은 괴로운 것도 즐거운 것도 모두가 감정이라는 점이다. 괴로움과 즐거움은 밀려왔다가 쓸려나가는 한순간의 물결과도 같은 것이다. 그것에 집착해서도 안 되며, 그것들로 인한 괴로움을 당해서도 안 된다. 명상수행자에게 감정의 느낌들은 다만 알아차림의 대상에 불과하며, 그것이 자신의 것이 아니라는 사실을 '의도적이며(cetanā) 바르게(pajānāti)' 알아차려야 한다. 위빳사나 수행은 이 원리에 바탕을 두고 있으며, 알아차림 수행은 표면의식에 나타나는 현행업을 정화·해소하는 데에 탁월한 위력을 지녔다.[16] 이 때 외부 정보에 대한 반응(行)은 반드시 감정을 동반한다. 따라서 그것에 이르기 전에 체따나로써 알아차림 함으로써 업을 해소하고, 설사 감정이 일어나더라도 거기에 반응하지 않음으로써 업의 해소를 도모하자는 것이 명상의 원리이다. 업이 현행할 때 스탠바이하고 있다가 알아차림 하게 되면, 그 업종자는 현실적인 에너지를 발휘하지 못하고 녹아 소멸로 들어서는 이치가 있다. 예컨대 화가 나는 상태에서 화를 알아차림 해보라. 풍선의 바람이 스르르 빠지듯 순간적으로 화의 에너지가 사라지는 것을 경험할 수 있다. 현행의 표면의식에서 화의 업이 사라지면, 그 자리에 잠재의식에 있던 종자가 올라오게 되는 것은 첫째의 경우와 동일하다. 수행자는 다시 그것을 대상으로 정화작업을 계속한다. 이때 명상수행자는 인식의 프로세스가 상카라(行)에 이르기 전, 즉 과거의 감정에 대한 새로운 감정의 덧씌움이 생기기 전에, 그 업종자들을 사띠 하는 포인트를 앞당기면 앞당길수록 유리하다는 것은 앞서 말한 바 있다. 이 방법은 점진적으로 업이 해소되는 것이면서도 후유증도 없는 매우 효과적인 방법이다.[17] 이것이 명상수행이 지닌 엄청난 장점이다. 명상수행은 비즈니스로 비유한다면 수익성이 매우 높은 경제성 모델이다.

셋째, 잠재의식의 본진까지 진군하여 업의 정화를 하는 방법

16 MBSR은 그 원리에 바탕을 둔 스트레스 저감 기법으로 유명하다.

17 이 단계에서 어느 날 깨달음에 도달하여 모든 업이 갑자기 사라질 것을 기대하는 것은 우리의 잘못된 환상에 불과하다.

이다. 뛰어난 명상수행자는 표면의식으로 올라오는 적의 첩보병을 상대하는 것에 그치지 않고, 그 업종자들이 의지하고 있는 잠재의식으로 들어가 근본적인 정화에 나선다. 그것은 매우 깊은 선정에 들 때 가능하다. 그때 명상수행자는 잠재의식에 도달하여, 고요함과 알아차림의 상태에서 적군의 우두머리를 상대하게 된다. 엄청난 군대를 거느린 무시무시한 적군의 우두머리지만 명상수행자는 이미 그것도 무상無常한 존재라는 사실을 간파한 상태이다. 그리하여 갈망과 혐오의 감정에 집착하고, 결과적으로 엄청난 업業의 대군을 거느리고 있는, 행行의 본진을 무력화시키는 일에 착수한다. 적군을 향해 전진하는 전쟁의 작전도가 『대념처경』이며, 그 전쟁의 아군 총사령관은 깨어 알아차리는 '나(我)'이다. 적군의 총사령관은 철옹성 같은 '또 하나의 나' 즉 행行의 본진 아상我相이다. 아상이 사라지면 상과 수도 멸한다. 상과 수가 멸하면 행도 식도 자취를 찾을 수 없다. 붓다의 상수멸정想受滅定은 이 원리에 바탕을 두고 있다.

느낌의 알아차림 역시 궁극에 가서는 느낌도 사라지고 알아차림만 현전해야 한다. 그러한 점에서 4념처 수행 대상이 네 가지 영역이지만 본질은 같다는 것을 알 수 있다. 알아차림의 지혜만 있는 상태란 마음이 포괄·작동하고 있는 염정染淨의 두 가지 측면 가운데 순수한 정淨의 측면만 남는 것을 말한다. 모든 업이 사라진 상태는, 존재하는 모든 것이 사라진 것이 아니라 맑음의 지혜만 남는 것을 의미한다. 그것이 무아이며, 열반이다.

Iti ajjhattaṃ vā vedanāsu vedanānupassī viharati, bahiddhā vā vedanāsu vedanānupassī viharati, ajjhattabahiddhā vā vedanāsu vedanānupassī viharati, samudayadhammānupassī vā vedanāsu viharati, vayadhammānupassī vā vedanāsu viharati, samudayavayadhammānupassī vā vedanāsu viharati, 'atthi vedanā' ti vā panassa sati paccupaṭṭhitā hoti. Yāvadeva ñāṇamattāya paṭissatimattāya anissito ca viharati, na ca kiñci loke upādiyati. Evaṃ pi kho, bhikkhave, bhikkhu vedanāsu vedanānupassī viharati.

이와 같이 안으로 느낌에서 느낌을 관찰하며 지낸다. 또 밖으로 느낌에서 느낌을 관찰하며 지낸다. 또 안팎으로 느낌에서 느낌을 관찰하며 지낸다. 느낌에서 일어나는 현상을 관찰하며 지낸다. 또한 느낌에서 사라지는 현상을 관찰하며 지낸다. 또한 느낌에서 일어나고 사라지는 현상을 관찰하며 지낸다. 〔그리하여〕 '이것이 느낌이로구나'라는 사띠가 확립된다. 이제 지혜가 확장되고 사띠만이 현전하여 지낸다. 그리하여 〔안팎의〕 세계에 집착함을 하찮게 여긴다. 빅쿠들이여 참으로 이것이 빅쿠가 느낌에서 느낌을 관찰하며 지내는 〔방법인〕 것이다.

IV. Cittānupassanā

IV. 마음을 따라 알아차림 하는 장(心隨觀)

Kathaṃ ca pana, bhikkhave, bhikkhu citte[1] cittānupassī viharati? Idha, bhikkhave, bhikkhu sarāgaṃ[2] vā cittaṃ 'sarāgaṃ cittaṃ' ti pajānāti, vītarāgaṃ[3] vā cittaṃ 'vītarāgaṃ cittaṃ' ti pajānāti, sadosaṃ[4] vā cittaṃ 'sadosaṃ cittaṃ' ti pajānāti, vītadosaṃ vā cittaṃ 'vītadosaṃ cittaṃ' ti pajānāti, samohaṃ[5] vā cittaṃ 'samohaṃ cittaṃ' ti pajānāti, vītamohaṃ vā cittaṃ 'vītamohaṃ cit-

---

1 citta: 빛나는, 아름다운. 심장, 마음.

2 sarāga: 탐욕이 있는, 감정적인, 욕심이 있는. ※ 여기서는 욕망이 있는 마음이라 번역하였다.

3 vītarāga: 탐욕이 없는. ※ 이는 sarāga의 반대말이다. vīta: …이 없는, …에서 벗어난. 여기서는 욕망을 여윈 마음이라 번역하였다.

4 sadosa: 화내는. ※ sa는 …에 기반한. dosa: 화, 성냄. 여기에 vīta가 붙으면 반대의 의미이다. 여기서는 '혐오가 있는'이라 번역하였다.

5 samoha: 어리석은. ※ vītamoha: 어리석음이 없는.

taṃ' ti pajānāti, saṅkhittaṃ[6] vā cittaṃ 'saṅkhittaṃ cittaṃ' ti pajānāti, vikkhittaṃ vā cittaṃ 'vikkhittaṃ cittaṃ' ti pajānāti, mahaggataṃ[7] vā cittaṃ 'mahaggataṃ cittaṃ' ti pajānāti, amahaggataṃ vā cittaṃ 'amahaggataṃ cittaṃ' ti pajānāti, sa-uttaraṃ[8] vā cittaṃ 'sa-uttaraṃ cittaṃ' ti pajānāti, anuttaraṃ vā cittaṃ 'anuttaraṃ cittaṃ' ti pajānāti, samāhitaṃ[9] vā cittaṃ 'samāhitaṃ cittaṃ' ti pajānāti, asamāhitaṃ vā cittaṃ 'asamāhitaṃ cittaṃ' ti pajānāti, vimuttaṃ[10] vā cittaṃ 'vimuttaṃ cittaṃ' ti pajānāti, avimuttaṃ vā cittaṃ 'avimuttaṃ cittaṃ' ti

---

6 saṅkhitta: 침체된, 위축된. ※ saṅkhitta citta란 〔해태와 혼침 등에 빠져〕 우울하게 침체된 상태의 마음을 말한다. vikkhitta citta는 침체됨으로부터 벗어난 상태이다. 영역에서는 이 부분을 collected mind라고 하고, 이와 대비되는 것을 scattered mind라고 덧붙이고 있는데, 이는 거리가 있는 해석인 것 같다.

7 mahaggata는 영역에서 great value or superiority로 번역된다. 여기서는 '〔최고로〕 확장된 생각'이라 번역하였다. amahaggata는 '〔최고로〕 확장되지 않은 생각'이다.

8 sa-uttara: 더 나은 것이 있는, 열등한. ※ uttara는 최고라는 의미이다. 여기에서 sa-uttara를 위축된 생각이라고 풀이하였는데, 이는 아직 닦아야 할 위가 있는 생각을 말한다. 그와 반면에 anuttara는 무색계까지 선정을 닦아서 더 이상의 위가 없는 상태를 말한다. 위축된 생각을 역자에 따라서 '확장된 생각'이라고 해석하기도 하는데, 그로 인하여 독자들은 혼선을 빚기도 한다.

9 samāhita: 평온한, 집중된. ※ samāhita(concentrated)는 사마디(samādhi, concentration)를 얻은 상태, asamāhita(unconcentrated)는 사마디를 얻지 못한 상태를 표현한 것이다.

10 vimutta: 해탈한 〔마음〕. ※ avimutta: 해탈하지 못한 〔마음〕.

pajānāti.

또한 빅쿠들이여! 빅쿠는 어떻게 마음에서 마음을 관찰하며 지내는가? 빅쿠들이여! 여기 빅쿠는 욕망이 있는 마음을 '욕망이 있는 마음'이라고 바르게 알아차린다. 욕망을 여윈 마음을 '욕망이 없는 마음'이라고 바르게 알아차린다. 혐오가 있는 마음을 '혐오가 있는 마음'이라고 바르게 알아차린다. 혐오를 여윈 마음을 '혐오가 없는 마음'이라고 바르게 알아차린다. 어리석음이 있는 마음을 '어리석음이 있는 마음'이라고 바르게 알아차린다. 어리석음을 여윈 마음을 '어리석음이 없는 마음'이라고 바르게 알아차린다. 위축된 마음을 '위축된 마음'이라고 바르게 알아차린다. 위축됨을 여윈 마음을 '위축됨이 없는 마음'이라고 바르게 알아차린다. 확장된 마음을 '확장된 마음'이라고 바르게 알아차린다. 확장됨을 여윈 마음을 '확장됨이 없는 마음'이라고 바르게 알아차린다. 유상有上의 마음을 '유상의 마음'이라고 바르게 알아차린다. 무상無上의 마음을 '무상의 마음'이라고 바르게 알아차린다. 집중된 마음을 '집중된 마음'이라고 바르게 알아차린다. 집중되지 못한 마음을 '집중되지 못한 마음'이라고 바르게 알아차린다. 해탈한 마음을 '해탈한 마음'이라고 바르게 알아차린다. 해탈하지 못한 마음을 '해탈하지 못한 마음'이라고 바르게 알아차린다.

〔경에 대한 설명〕

심념처로 번역되는 찟따누빳사나(cittānupassanā)는 찟따(citta)와 아누빳사나(anupassana)의 합성어이다. 찟따는 마음, 아누빳사나는 '~을 따라서' '~와 결합하여' 등의 의미를 가진 아누(anu)와, '보다'라는 뜻의 빳사띠(passati)가 결합된 동사 아누빳사띠(anupassati)로부터 온 명사형이다. 그것은 따라보기, 관찰, 응시 따위의 뜻을 가지고 있다. 언어 그대로 해석한다면 찟따누빳사나는 '마음에 대한 주시'라는 의미를 지니며, 구체적으로는 '마음에서 마음을 따라가며 관찰하는 것'이라고 번역할 수 있다. 이처럼 단순한 마음이 아니기 때문에 여기서의 알아차림 또한 수념처와 같이 사띠(sati)가 아닌 빠자나띠(pajānāti)가 적용되고 있다.

여기에서는 마음을 여덟 쌍으로 묶고 있다. ⓐ욕망이 있는 마음과 욕망을 여읜 마음 ⓑ혐오가 있는 마음과 혐오를 여읜 마음 ⓒ어리석음이 있는 마음과 어리석음을 여읜 마음 ⓓ위축된 마음과 위축됨을 여읜 마음 ⓔ확장된 마음과 확장됨을 여읜 마음 ⓕ유상의 마음과 무상의 마음 ⓖ집중된 마음과 집중되지 못한 마음 ⓗ해탈한 마음과 해탈하지 못한 마음 등이다. 이 여덟 쌍 열여섯 가지 마음은 우선 바람직하지 못한 마음과 바람직한 마음이라는 두 갈래로 분류해 놓은 것으로 보인다.[11]

욕망의 마음·혐오의 마음·어리석은 마음은 그대로 불교 번

---

11 여덟 가지 묶음이, 바람직한 마음 다음에 바람직하지 못한 마음의 순으로, 차례대로 정리되어 있는 것은 아니다.

뇌의 대명사인 탐진치에 해당한다. 물론 그것들을 여읜 마음은 탐진치를 극복한 맑음의 회복상태라 할 수 있다. 이 세 가지 마음은 끈질긴 근본 번뇌이면서 극복의 대상이다. 위축된 마음·확장된 마음·유상의 마음·집중된 마음·해탈한 마음은 그 반대의 마음들과 짝을 이루어, 수행과정에서 만나는 다양한 마음을 망라한다.

심념처 공부에 들어서면서 명상공부는 점차 힘들어진다. 먼저 심수관의 대상을 파악하기부터가 만만치 않다. 경에서 여덟 쌍의 마음을 대상으로 하고 있는데, 과연 마음의 범주를 여덟 쌍으로 정한 붓다의 의도가 무엇인가 하는 점조차 가늠하기 어렵다. 마음의 분류를 따라가면서 그 종류를 알아보자.

욕망이 있는 마음은 욕망이라는 정신적 요소에 결합되어 있는 마음으로 볼 수 있다. 즉 욕망이라는 심소법心所法과 관련되어 있는 마음이다. 이때 따라가며 관찰하는 마음을 아비다르마 교학에서는 심왕心王으로 간주하는데, 마음을 심왕과 심소心所라는 두 개의 구도로 보려는 태도는 후일 대승에서 여래장이나 알라야식을 창출하는 데에도 기반이 되고 있다. 사라가(sarāga)는 욕망·욕심이 있음이라는 뜻이다. 라가는 빛깔이라는 의미이며, 탐욕의 비유에 사용된다. 칫따(citta)는 마음이다. 마음이란 그대로 알기는 어렵고, 마음이 욕망에 물들어 있음을 통하여 비로소 알게 된다. 그러므로 욕망이 있는 마음을 알아차린다는 것은, 욕망을 통해서 '마음'을 알아차리자는 데에 목적이 있다.

위따라가(vītarāga)는 욕망을 떠난 마음이며, 해탈에 이른 경지의 마음일 것이다. 그렇다면 이미 목표에 도달한 것이며, 관찰할 필요가 없어진 상태인가 하는 의문이 생긴다. 일곱 쌍의 나머지 마음도 마찬가지이다. 그러나 붓다가 바람직한 계열의 마음을 알아차리라고 한 것은, 그것이 해탈에 이른 완전자의 상태가 아니라는 것을 암시한다. 완전함에 이르기 전 명상수행에서 나타날 수 있는 임시적이며 부분적인 상태일 가능성이 높다. 완전한 상태라면 알아차림 하는 대상을 삼는 수행을 할 필요가 없을 것이기 때문이다.

위축된 마음이란 명상수행자들이 마음공부 할 때 흔히 겪게 되는 상태이며, 심리학적 용어로는 울증鬱症일 것이다. 명상수행 중에 마음이 가라앉고 에너지가 빠져버린 듯한 상태가 온다. 명상수행자들이 많이 경험하게 되는 증상이다. 반대로 위축됨이 없는 마음이란 들뜨며 산란한 마음을 말하며, 조증躁症에 해당할 것이다. 사실 수행에서나 일상생활에서나 조증보다 울증이 나아가기 힘든 관문인 것은 사실이지만, 조증 또한 좋을 것은 없다. 더 좋지 않은 것은 조증과 울증이 번갈아 오는 조울증의 경우이다. 바람직한 것은 고르고 여일하게 정진심이 유지되는 것이라 하겠다.

확장된 마음(mahaggata)은 고귀한 마음이라고도 번역되며, 원래는 색계와 무색계마저 넘어선 마음으로, 뭐라고 더위잡을 수 없는 상태를 말한다. 확장되지 못한 마음은 욕계의 마음이다. 욕계의 마음은 감각적 욕망이 지배하므로 확장된 마음이 생기지 않는다. 명상수행자는 선정 속에서 때로 몸도 마음도 사라진 듯한 완전 무의 상태에 들어간 듯한, 확장된 느낌을 체험하기도 한다. 명상 중에 천상에 있는 듯한 생각을 느끼는 것이 가능하다. 그러나 수행 중에 그와 같이 나타나는 것은 일시적인 것이며, 그 또한 알아차림의 대상이다.

싸 웃따라(sa-uttara)는 초월할 수 있는 마음이며, 아직도 선정을 닦아야 할 것이 남아 있는 유상有上의 상태이다. 즉 "나는 지금 색계 선정을 닦았으며 앞으로 무색계 선정이 남아 있다."는 마음 상태를 지칭한다. 그와 대비하여 아눗따라(anuttara)는 무색계의 선정까지 닦아서 더 이상 닦을 것이 남아 있지 않다는 무상無上의 마음 상태이다. 붓다는 무상의 마음 상태에 이른 감이 있더라도 알아차려야 한다고 말하고 있다. 요컨대, 그것도 임시적이고 부분적인 상태일 것이며, 명상수행자가 완전한 열반·해탈 이전에는 늘 알아차림이 현전해야 한다는 것을 알 수 있다.

집중된 마음, 즉 사마디는 고요함 이후에 오는 마음의 관념적 집중을 말한다. 이에는 근접 사마디(upacāra samādhi)와 근본 사마디(apannā samādhi)의 두 가지가 있다. 근접 사마디는 대상에 마음이 머물다가, 산만했다가, 다시 대상으로 돌아오기를 반복하는 상태이며, 근본 사마디는 대상과 하나가 된 상태를 말한다. 여기에서 어느 정도 집중이 가능한 근접 사마디만으로도 사띠 수행은 가능하다.

위뭇따(vimutta)는 해탈이며 아위뭇따(avimutta)는 비해탈을 말한다. 여기서의 해탈은 삼계를 초월한 완전한 의미의 해탈이 아니며, 수행에 의하여 마음이 일시적으로 번뇌를 벗어난 상태를 말한다. 이때 번뇌의 뿌리는 끊어지지 않았으나 그 활동은 나타나지 않기 때문에 명상수행자는 자유로움을 경험한다. 그렇지만 선정수행이 약화되거나 선정에서 나오게 되면(出定) 또 다시 자유롭지 못한 마음에 구속된다. 붓다의 구도 과정에서 웃다까 라마뿟다 같은 스승 문하에서 최고의 선정수행을 닦고서도, 다시 고행에 접어든 이유도 그 때문이다. 즉 비상비비상처정非想非非想處定의 선정을 익혔지만 선정에서 나오면 자유롭지 않은 상태가 된다는 것을 알고, 원인이 육신에 있다는 생각 때문에 급기야 육신을 부정하는 고행에 접어들었을 것이라는 추정이 가능하다.

〔명상수행자를 위한 양념〕

명상수행 중 사념에 빠져 있다 보면, 화려하고 많은 생각들이 줄지어 나오는 것이 너무도 신기할 정도이다. 그 생각들을 좇다 보면 몇 시간 정도는 훌쩍 지나가 버린다. 어느 시인 명상수행자는 명상 중 평소 생각지도 못했던 시상詩想이 주체할 수 없이 떠오르는 것을 경험했다고 토로하였다. 아까운 생각이 들었던 그는 수첩을 옆에 두고 그것을 적어두곤 하였다. 훌륭한 시집을 출간하기는 했지만 그의 명상수행은 거기까지였다. 특히 명상 중에는 통찰과 더불어 행복감이 생기게 마련인데, 행복감을 느낄 때 가까운 인연 누군가에게 명상을 권하고 싶다는 자비의 마음이 일어나기 쉽다. 그러나 그 순간 명상수행자는 통찰을 상실하는 셈이 된다. 따라서 명상 중에서는 자비의 마음마저 알아차림의 대상으로 삼다가 경쾌하게 떠날 일이다.

그것은 생각을 알아차리는 것이 아니라, 생각에 빠져 있는 것이다. 주도권이 나의 알아차림에 있는 것이 아니라 분방한 생각에 있다. 생각에 빠져 있을 때 나와 나의 생각은 철저히 동일화되어, 초대받은 공상의 파티에서 신데렐라가 된다. 그렇지만 그 생각은 알아차리는 순간 형체도 없이 사라진다. 화려한 마차가 순식간에 호박으로 변화하는 것과 같다.

마음을 알아차린다는 것은, 자신의 생각을 관찰하는 마음 공간에 두는 것을 의미한다. 명상수행이 진행됨에 따라 마음은 생각의 파티를 차차 줄이게 되고, 더욱 고요하고 평온해진다. 그리고 알아차림은 훨씬 기민하고 더욱 강력해진다.

조셉 골드스타인이라는 저명한 명상수행자는 명료한 알아차림을 위하여 몇 가지 재미있는 방법을 제시한다. 그의 첫 번째 방법은, 판단하는 마음이 일어날 때마다 숫자를 헤아리는 것이다. 판단 1, 판단 2, … 판단 500, 이런 방식이다. 두 번째 방법은, 판단이 일어날 때 그 뒤에 '하늘은 파랗다'는 구절을 덧붙인다. 예컨대 "저 사람은 왜 저렇게 많이 먹지? 하늘은 파랗다", "저 사람은 왜 저따위로 걷는 거야? 하늘은 파랗다", 이렇게 하다 보면 마침내 중립적인 관찰자 입장이 되더라는 것이다.[12] 재치 있는 이야기이지만 처절한 수행자의 향기가 느껴진다. 우리도 명상할 때 사용해 볼 만하다. 공상 1, 공상 2, …공상 499. 야호! 어제보다 하나 줄었다! 그러나 주의사항은 여전히 남았다. 헤아리는 마음 또한 궁극적으로는 공상이라는 것! 그 헤아리는 마음도 철저히 알아차림 하지 않으면 안 된다는 것이다.

왜 여덟 가지 마음을 짝지어 알아차리라고 했을까? 이유는 반대의 마음을 함께 알아차려야 그 마음을 제대로 알 수 있기 때문이다. 예컨대 탐욕의 경우, 탐욕 있는 마음만을 대상으로 한다면 어느 정도 탐욕을 제거한 후 탐욕이 없다는 자만에 빠질 우려가 있다. 그래서 탐욕이 있을 때는 탐욕이 있는 마음을 알아차리고 탐욕이 사라지면

---

12 조셉 골드스타인, 이성동·이은영 역, 『마인드풀니스』, 민족사, 2018, p.131.

탐욕이 없는 마음을 알아차리라고 한 것이다.

왜 여러 가지 마음을 알아차리라고 했을까? 마음은 흐르는 것이므로 다양한 갈래로 흐르는 마음을 모두 알아차릴 필요가 있기 때문이다. 예컨대 탐욕이 없는 마음이라 하여도 그것은 열반을 성취한 상태가 아니므로 알아차려야 하는 대상이 된다.

마음 종류는 여덟 쌍이므로 펼치면 열여섯 가지가 된다. 짝지어 부지런히 알아차리다 보면 문득 새로운 법칙을 발견하게 된다. 그것은 짝으로 된 마음이 제로섬 구조로 되어 있다는 점이다. 즉 한 쪽 여덟 가지만 집중하여 해결하면, 상대 쪽 여덟 가지는 자동적으로 적어진다는 말이다. 다행스럽게도 마음이란 그런 것이다.

사띠 수행이 진행되면 잠이나 선정 속에서도 마음의 흐름을 놓치지 아니하고 바르게 파악할 수 있는 힘이 자란다. 필자는 이것을 '마음의 맑은 측면(淨分)이 지닌 정화력淨化力의 드러남'이라고 본다. 어떤 쪽 마음이든 집중하면 힘이 붙는 원리가 있다. 심지어 도둑질 같은 악법도 손에 익으면 힘이 붙게 마련인데, 하물며 알아차림과 같은 최상의 선법이야 말할 것이 있겠는가? 그러한 원리에 입각하여 알아차림 명상을 하면 마음은 정화를 거듭한다. 정화의 끝은 열반이다.

『대념처경』에서는 마음을 여덟 가지로 범주화하면서 탐진치 등 중생의 마음과 사마디·해탈 등과 같은 도인의 마음까지 망라하고 있다. 얼핏 보면 탐진치와 사마디·해탈을 동일 선상에서 다루고 있지 않나 라는 생각이 들 정도이다. 그러나 탐진치와 사마디·해탈은 같은 경지가 아니라 정반대의 가치이다. 그리고 『대념처경』의 심념처에서 말하는 사마디·해탈은 졸업장이 아니다.

일반적으로 탐진치가 있고서 사마디·해탈은 요원하다. 그런데 왜 이 두 가지 계열을 동일 선상에 놓고 사띠 하라 하였을까? 일단 붓다는 탐진치나 사마디·해탈을 동일시하라고 가르치고 있지는 않다. 또한 더럽고 극복해야 할 대상인 탐진치, 깨끗하고 지향해야 할 대상인 사마디·해탈, 이런 식으로 구분하는 것도 금한다. 핵심은 탐진치니 사마디·해탈이니 하는 등의 마음 갈래 하나하나를 정확하게 분별하여 알아차리라는 데에 있다. 즉 나쁜 마음을 버리고 좋은 마음을 가지라는 것이 아니고, 나쁜 마음이든 좋은 마음이든 분명히 깨어 알아차리라는 것이다. 명상수행이란 나쁜 마음과 좋은 마음을 분별하자는 것이 아니고, 그것을 바르고 분명하게 알아차리는 힘을 기르는 데에 있다.

알아차림이란 명상수행자가 탐진치는 버리고 사마디·해탈을 취하자는 공부가 아니고, 그것을 관찰하며 지내자는 공부이다. 이로운 혹은 해로운 어느 한 편에 서 있다면 그것은 알아차림이 아니다. 또한 무엇인지 알지 못한 상태에서 알아차리는 것도 바른길이 아니다. 분명하고 명확하게 아는 상태에서 탐진치 혹은 사마디·해탈을 대상적으로 관찰하는 것이 알아차림인 것이다. 확실한 것은, 그처럼 알아차림을 하고 나면 마음에 미세한 분별까지 드러나면서 탐진치는 버리고 사마디·해탈 쪽으로 방향이 잡힌다는 것이다. 의도적으로는 취택하지 않지만, 결과적으로는 자연스럽게 선한 가치를 취택하게 된다. 이와 같은 마음의 빛나는 속성으로 말미암아 명상수행하는 맛이 나게 되는 것이다.

인간관계를 하다 보면 종종 탄식하는 일이 있다. 다른 사람의 성격(업력)은 어떻게 해 볼 수 없다는 생각 때문이다. 그래도 다행스러운 출구는 있다. 자신의 업력은 어떻게 해 볼 수 있기 때문이다. 그리고 그 업력을 감소·소멸시킬 수 있는 알아차림이라는 담마가 있기 때문이다. 그래서 알아차림 명상수행자는 운명을 거스를 수가 있다.

Iti ajjhattaṃ vā citte cittānupassī viharati, bahiddhā vā citte cittānupassī viharati, ajjhattabahiddhā vā citte cittānupassī viharati, samudayadhammānupassī vā cittasmiṃ viharati, vayadhammānupassī vā cittasmiṃ viharati, samudayavayadhammānupassī vā cittasmiṃ viharati, 'atthi cittaṃ' ti vā panassa sati paccupaṭṭhitā hoti. Yāvadeva ñāṇamattāya paṭissatimattāya anissito ca viharati, na ca kiñci loke upādiyati. Evaṃ pi kho, bhikkhave, bhikkhu citte cittānupassī viharati.

이와 같이 안으로 마음에서 마음을 관찰하며 지낸다. 또 밖으로 마음에서 마음을 관찰하며 지낸다. 또 안팎으로 마음에서 마음을 관찰하며 지낸다. 마음에서 일어나는 현상을 관찰하며 지낸다. 또한 마음에서 사라지는 현상을 관찰하며 지낸다. 또한 마음에서 일어나고 사라지는 현상을 관찰하며 지낸다. 〔그리하여〕 '이것이 마음이로구나'라는 사띠가 확립된다. 이제 지혜가 확장되고 사띠만이 현전하여 지낸다. 그리하여 〔안팎의〕 세계에 집착함을 하찮

게 여긴다. 빅쿠들이여! 참으로 이것이 빅쿠가 마음에서 마음을 관찰하며 지내는 〔방법인〕 것이다.

〔경에 대한 설명〕

"마음에서 마음을 관찰한다."는 부분에 대하여 일부 주석가들은 명상수행자 자신의 마음과 다른 사람의 마음으로 나누어 해석하기도 한다. 하지만 그것은 매우 높은 단계에 이른 수행자의 모습일 것이므로, 일반 명상수행자를 위한 안내로 간주해서는 안 된다는 것이 필자의 생각이다. 우리는 오로지 자신의 내면을 향해 알아차림에 매진해야 한다. 내면의 여행이 충분해지면 외면의 여행은 그리 어려운 일이 아니다.

심념처에서 명상수행자에게 요구되는 것은 '마음에서 마음을 따라 관찰하는(citte cittānupassī)' 경지이다. 마음에서 일어나는 모든 것을 마음이 관찰하는 것이어야만 한다는 말이다. 즉 마음에서 관찰되는 모든 종류의 마음의 느낌을 『대념처경』에서는 '마음에서 마음을'이라고 표현하고 있다.

마음을 관찰한다는 것은 6근을 통한 모든 작용을 따라 나타나는 마음 상의 경험들을 관찰하는 것이다. 즉 일체 법에 대한 '마음을 통한 느낌'인 것이다. 명상 중인 수행자에게는 내적인 마음 상태나 외적인 사물과의 접촉으로부터 오는 마음들이 섞여 나타나게 마련이다. 그래서 붓다는 모든 알아차림에 대하여 '느낌이 만나는 모든 법(Vedanā-samosaraṇā sabbe dhammā)'[13]이라고 통틀어 말씀한 것으로 보인다. 즉 사물과 마음과의 모든 작용이 느낌을 매개로 일어나는 것을 알아차리는 것이 명상수행이라는 것이다. 『대념처경』에서는 수념처와 심념처를 구분하여 설하고 있지만, 실제 알아차림 명상수행에서 두 가지 공부를 구분하여 시행한다는 것은 매우 어렵다는 것을 증명한다.

〔명상수행자를 위한 양념〕

마음을 통하여 모든 현상의 일어남과 사라짐을 알아차림 할 때에도 명상수행자는 어떤 것 하나에도 집착하지 말아야 한다는 각성이 동반해야 한다. 그러한 자각이 있어야 현재 일어나고 있는 개별 사항들에 대한 갈애와 혐오를 갖지 않게 된다. 명상 중에 일어나는 잡념 하나하나에도 감정이라는 느낌의 에너지가 수반하게 마련인데, 하나하나의 감정에 상응하는 값, 즉 과果의 개별 에너지에 일일이 대응하며 시간을 보낸다면 어느 세월에 목적을 달성할 수 있겠는가. 명상수행자는 '모든 것이 무상하며 이 또한 사라지리라'는 것을 분명히 인식하며, 집착 없이 알아차림을 진행해야 한다. 그래야 하나하나의 업보에 에너지를 소모함이 없이 다량의 업을 정화할 수 있다.

물리현상에서 승화昇化란 거쳐야 할 다음 단계를 생략하고 그 후의 단계로 건너뛰는 것을 말한다. 업보의 해소에도 승화의 방법이 있다. 그것이 알아차림 명상이다. 명상은, 하나하나의 업보에 대응하는 것보다 훨씬 압도적인 생산성productivity을 자랑한다.

흥미로운 일은, 많은 경우 명상수행자들은 '수행을 잘하려는

---

13 AN: 3. 58.

것에 집착하는 마음'은 간과하는 경우가 있다는 것이다. 그렇지만 그것 또한 일종의 갈애이다. 그렇다면 바른 정진의 마음과, 수행을 잘하려는 것에 집착하는 마음과의 차이는 무엇일까? 여기에서 『금강경』의 지혜를 빌려보자. '응무소주이생기심應無所住而生其心, 응하되 주한 바 없이 그 마음을 내라'는 가르침 말이다. 치열한 명상수행에 대한 마음은 내야 하지만 집착 없이 마음을 내라는 것이다. 그렇다면 마음 가운데에서 집착 있는 마음은 어떻게 선별할 것인가? 예컨대 명상 중에 자신의 지난 행위에 대하여 자꾸만 가책이 올라온다면, 일단 자신이 무엇인가 잘하려는 마음에 집착하고 있는 것으로 보아도 좋다.

마음의 종류는 크게 심·의·식의 세 가지이며, 욕계·색계·무색계·출세간의 네 가지 범주에 적용되는 바에 따라 89가지 혹은 121가지로 헤아리기도 한다. 그뿐이겠는가? 우리 속담에 '5만 가지 생각'이라는 말이 있듯이, 마음은 분류와 방식에 따라 그 종류가 거의 무한대에 이를 수도 있다. 다양한 조건에 따라서 그에 걸맞는 다른 마음이 발생하기 때문이다. 다행스러운 것은, 마음은 원칙적으로 한순간에 하나의 생각으로만 나타난다는 점이다. 요컨대 원리적으로는 마음의 종류가 다양하지만, 수행적으로는 현재 이 순간의 생각만 알아차리면 된다는 것이다. 마치 톱질할 때, 톱날이 무수히 많더라도 나무와 맞닿는 한 개의 톱날만 기능하는 것과 같다.

일반적으로 사람의 정신적 고통은 그 괴로운 대상과 자신을 일치·연결시키는 데에서 온다. 필자는 말기 암을 앓던 누이가 처절하게 사띠 수행하는 것을 옆에서 지켜보며, 고통으로부터 마음의 분리가 가능하다는 사실을 깨달았다.[14] 입원도 진통제도 거부한 상태에서 그녀는 극심한 통증 자체를 알아차리고 있었다. "이제 사띠가 거의 24시간 지속된다."고 세상을 떠나기 며칠 전 필자에게 나지막하게 말하였다. 짐작컨대 그녀는 극심한 통증을 알아차리면서 형용할 수 없는 축복 속에 지냈으리라 짐작된다.[15] 장례 후 그녀가 지내던 방에 자리를 펴고 누웠는데, 필자는 밤새 한숨도 자지 못했다. 거룩한 각성으로 온몸의 세포 하나까지 맑게 깨어 있었던 탓이다.

---

14 병원에서 처방하는 진통제는 통증을 없애는 것이 아니라 통증을 인식하는 통로를 차단하는 기능을 한다. 사띠도 비슷한 기능이 있다고 생각하게 되었다.

15 불전에는 이와 유사한 경우가 나오는데, 아누룻다 존자의 이야기다. 그는 중병에 들어 있었다. 많은 비구들이 그에게 가서 정황을 묻자 그는 "벗이여, 나의 마음을 4념처에 확립하여 머물기 때문에 육체적 고통의 느낌이 마음을 사로잡지 않습니다."라고 답한다.(SN. 52)

V. Dhammānupassanā[1]

V. 담마를 따라 알아차림 하는 장(法隨觀)

〔경에 대한 설명〕

여기서는 먼저 경의 내용에 앞서 장의 주제에 대하여 논해 보고자 한다. 왜냐하면 4념처 가운데 법념처가 그 정체성을 가장 알기 어렵기 때문이다.

법념처 수행은 '법이 지니고 있는 개념'을 알아차림 하는 것이다. 법, 즉 담마(dhamma)가 무엇을 가리키는 것인가 하는 데에는 여러 해석이 가능하다. 법은 초기불교에서 안이비설신의 6근 가운데 의근意根의 대상으로 단순하게 사용되었으나, 아비다르마에 이르러 5위 75법이라는 주관·객관을 포함하는 존재의 모든 범주로 발전한다.[2] 『대념처경』에서의 법념처는 일단 붓다의 기본 교리로 한정되어 있다.

법념처 항목에는 선한 법, 악한 법, 과정에 있는 법, 결과로서 나타나는 법 등이 모두 망라되어 있다. 이와 같이 선한 법, 악한 법 모두가 사띠 수행의 대상이 되는 것은 우리의 고정관념을 저격한다.

---

1 dhamma: 법.

2 졸저, 『인도불교사』, pp.251-264 참조.

평범한 사람들의 생각은 붓다를 비롯한 모든 종교인은 선한 존재이며, 선한 개념만을 지향하는 존재라는 생각에 붙들려 있다. 그러나 법이란 가치중립적인 것이며, 그것이 설사 어떤 인간에게 나쁜 것이 될지라도 법이 아닌 것은 아니다. 그리고 그러한 법조차도 사띠 수행의 대상이 된다는 것이 법념처의 가르침이다.

법념처가 사띠의 방법인 동시에 사띠의 목표이기도 한 점을 통하여, 법에는 불변의 선법 혹은 악법도 없다는 것을 알 수 있다. 입장과 지혜의 정도에 따라 그 법은 달리 보일 수 있기 때문이다. 사실 선한 법·악한 법 등의 구분은 명상수행자의 지혜와 공부 정도에 따라 보는 방식과 결과가 달라진다. 4고 8고의 괴로움도 붓다의 경지에서는 성스러운 것이 되니까 말이다. 그런 점에서 붓다란 '모든 법의 완전한 선법화善法化'에 성공한 존재일지도 모른다.

'담마를 알아차림 하는 장'에서 붓다가 선한 법·악한 법을 모두 거론한 것은 그 교리를 알리려는 것 혹은 그것의 장점이나 폐해를 알리려는 것에 목적이 있는 게 아니다. 모든 법은 깨어 알아차려야 할 대상이라는 점에 진정한 목적이 있다. 명상수행자가 모든 법에 대하여 이론적으로 분석하거나 취사取捨하는 것이 아니라, 알아차림의 대상으로 삼아야 한다는 것이 법념처 가르침의 본의이다. 만약 선법만을 공부 대상으로 삼아야 한다면 악법으로 가득한 우리 중생의 삶에서, 하루 중 과연 얼마 동안이나 알아차림 수행을 할 수 있겠는가?

특히 『대념처경』에서는 수행자가 열반에 이르는 과정에서 만나는 모든 조건들이 법으로 간주된다. 수행과정에서 만나는 법은 선법일 수도 있고 악법일 수도 있다. 그래서 『대념처경』에서는 악법인

5개五蓋도, 선법인 7각지七覺支도 모두 법념처가 된다. 법념처 수행상의 모든 점검 포인트들은 알아차림의 대상인 동시에 그것들을 통과하며 얻는 지혜까지 포괄한다.

그럼에도 불구하고 의문은 남는다. 알아차림 명상의 교과서인 『대념처경』에 불교의 개론이라 불릴 만큼의 교리들이 다 망라된 이유가 무엇인가 하는 점이다. 만약 명상수행자가 알아차림이라는 목적에 부합하기 위해서는 법념처에 한 가지 교리만 있어도 충분할 것이 아닌가? 붓다가 법념처에 다양한 교리들을 나열한 의도는 다른 데에 있다. 단순히 '깨어 알아차리는 것'만이 아닌, 바르고 명철한 교리적 이해를 기본으로 깔고, 그 위에 깨어 알아차리라는 것이 붓다의 뜻이다.

요컨대 붓다가 법념처를 제시한 목적은, 법처를 알아차림의 대상으로 삼는 것만이 아니라 교법 전체에 대한 이해까지 도모하려는, 부수적 목적도 있다. 그것이, 앞의 3처의 경우는 대상을 그저 깨어 알아차리는 것만을 강조한 붓다가, 이 법처의 경우만은 그 원리와 과정까지도 대조하도록 상세하게 안내하고 있는 이유이다. 그런 점에서 법념처는 앞의 3념처와는 차원이 다른 마음공부의 대상이라고 간주된다. 알아차림 수행을 할 때에도 앞의 3념처와 법념처는 차이가 있다. 앞의 3념처가 '알아차림의 대상'이라면 법념처의 경우는 '알아차림을 알아차리는 대상'이 된다. 그것은 효율적인 법념처 수행을 위해서 충분한 교학적 이해가 있어야 한다는 의미이다. 그래야만 담마에 대한 이해에 따라 지혜가 확장되어 사띠만이 현전하여 지내는 경지에 도달할 수 있을 것이다.

알아차림 수행을 할 때 어떤 개념이 있어, 명상수행자가 그것을 있는 그대로 알아차린다면, 법을 대상으로 알아차림 하는 셈이라고 할 수 있다.[3] 그런 점에서 법념처의 요목들은, 명상수행자가 자신의 체험 경계境界를 밝혀 대조하며 나아가는 등불이 될 수도 있다. 삼라만상 모든 사항(法)이 알아차림의 대상이 되어야 명상수행자가 '언제 어디서나 사띠의 상태'로 돌입할 수 있을 것이 아닌가!

『대념처경』에서 법의 범주로는 5개五蓋·5온五蘊·6처六處·7각지七覺支·4성제四聖諦 등이 거론되는데, 이는 깨달음에 이르는 장애·원리·경지·방법 등에 관한 모든 내용이다. 여기에서 깨달음의 내용이란 깨달음의 경지만을 가리키는 것이 아니라, 그에 이르는 동안 장애가 되었던 사항마저 포함한다는 것을 알게 된다.

법을 대상으로 알아차림 하는 것일지라도 관찰하는 방식은 앞의 3념처와 동일하다. 다만 법념처의 알아차림에는 나머지 3처의 경우와 다른 것이 있다. 어떻게 일어나는지, 일어난 것을 어떻게 제거하는지, 또는 어떻게 하면 제거한 감각적 욕망이 다시 발생하지 않는지 등의 원리까지를 포함하고 있다는 점이다. 그래서 법념처의 알아차림 수행에서도 단순한 사띠가 아닌, 원리를 동반한 빠자나띠가 적용되는 것이다.

---

3 필자는 간화선을 법념처 사띠 수행의 범주에 넣어도 좋다는 생각을 한다. 간화선에서 가장 중요한 관건은 의심이 의정이 되는 것이다. 그 경우, 화두의 종류나 성격은 그다지 중요하지 않다.

명상수행자가 서원誓願을 세우고 본격적인 수행에 들어서기 위해서는 여러 절차가 있다. 한국불교 전통에서는 조상 영가들에 대한 천도, 숙세의 죄업에 대한 참회 등을 명상수행 돌입의 선행조건으로 생각하는 사람도 있다. 그러나 필자가 생각하는 첫 번째 사항은 교리와 수행절차에 대한 기본적인 요해了解와 계율의 준수이다. 계율을 경시하고 교법에 대한 이해가 미치지 못한 사람은 자신의 수행길이 바르기 어렵다. 그뿐 아니라 그러한 상태에서 밀어붙여 힘이 생기게 될 경우, 수행 괴물이 될 확률도 적지 않다.[4] 따라서 수행의 막바지에 접어들 때까지도 자신의 경계와 행동을 법과 계율에 대조하면서 숙성시킬 필요가 있다.

몸·느낌·마음에 대한 알아차림의 공부를 거친 후 법에 대한 알아차림에 돌입한다는 것이 『대념처경』에 나와 있는 명상수행의 차례이다. 명상수행에서는 그 순서를 지키는 것이 필요하다. 그 이유는 수행이란 거침으로부터 미세함으로 진행되어야 하기 때문이다. 거친 느낌도 극복하지 못한 명상수행자가 미세한 느낌을 알아차릴 수 없는 것은, 구구단도 외우지 못한 상태에서 인수분해로 돌입하는 것과 같다.

---

4 도둑질이나 도박 등 악법이라도 일심을 기울여 오래 길들이면 나름대로의 힘이 생긴다. 기도나 주문 등에 전력을 쏟으면 신통력 등 힘이 생기는 것도 당연하다. 문제는 그 다음에 있다. 바른 법에 대한 이해와 바른 서원에 바탕을 두지 않을 경우, 그 힘을 이용하여 계율과 공익에 반하는 행위를 유발하여 사회에 물의를 일으키는 경우까지 발생할 수 있다. 필자는 그것을 수행괴물이라 칭한다.

그러나 근기에 따라 명상수행자는 4념처 수행의 순서를 바꾸거나 혹은 병행하여 수행할 수는 있다. 명상수행자의 근기에 따라 특정한 염처를 우선적으로 수행할 수는 있다는 말이다. 6조 혜능 같은 상근기 수행자를 앞에 두고, 덧셈 뺄셈부터 하는 것이 원칙이라고 고집해서 될 일인가? 물론 이때 눈 밝은 스승이 필요하다.

명상수행자에 따라 4념처 중 신념처 하나를 통해 열반에 이를 수도 있고, 수념처·심념처·법념처를 고루 마쳐 열반에 이를 수도 있을 것이다. 그 경우에도 한 가지 염처로만 열반에 들 수 있다는 말보다는, 한 가지 염처에 대하여 충분한 명상수련을 쌓으면 다른 염처의 수행도 따라 수월하게 이루어진다는 말로 해석하는 것이 좋을 것이다.

'지혜로움'에 대하여는 여러 정의가 있겠다. 사띠의 준위가 높아질수록, 즉 알아차림의 정도精度가 정미해질수록 지혜가 높아진다고 말할 수 있다. 그러므로 공부꺼리인 법, 즉 제반 현상이 무수하게 있다 하더라도 지혜로운 자에게만 법으로서 기능한다. 바꾸어 말하면 명상수행자 자신이 원할 경우에만 모든 현상은 법념처의 대상이 된다.

『대념처경』에서 4념처의 사띠 공부는 어디까지나 과정 혹은 응용일 따름이다. 그러면 목표인 열반이란 어떤 상태인가? 정서적으로는 지극히 평화로운 지복至福의 상태이고, 인식적으로는 바른 지혜智慧에 도달함이며, 존재적으로는 유정唯淨의 해탈상태이다. 그리고 권능적으로는 일체 행위가 자비慈悲로 화化함이다.

만약 명상수행자가 4념처 수행을 통하여 열반에 도달하면 4처 모두는 역으로 활용의 통로가 된다. 후일 유식학에서 말하는 바와 같이 대원경지大圓鏡智에 이르면 평등성지平等性智·묘관찰지妙觀察智·성소작지成所作智 등 모든 지혜가 자비실현의 도구로 전환한다고 보는 것과 같은 이치이다.

1. Nīvaraṇapabbaṃ[5]

1. 〔다섯 가지〕 장애의 절(五蓋)

Kathaṃ ca pana, bhikkhave, bhikkhu dhammesu dhammānupassī viharati?

빅쿠들이여! 그렇다면 빅쿠는 어떻게 담마에서 담마를 관찰하며 지내는가?

◆

Idha, bhikkhave, bhikkhu dhammesu dhammānupassī[6] viharati - pañcasu nīvaraṇesu.[7] Kathaṃ ca pana, bhikkhave, bhikkhu dhammesu dhammānupassī viharati -

5 nīvaraṇa: 장애, 방해〔물〕. pabba: 매듭, 부분.

6 dhammānupassī: 담마를 따라 알아차림, 실현함. ※ 이때 담마를 실현한다고 하면 담마를 온전히 깨닫는다는 말로 보아도 좋겠다.

7 pañcasu nīvaraṇesu: 다섯 가지 장애. 한역으로 5개五蓋로 번역된다. ※ 산스끄리뜨어로는 pañca-āvaraṇāni이며, 5장五障으로 번역된다. 개蓋란 마음을 덮어서 선법을 내지 못하게 하는, 장애가 되는 번뇌를 말한다.

pañcasu nīvaraṇesu? Idha, bhikkhave, bhikkhu santaṃ[8] vā ajjhattaṃ[9] kāmacchandaṃ[10] 'atthi me ajjhattaṃ kāmacchando' ti pajānāti, asantaṃ vā ajjhattaṃ kāmacchandaṃ 'natthi[11] me ajjhattaṃ kāmacchando' ti pajānāti, yathā ca anuppannassa[12] kāmacchandassa uppādo[13] hoti taṃ ca pajānāti, yathā ca uppannassa kāmacchandassa pahānaṃ[14] hoti taṃ ca pajānāti, yathā ca pahīnassa kāmacchandassa āyatiṃ anuppādo hoti taṃ ca pajānāti.

빅쿠들이여! 여기 빅쿠는 다섯 가지 장애(五蓋)라는 담마에서 담마를 관찰하며 지낸다. 그렇다면 빅쿠들이여! 빅쿠가 어떻게 다섯 가지 장애라는 담마에서 담마를 관찰하며 지내는가? 빅쿠들이여! 여기 빅쿠는 자기 내면에 욕망이 있을 때 "내 안에 욕망이 있다"고 바르게 알아차리고, 자기 내면에 욕망이 없을 때 "내 안에 욕망이 없다"고 바르게 알아차린다.

아직 발생하지 않은 욕망이 어떻게 발생하는지 바르게 알아차리고, 발생한 욕망이 어떻게 제거되는지 바르게 알아차리며, 제거된

8 sant: 존재함. ※ asant: 존재하지 않음.

9 ajjhatta: 개인적인, 주체적인, 내면적인.

10 kāmacchanda: 감각적 욕망, 쾌락적 흥분, 애욕.

11 natthi: 없음, 무無, 비유非有.

12 anuppannassa: 〔아직〕 생기지 않은. ※ uppannassa: 〔이미〕 생겨난.

13 uppādo: 발생, 생기, 태어남. ※ anuppādo: 생겨나지 않음.

14 pahāna: 제거, 포기, 끊음, 단절(eradicate). ※ pahīnassa: 제거된.

욕망이 〔앞으로〕 어떻게 생겨나지 않는지 바르게 알아차린다.

〔경에 대한 설명〕

이곳에서는 5개五蓋 전체를 제시하고, 그중 첫 번째 탐욕개를 대상으로 다스리는 방법을 말하고 있다.

5개에서 개蓋란 덮개·뚜껑 등을 의미하는 말이다. 이를 명상수행에 적용시켜, 수행을 저해하는 장애를 다섯 가지 덮개로 비유한 것이다. 오개는 탐욕개貪慾蓋·진에개瞋恚蓋·수면개睡眠蓋·도회개掉悔蓋·의법개疑法蓋 등이다. 『대념처경』에서는 탐욕개를 갈망, 진에개는 혐오로 표현한다. 수면개는 혼침과 졸음으로 나누고, 도회개는 도거와 후회로 짝을 지운다.

5개는 수행에 장애가 되는 것이므로 5장五障이라고도 한다. 그중에서 탐욕·진에·의법 등 세 가지 장애는 수행 상 비중이 크기 때문에 독립적으로 하나의 항목에 한 가지 개념만을 말하고 있다. 그리고 수면·도회 등 두 가지 장애는 하나의 항목에 두 가지 개념씩을 실었다. 앞의 세 가지에 비하여 비교적 가벼운 장애이기 때문일 것이다.

명상수행자가 5개를 알아차림 한다는 것에는 다섯 가지 종류의 방법이 있다. 그것은 ⓐ있다 ⓑ없다 ⓒ없던 것이 일어나고 있다 ⓓ있던 것이 제거되고 있다 ⓔ제거된 것이 다시 일어나지 않는다 등에 대한 변화와 과정을 관찰하는 것이 알아차림의 내역이다. 그러므로 5개의 알아차림은 변화과정에 있는 공부 대상을 다섯 가지 범주로 나눈 것이다.

5개의 첫머리에 탐욕을 설정한 것은 탐욕이야말로 모든 장애의 으뜸이기 때문일 것이다. 탐욕은 중도中道를 넘어서서 과도하게 구하는 마음이다. 그리고 탐욕에 관련을 두고 나머지 4개도 성립한다. 그 말은 탐욕을 정복하면 나머지 4개도 수월하게 극복할 수 있다는 뜻이다.

〔명상수행자를 위한 양념〕

5개란 불선업不善業의 대표적 항목들이다. 그것들을 절제하는 방법은, 나타나 버린 과거의 불선업은 단절하고, 미래에 올 수 있는 것은 계율로써 절제하는 것이다.[15] 그렇다면 현재에 직면한 불선업을 절제하는 방법은 무엇일까? 그것은 당연히 알아차림이다.

5개가 수행에 크게 방해되는 담마임에도 불구하고 사띠의 대상으로 선정된 것은, 그것들이 한편으로 불선업을 야기하는 항목들이기는 하지만, 다른 한편으로 그것을 사띠 할 경우 훌륭한 공부거리(處)가 되기 때문이다. 따라서 붓다의 경지에서 볼 때, 이 세상에 수행을 방해하는 것이라곤 존재하지 않는다. 5개가 담마(法) 대접을 받는 것은, 고苦를 고성제라 하여 성스러운 가르침으로 간주하는 것과 비슷한 이치이다.

5개에서 중요한 것은, 내면에서 긍정적인 요소가 일어나도, 부정적인 요소가 일어나도, 모두 마음공부의 소재가 된다는 점이다. 후일 선종에서는 '번뇌가 곧 깨달음(煩惱卽菩提)'이라는 말을 하는데,

---

15 붓다도 계행으로 청정히 하고, 견해가 바른 후에, 사띠를 행하라고 말한다.(SN. 47)

원리적으로 그렇다는 것뿐만 아니라 마음공부 면에서도 부정적인 법 따위는 존재하지 않는다는 뜻이다. 이 세상에 그른 인생이란 없는 것이며, 수행의 소재가 아닌 인생사 또한 없다.

욕망·악의·혼침과 졸음·들뜸과 후회·회의적 의심 등의 5개는 수행에 방해가 되는 담마들이다. 우리의 일상생활은 장애에 덮여 살고 있지만 그 장애들은 좀처럼 드러나지 않는다. 심지어 거의 없는 것처럼 생각되기도 한다. 그것은 우리의 일상생활이 마음공부의 측면에서 본다면 매우 거친 마음의 상태이기 때문이다. 그러나 수행을 시작하면 그것들은 즉시 명상수행자의 마음에 나타나 장애로 작용한다. 수행이란 '마음 씀씀이의 거친 상태로부터 미세함으로 전환함'이기 때문이다. 그것은 일상의 상태로부터 알아차림 상태로 모드를 전환함에 따라 인지하지 못하던 것들이 자연스럽게 보일 따름인 것이다. 명상수행자는 평소 장애가 보이지 않는다고 안심해서도 안 될 뿐 아니라, 그러한 장애가 일어난다고 실망할 일도 아니다. 마음의 장애물이 명료하게 일어나는 것은 명상수행을 통하여 우리의 의식이 그만큼 깨끗해져 가고 있다는, 진전을 의미하기 때문이다.

다섯 가지 장애인 5개와 사띠의 대상인 4념처가 지닌 공통점은 '무상한 것'이라는 사항이다. 무상은 변화한다는 의미이다. 명상수행자에게 무상함이라는 담마의 기본 특질이 5개에도 여지없이 적용된다는 것은 매우 안심되는 소식이다. 언젠가 극복이 가능할 것이기 때문이다.

'수행이란 죽는 연습'이라는 말이 있다. 그것은 첫째, 모든 부정적인 요소로 이루어진 자신(我相)을 죽인다는 의미도 있고, 둘째,

죽음에 이르도록 방일하지 않고 수행해야 한다는 의미도 있으며, 셋째, 죽는 순간이야말로 참된 수행이 마쳐진다는 의미도 있을 것이다.[16] 붓다 당시에 죽는 순간 아라한이 되는 경우가 드물지 않았던 것을 보면 셋째 항목도 일리가 있다. 그러나 생각해 보면 현재의 순간순간이라는 게 삶과 죽음의 찰나가 아닌가! 그러므로 이 순간 사띠가 성성惺惺해야 한다는 두 번째 의미가 마음에 닿는다. 만약 우리가 사띠의 상태로 나날을 살아간다면, 육신의 죽음을 맞이하는 그 순간도 당연히 그렇게 죽을 것이기 때문이다.

순간순간 탐욕을 알아차림 하면 확실하게 죽는 것이 한 가지 있다. 그것은 번뇌이다. 탐욕은 모든 번뇌의 벼리(綱)인 까닭이다.

Santaṃ vā ajjhattaṃ[17] byāpādaṃ[18] 'atthi me ajjhattaṃ byāpādo' ti pajānāti, asantaṃ vā ajjhattaṃ byāpādaṃ 'natthi me ajjhattaṃ byāpādo' ti pajānāti, yathā ca anuppannassa[19] byāpādassa uppādo hoti taṃ ca pajānāti, yathā ca uppannassa byāpādassa pahānaṃ hoti taṃ ca pajānāti, yathā ca pahīnassa byāpādassa āyatiṃ[20] anuppādo hoti

16 물론 죽음 그 자체를 사띠의 대상으로 삼아야 한다는 법문도 있다.(AN. 8-74)

17 ajjhatta: 안에, 내면에.

18 byāpāda: 분노, 악의, 혐오. ※ 동의어: vyāpāda

19 anuppanna: 가지지 않은. ※ uppanna: 가진.

20 āyata: 확장됨, 연장됨.

taṃ ca pajānāti.

혹은 내면에 악의가 있을 때 '내 안에 악의가 있다'고 바르게 알아차리고, 내면에 악의가 없을 때 '내 안에 악의가 없다'고 바르게 알아차린다. 아직 발생하지 않은 악의가 어떻게 발생하는지 바르게 알아차리며, 발생한 악의가 어떻게 제거되는지 바르게 알아차리며, 제거된 악의가 〔앞으로〕 어떻게 생겨나지 않는지 바르게 알아차린다.

〔경에 대한 설명〕

악의란 '싫어함으로 인한 화냄'을 말한다. 그것은 마음의 일어남 가운데 바람직하지 못한 염심染心에 속하며 진에瞋恚라고도 한다. 그러나 붓다는 그것 또한 법으로 간주하며, 마음공부의 소재로 삼고 있다.

우리는 악의라는 마음의 법이 갑자기 나타나기도 하고 사라지기도 하며, 제거되기도 하고 제거에 의하여 확장되지 않기도 한다는 사실을 알게 된다. 여기에서 '바르게 알아차린다'는 말은 그 현상과 더불어 이유까지를 포함한 알아차림을 말한다. 또한 '없을 때'란 일어나지 않았거나 제거되었기 때문에 존재하지 않는 상태를 말한다.

〔명상수행자를 위한 양념〕

5개를 대상으로 하는 바른 알아차림에서 주의할 사항이 있다. 일반적으로 해태·혼침, 들뜸·후회, 회의적 의심 등 세 가지 내면의 장애에 대하여 일부 명상수행자들은 분노, 즉 악의로써 대하기도 한다. 그러나 명상수행자는 그러한 장애들에 대하여 악의로써 반응하지 말고, 바르게 알아차림 하는 대상으로 삼는 것이 필요하다. 만약 그것이 악의의 대상이 될 경우, 우리의 인식은 즉각 감정을 코팅하는 행(行, saṅkhārā)의 과정으로 이행하여 새로운 업을 장만하는 계기로 작용하고 말 것이기 때문이다.[21]

Santaṃ vā ajjhattaṃ thinamiddhaṃ[22] 'atthi me ajjhattaṃ thinamiddhaṃ' ti pajānāti, asantaṃ vā ajjhattaṃ thinamiddhaṃ 'natthi me ajjhattaṃ thinamiddhaṃ' ti pajānāti, yathā ca anuppannassa thinamiddhassa uppādo hoti tañ ca pajānāti, yathā ca uppannassa thinamiddhassa pahānaṃ hoti tañ ca pajānāti, yathā ca pahīnassa thinamiddhassa āyatiṃ anuppādo hoti tañ ca pajānāti.

혹은 내면에 혼침과 졸음이 있을 때 '내 안에 혼침과 졸음이 있다'고 바르게 알아차리고, 내면에 혼침과 졸음이 없을 때 '내 안에 혼침과 졸음이 없다'고 바르게 알아차린다. 아직 발생하지 않은 혼침과 졸음이 어떻게 발생하는지 바르게 알아차리고, 발생한 혼침과

21 그 과정에 대해서는 수념처의 내용을 참조하라.

22 thinamiddha: 혼침·수면의 복합어. ※ thina: 혼침. middha: 잠(睡眠), 어리석음.

졸음이 어떻게 제거되는지 바르게 알아차리며, 제거된 혼침과 졸음이 〔앞으로〕 어떻게 생겨나지 않는지 바르게 알아차린다.

〔경에 대한 설명〕

수면의 장애는 혼침과 졸음으로 구분된다. 대체로 혼침은 정신적으로 혼미한 상태이며, 졸음은 육체적으로 졸린 상태로 정의된다. 혼침은 잠이든 상태는 아니지만, 마음이 초롱초롱하지 못하고 몽롱하여 집중되지 못한 상태를 의미한다. 명상수행자가 그 상태에서 반걸음만 더 들어가면 졸음이 된다. 그래서 혼침을 졸음과 한 묶음으로 간주하는 것이다.

다시 말하면, 혼침은 무언가 의식이 있는 것 같으면서 혼미함에 빠지는 것이라면, 졸음은 그러한 의식마저 없이 잠에 빠져드는 것을 말한다. 외면적으로는 혼침에 빠진 명상수행자와 졸음에 빠진 수행자를 구분하기 어렵다. 둘 다 지당신공[23] 연마 중으로 보이기 때문이다.

〔명상수행자를 위한 양념〕

졸음이야 일단 잠을 자면 해결된다. 고속도로변 곳곳에 졸음 쉼터를 마련하고 교통사고가 30% 이상 줄었다는 도로공사의 발표를 접한 적이 있다. 운전하다 졸릴 때 잠깐 자면 생명을 구할 수 있듯이,

---

23 지당신공이란, '지당하십니다'를 연발하며 고개를 끄덕이는 것을 빗댄 필자의 패러디이다.

수행자의 졸음도 마찬가지이다. 50분간 졸음과 싸우는 것보다 5분간 자고 수행하는 것이 훨씬 효율적이라고 생각한다.

수행에 상당한 이력을 지닌 명상수행자도 흔히 빠지는 함정이 혼침이다. 선방의 수행자들 가운데 방석에 앉는 즉시 혼침에 빠지는 경우도 허다하다. 그리고 경책이 가해지면 자신은 졸지 않았노라고 화를 내기도 한다. 자신은 깨어 있었다는 것이다. 그것은 혼미해진 속에서도, 살아 있다는 혹은 살아 있어야 한다는 의식이 한 가닥 남아 있기 때문이다.

혼침을 치유하는 길은 우선 흔들림 없는 바른 자세를 유지하는 것이 요긴하다. 다음으로는 성성惺惺하게 깨어 있는 사띠가 약이다. 일반적으로 명상에서 대상이 거칠면 집중도 거칠다. 하지만 대상이 미세할수록 사띠는 섬세하고 사마디는 강해져야 한다. 혼침으로부터 탈피하기 위해서는 사띠는 섬세하면서도 사마디는 강해지는 상태를 유지하지 않으면 안 된다. 다만 습관적으로 혼침에 빠지는 명상수행자는 그 고리를 끊기 위하여 일정 기간 푹 쉬어보는 것도 하나의 방법이다.

필자는 장좌불와長坐不臥로 용맹정진에 돌입하는 수행자의 기개에는 감탄하지만, 그것이 가진 수행상의 효율성에 대해서는 의문을 가지고 있다. 입만 열면 장좌불와를 자랑하는 수행자가, 틈만 생기면 고개를 끄덕이며 흐릿한 혼침에 빠져 지내는 것을 본 일이 있다.

그러한 논의와는 별개로, 수준에 오른 명상수행자의 경우, 몇 날 혹은 몇 달 동안 혼침과 졸음이 졸연히 사라지면서도 피곤과 결별하는 경지에 이르는 경우가 있다.

Santaṃ vā ajjhattaṃ uddhaccakukkuccaṃ[24] 'atthi me ajjhattaṃ uddhaccakukkuccaṃ' ti pajānāti, asantaṃ vā ajjhattaṃ uddhaccakukkuccaṃ 'natthi me ajjhattaṃ uddhaccakukkuccaṃ' ti pajānāti, yathā ca anuppannassa uddhaccakukkuccassa uppādo hoti taṃ ca pajānāti, yathā ca uppannassa uddhaccakukkuccassa pahānaṃ hoti taṃ ca pajānāti, yathā ca pahīnassa uddhaccakukkuccassa āyatiṃ anuppādo hoti taṃ ca pajānāti.

혹은 내면에 들뜸과 후회가 있을 때 '내 안에 들뜸과 후회가 있다'고 바르게 알아차리고, 내면에 들뜸과 후회가 없을 때 '내 안에 들뜸과 후회가 없다'고 바르게 알아차린다. 아직 발생하지 않은 들뜸과 후회가 어떻게 발생하는지 바르게 알아차리며, 발생한 들뜸과 후회가 어떻게 제거되는지 바르게 알아차리며, 제거된 들뜸과 후회가 〔앞으로〕 어떻게 생겨나지 않는지 바르게 알아차린다.

---

24 uddhaccakukkuccaṃ: 산란, 오작惡作. ※ uddhacca는 홍분·산만·당황을 말한다. 일반적으로 홍분하여 산만하고 당황한 상태를 말하며, 도거掉擧라고 한역된다. kukkucca는 악행惡行·비행非行·후회·주저함 등을 의미하며 '오작惡作'이라 번역된다. ku는 나쁜 사악한 등의 의미이지만 이 경우는 나쁜 행동을 저지르고 후회하는 의미가 강하므로 惡作은 '악작'이 아니라 '오작'이라고 읽는 것이 옳을 듯하다.

〔경에 대한 설명〕

들뜸은 한역漢譯으로 도거掉擧라 번역되며, 둥 떠 있는 상태를 의미한다. 산란은 마음이 여러 갈래로 나뉘어 안정되지 못한 상태를 말한다. 둥 뜬 상태인 들뜸은 마음이 가라앉지 않아 안정되지 못한 상태이며, 흥분상태와 구분된다. 흥분이란 어떤 경계를 당했을 때 아드레날린이 분비되며 긴장감이 고조되는 것이라면, 들뜸은 그런 상태에 이르지 않으면서도 마음이 안정되지 못하고 부유하는 것을 말한다. 후회는 한역으로 오작惡作이라 번역되며 뉘우침 혹은 회한을 의미한다.

들뜸과 후회는 서로 수반되는 개념이다. 일반적으로 들뜸(uddhacca)으로 인해 일어난 행동은 후회(kukkucca)를 동반하게 마련이기 때문이다.

〔명상수행자를 위한 양념〕

명상수행자는 과거의 나쁜 업에 대하여 참회는 해야 하지만 후회를 해서는 안 된다. 후회는 뉘우침을 반복만 할 뿐 범하는 버릇이 여전한 상태를 말한다. 반면 참회는 뉘우치고 다시 범하지 않으려는 수행자의 태도를 말한다.

후래에 정비된 참회법에서는 사참事懺과 더불어, 이참理懺이 제시된다. 이참의 경우는 죄성罪性이 공空한 원리를 제시하여, 후회에 매이지 않도록 권하고 있다. 명상수행자는 불선법에 대한 후회에 붙들려 있는 것보다는, "지금 내가 ~을 뉘우치고 있구나!" 하고 그 마음을 바로 알아차림 하는 수행의 대상으로 삼는 일에 더 바빠야 한다.

Santaṃ vā ajjhattaṃ vicikicchaṃ[25] 'atthi me ajjhattaṃ vicikicchā' ti pajānāti, asantaṃ vā ajjhattaṃ vicikicchaṃ 'natthi me ajjhattaṃ vicikicchā' ti pajānāti, yathā ca anuppannāya vicikicchāya uppādo hoti taṃ ca pajānāti, yathā ca uppannāya vicikicchāya pahānaṃ hoti taṃ ca pajānāti, yathā ca pahīnāya vicikicchāya āyatiṃ anuppādo hoti taṃ ca pajānāti.

혹은 내면에 〔회의적〕 의심이 있을 때 '내 안에 의심이 있다'고 바르게 알아차리고, 내면에 의심이 없을 때 '내 안에 의심이 없다'고 바르게 알아차린다. 아직 발생하지 않은 의심이 어떻게 발생하는지 바르게 알아차리며, 발생한 의심이 어떻게 제거되는지 바르게 알아차리며, 제거된 의심이 〔앞으로〕 어떻게 생겨나지 않는지 바르게 알아차린다.

〔경에 대한 설명〕

다섯 가지 장애 중에서 으뜸가는 난적은 단연 회의적 의심이

---

25 vicikicchā: 의심. ※ 특히 불확실성 등에 대한 주저함 따위가 잠재하여 있는 상태를 지칭한다.

다. 일반적으로 의심은 정당한 의심과 회의적 의심으로 구분된다. 정당한 의심은 과학·철학을 비롯한 인류문명과 지혜의 발전에 공헌한다. 또한 수행에서도 정당한 의심은 나쁜 것이 아니다. 명상수행자가 정당한 의심을 통해서 의문을 해소하는 경우가 많기 때문이다.[26]

그뿐 아니라 정당한 의심을 내지 않는 명상수행자는 맹목에 떨어져 수행 길을 잃거나 난조에 빠질 우려가 크다. 특히 바른 스승이 없을 때는 정당한 의심을 발하여, 자신의 견지에 대하여 냉철하고 논리적으로 점검하는 일이 중요하다.

〔명상수행자를 위한 양념〕

여기에서 말하는 회의적 의심이란 사띠를 방해하는 모든 의심을 지칭한다. 특히 다음 의심들은 회의적 의심에 속한다. ⓐ명상수행 길에 대해 의심하는 것. ⓑ다른 사람은 잘 되는데 자신만 변화가 없는 것이 아닌가 하며 의심하는 것. ⓒ내가 명상수행을 해서 어쩌자는 것인가 하는 등 미래의 불확실성에 대하여 의심하는 것.

만약 명상수행자가 회의적 의심에 덮여버린다면 큰일이다. 그에 대한 처방은, 회의적 의심이 나타나더라도 거기에 빠지거나 혐오로 반응하지 말고 그 의심에 대하여 바르게 알아차림 하는 대상으로 삼을 일이다. 여기에서도 '바르게'라는 빠자나띠적 알아차림이 요긴하다. 차분하고 바르게 알아차린다면 회의적 의심에서 벗어날 수

---

26 간화선看話禪 수행자들이 의심을 드는 것은, 여기에서의 의심과는 전혀 성격이 다르다.

있다. 그럴 경우 그것 또한 수행길로 전환할 것이라는 점을 『대념처경』에서 말하고 있다.

Iti ajjhattaṃ vā dhammesu dhammānupassī viharati, bahiddhā vā dhammesu dhammānupassī viharati, ajjhattabahiddhā vā dhammesu dhammānupassī viharati, samudayadhammānupassī vā dhammesu viharati, vayadhammānupassī vā dhammesu viharati, samudayavayadhammānupassī vā dhammesu viharati, 'atthi dhammā' ti vā panassa sati paccupaṭṭhitā hoti. Yāvadeva ñāṇamattāya paṭissatimattāya anissito ca viharati, na ca kiñci loke upādiyati. Evaṃ pi kho, bhikkhave, bhikkhu dhammesu dhammānupassī viharati pañcasu nīvaraṇesu.

이와 같이 안으로 담마에서 담마를 관찰하며 지낸다. 또 밖으로 담마에서 담마를 관찰하며 지낸다. 또 안팎으로 담마에서 담마를 관찰하며 지낸다. 담마에서 일어나는 현상을 관찰하며 지낸다. 또한 담마에서 사라지는 현상을 관찰하며 지낸다. 또한 담마에서 일어나고 사라지는 현상을 관찰하며 지낸다. 〔그리하여〕 "이것이 담마로구나"라는 사띠가 확립된다. 이제 지혜가 확장되고 사띠만이 현전하여 지낸다. 그리하여 〔안팎의〕 세계에 집착함을 하찮게 여긴다. 빅쿠들이여! 참으로 이것이 빅쿠가 다섯 가지 장애(五蓋)라는 담마에서 담마를 관찰하며 지내는 〔방법인〕 것이다.

2. Khandhapabbaṃ[27]

2. 〔다섯 가지〕 무더기의 절(五取蘊)

Puna caparaṃ, bhikkhave, bhikkhu dhammesu dhammānupassī viharati pañcasu[28] upādānakkhandhesu.[29] Kathaṃ ca pana, bhikkhave, bhikkhu dhammesu dhammānupassī viharati pañcasu upādānakkhandhesu? Idha, bhikkhave, bhikkhu, 'iti rūpaṃ, iti rūpassa samudayo[30], iti rūpassa atthaṅgamo; iti vedanā, iti vedanāya samudayo, iti vedanāya atthaṅgamo; iti saññā, iti saññāya samudayo, iti saññāya atthaṅgamo; iti saṅkhārā, iti saṅkhārānaṃ samudayo, iti saṅkhārānaṃ atthaṅgamo; iti viññāṇaṃ, iti viññāṇassa samudayo, iti viññāṇassa atthaṅgamo' ti.

다시 한편으로 빅쿠들이여! 빅쿠는 다섯 가지 집착의 무더기(五取

27 Khandha: 무더기, 더미.

28 pañca: 다섯.

29 upādānakkhandhesu: 취온. ※ upādāna: 취함, 쥠, 집착.

30 samudayo: 일어남. ※ atthaṅgamo: 일어나지 않음, 사라짐. atthi: 있다, 존재하다.

蘊)라는 담마에서 담마를 관찰하며 지낸다. 빅쿠들이여! 빅쿠가 어떻게 다섯 가지 집착의 무더기라는 담마에서 담마를 관찰하며 지내는가? 빅쿠들이여! 여기 빅쿠는 '물질(色)은 이와 같다. 물질의 일어남은 이와 같다. 물질의 사라짐은 이와 같다.' '느낌(受)은 이와 같다. 느낌의 일어남은 이와 같다. 느낌의 사라짐은 이와 같다.' '지각(想)은 이와 같다. 지각의 일어남은 이와 같다. 지각의 사라짐은 이와 같다.' '반응(行)은 이와 같다. 반응의 일어남은 이와 같다. 반응의 사라짐은 이와 같다.' '알음알이(識)는 이와 같다. 알음알이의 일어남은 이와 같다. 알음알이의 사라짐은 이와 같다.'〔고 알아차린다.〕

〔경에 대한 설명〕

붓다의 교법에서 5온五蘊은 존재를 파악하는 전형적인 기본 구도이다. 후일 아비다르마 교학에서 5위 75법의 다르마로 전개되는 불교 존재론의 바탕이 되는 것도 바로 5온이다. 5온 그 자체는 중립적 성격을 지닌 담마에 불과하다. 인식 과정까지 포함한 존재 전체의 구조일 뿐이기 때문이다.

5온은 중생계인 유루有漏와 부처의 차원인 무루無漏에 통하는 일반적 의미로 사용할 때, 통상 '5온'이라고 부른다. 한편 5취온五取蘊이라 말할 때는 유루의 경우에 한정하여, 집착의 대상으로 간주하는 경우를 의미한다. 따라서 이곳 법념처에서 말하는 것은 5온을 집착의 대상으로 삼는 5취온이다. 5취온은 존재를 구성하는 다섯 가지 요소, 즉 색수상행식의 집합을 말하면서, 중생이 그것에 대하여 무지하고 집착할 때 윤회의 길로 향할 수밖에 없다는 측면을 말할 때 사용한다. 단 5취온일지라도 명상수행자가 그것에 대하여 알아차림을 지속할 때 해탈로 향하는 소재가 됨은 물론이다.

명상공부를 '그저 바라만 보면 되는 것'으로 생각하면 큰 오산이다. 절대 무지해서는 알아차릴 수가 없다. 신념처·수념처·심념처의 경우는 무지해도 어느 정도 공부가 가능할지도 모르지만, 법념처에 이르면 공부가 아예 불가능하다. 담마, 즉 법에 대한 개념을 알지 못하고서 어떻게 그 개념을 알아차릴 수 있겠는가!

〔명상수행자를 위한 양념〕

5취온을 대상으로 하여 알아차림 하는 원리와 방법을 살펴보자. 통상적으로 우리의 감각기관을 통하여 들어오는 정보량은 초당 4억 비트가량인데, 그 정보가 뇌로 전달되는 것은 2천 비트에 불과하다는 것이 뇌과학자들의 이야기다. 불교학적으로 설명하면 색色의 정보를 수受의 과정에서 4억 비트 통과시킨다면, 상想을 거치면서 2천 비트로 줄어든다는 말이다. 무엇이 들어 순간적으로 20만 분의 1로 정보를 줄여버리는가? 그것은 전생의 자취, 부모로부터의 유전적 요인, 교육과 환경 등 '과거의 업業'으로 구성된 '상相'이라 통칭되는 필터가 그 범인이다. 감각기관의 정보가 뇌로 전달될 때 이루어지는 패턴화, 즉 지각과정인 상想은 그 상相에 기반을 두고 작동한다.

색수상행식의 프로세스 가운데 수는 거의 가치중립적 기능을 가진 것이라서 조작할 수 없다. 상의 경우도 업이라 불리는 과거의 틀이 주도하는 것이므로 수와 상의 주도권을 명상수행자가 쥐는 것은 쉽지 않다. 따라서 5온 가운데 행(行, saṅkhārā)만이 명상수행자가 재량권을 지닌다. 외부로부터 들어와 수와 상을 거친 정보에 대한 검역 과정이 바로 행이다. 즉 검역한 정보에 대한 감정의 부가附加여부로 반응의 방향과 강도를 결정하는 순간적 과정이 바로 행인 것이다.

이때 대부분의 사람은 무명(痴)이 주체가 되어 갈망(貪) 혹은 혐오(瞋)로 반응하기 때문에 기존의 업에 새로운 업을 더하고 만다. 그것이 윤회를 벗어날 수 없는 중생의 행태이다. 그렇지만 그 짧디 짧은 행온行蘊의 통과 순간이야말로 실은 명상수행자에게는 절호의 찬스이다.[31]

알아차림을 하면 관찰력이 증장된다. 관찰력이 강화하면 할수록 미세하고 찰나적인 마음의 변화과정을 깨어 알아차릴 수 있게 된다. 요컨대 5온이라는 인식의 프로세스 상에서 행온의 과정을 집착 없이 깨어 알아차림 함으로써, 기존 업력의 해소와 새로운 업력의 미형성을 동시에 도모하자는 것이 위빳사나 명상수행의 골자이다. 알아차림 수행은 감각·느낌·생각 등에 관한 관찰력을 가지는 것만이 목적이 아니라 그 관찰력을 통하여 행온을 무력화시키는 것까지 포함하는 공부이다.

그런데 이처럼 이론적으로 설명할 경우, 5온 하나하나에 대한 과정적 분석이 가능하지만, 실제적으로는 어렵다는 점에 문제가 있다. 왜냐하면 5온은 낱개로 차례대로 전개되지 않으며, 하나의

---

31 이 부분에 대해서는 〈해제〉와 〈III. 느낌을 따라 알아차림 하는 장(受隨觀)〉에서 상세히 논했으므로 그곳을 참조하기 바란다. 이곳에서는 5온과 관련한 알아차림의 실행에 중점을 두고 말하고자 한다.

덩어리로 작동하는 것처럼 보이기 때문이다. 예컨대 색온으로부터 식온에 도달하는 5온의 과정은 인식적으로도 거의 구분할 수 없고, 시간적으로도 거의 차별할 수 없다. 번개보다 빠른 것이 마음 아니던가? 따라서 명상수행자가 하나하나의 과정을 분석 혹은 분리하여 알아차리려는 시도는 대단히 어려운 일이다.

야구에서 투수가 공을 던지는 순간 타자는 0.3초 이내에 방망이를 내밀 것인가 말 것인가를 결정해야 한다. 그때 절실하게 필요한 것이 관찰력이다. 타자는 관찰력을 통하여 선구안選球眼을 기르는 것이 관건이고, 명상수행자는 관찰력을 통하여 선업안選業眼을 기르는 것이 관건이다. 이래저래 마음공부의 원리는 단순하다 하더라도 실제 적용은 만만치 않은 게 분명하다.

다행인 것은 뛰어난 타자의 경우 피나는 노력을 통하여 보통 사람은 도저히 할 수 없는 0.3초 짜리 선구안을 길러 4할대 타자가 될 수 있다. 그리고 명상수행자는 중생으로서 도저히 불가능한, 수상受想의 과정을 알아차려 선업안을 기를 수 있다. 수행자가 힘든 수행과정을 거치면서 정보에 대하여 감정의 색깔로 반응하는 행行 이전에 알아차림 하는 것이 익숙해지면, 마침내 지혜가 확장되고 사띠만이 현전하는 상태가 온다는 붓다의 보장이 있다. "꿈은 이루어진다"는 응원구호는 2002년 월드컵 때만이 아닌, 오늘을 사는 명상수행자들에게도 적용되는 구호임에 틀림없다.

Iti ajjhattaṃ vā dhammesu dhammānupassī viharati, bahiddhā vā dhammesu dhammānupassī viharati, ajjhattabahiddhā vā dhammesu dhammānupassī viharati, samudayadhammānupassī vā dhammesu viharati, vayadhammānupassī vā dhammesu viharati, samudayavayadhammānupassī vā dhammesu viharati, 'atthi dhammā' ti vā panassa sati paccupaṭṭhitā hoti. Yāvadeva ñāṇamattāya paṭissatimattāya anissito ca viharati, na ca kiñci loke upādiyati. Evaṃ pi kho, bhikkhave, bhikkhu dhammesu dhammānupassī viharati pañcasu upādānakkhandhesu.

이와 같이 안으로 담마에서 담마를 관찰하며 지낸다. 또 밖으로 담마에서 담마를 관찰하며 지낸다. 또 안팎으로 담마에서 담마를 관찰하며 지낸다. 담마에서 일어나는 현상을 관찰하며 지낸다. 또한 담마에서 사라지는 현상을 관찰하며 지낸다. 또한 담마에서 일어나고 사라지는 현상을 관찰하며 지낸다. 〔그리하여〕 '이것이 담마로구나'라는 사띠가 확립된다. 이제 지혜가 확장되고 사띠만이 현전하여 지낸다. 그리하여 〔안팎의〕 세계에 집착함을 하찮게 여긴다. 빅쿠들이여! 참으로 이것이 빅쿠가 다섯 가지 집착의 무더기(五取蘊)라는 담마에서 담마를 관찰하며 지내는 〔방법인〕 것이다.

3. Āyatanapabbaṃ[32]

3. 〔여섯 가지 감각〕 장소의 절(六處)

Puna caparaṃ, bhikkhave, bhikkhu dhammesu dhammānupassī viharati chasu[33] ajjhattikabāhiresu[34] āyatanesu[35]. Kathaṃ ca pana, bhikkhave, bhikkhu dhammesu dhammānupassī viharati chasu ajjhattikabāhiresu āyatanesu?

다시 한편으로 빅쿠들이여! 빅쿠는 여섯 가지 안팎의 감각 장소(六內外處)라는 담마에서 담마를 관찰하며 지낸다. 또한 빅쿠들이여! 빅쿠는 어떻게 여섯 가지 안팎의 감각 장소라는 담마에서 담마를 관찰하며 지내는가?

◆

Idha, bhikkhave, bhikkhu cakkhuṃ[36] ca pajānāti, rūpe ca pajānāti, yaṃ ca tadubhayaṃ[37] paṭicca[38] uppajjati[39] saṃyo-

---

32 āyatana: 영역, 자리, 처處, 〔사고의〕 대상.

33 chasu: 여섯.

34 ajjhattikabāhiresu: 안팎에서. ※ ajjhattika: 자신의, 안의, 내부의. ※ bāhira: 밖의, 외부의.

35 āyatanesu: 장소·지점·위치. ※ 그밖에 숙고·집중·관찰 등의 의미도 있다. 여기에서는 앞의 의미로 번역하였다.

36 cakkhu: 눈, 인식, 통찰, 지혜의 능력.

janaṃ[40] taṃ ca pajānāti, yathā ca anuppannassa[41] saṃyojanassa uppādo[42] hoti taṃ ca pajānāti, yathā ca uppannassa saṃyojanassa pahānaṃ hoti taṃ ca pajānāti, yathā ca pahīnassa saṃyojanassa āyatiṃ anuppādo hoti taṃ ca pajānāti.

빅쿠들이여! 여기 빅쿠는 눈(眼)을 바르게 알아차리고, 보이는 대상(色)을 바르게 알아차린다. 이 두 가지를 조건으로 발생한 속박을 바르게 알아차린다. 아직 발생하지 않은 속박이 어떻게 발생하는지 바르게 알아차리고, 발생한 속박을 어떻게 제거하는지 바르게 알아차리며, 제거된 속박이 〔앞으로〕 어떻게 발생하지 않는지 바르게 알아차린다.

◆

Sotaṃ[43] ca pajānāti, sadde[44] ca pajānāti, yaṃ ca tadubhayaṃ paṭicca uppajjati saṃyojanaṃ taṃ ca pajānāti,

---

37 tadubhaya: 둘 다. ※ ubhaya: 두 가지.

38 paṭicca: …에 근거하여, …을 조건으로 하여, … 때문에.

39 uppajjati: 발생하다, 일어나다, 생산되다. ※ 특히 윤회업에 의하여 출생할 때에 사용된다.

40 saṃyojana: 속박, 맺음, 족쇄. ※ 특히 윤회에 묶인 상태를 말할 때 사용된다.

41 anuppannassa: 태어나지 않은, 발생하지 않은. ※ uppannassa: 태어난, 발생한.

42 uppādo: 도약, 출현, 생기.

43 sota: 귀.

44 sadde: 소리.

yathā ca anuppannassa saṃyojanassa uppādo hoti taṃ ca pajānāti, yathā ca uppannassa saṃyojanassa pahānaṃ hoti taṃ ca pajānāti, yathā ca pahīnassa saṃyojanassa āyatiṃ anuppādo hoti taṃ ca pajānāti.

귀(耳)를 바르게 알아차리고, 소리(聲)를 바르게 알아차린다. 이 두 가지를 조건으로 발생한 속박을 바르게 알아차린다. 아직 발생하지 않은 속박이 어떻게 발생하는지 바르게 알아차리고, 발생한 속박을 어떻게 제거하는지 바르게 알아차리며, 제거된 속박이 〔앞으로〕 어떻게 발생하지 않는지 바르게 알아차린다.

◆

Ghānaṃ[45] ca pajānāti, gandhe[46] ca pajānāti, yaṃ ca tadubhayaṃ paṭicca uppajjati saṃyojanaṃ taṃ ca pajānāti, yathā ca anuppannassa saṃyojanassa uppādo hoti taṃ ca pajānāti, yathā ca uppannassa saṃyojanassa pahānaṃ hoti taṃ ca pajānāti, yathā ca pahīnassa saṃyojanassa āyatiṃ anuppādo hoti taṃ ca pajānāti.

코(鼻)를 바르게 알아차리고, 냄새(香)를 바르게 알아차린다. 이 두 가지를 조건으로 발생한 속박을 바르게 알아차린다. 아직 발생

---

45 ghāna: 코. ※ gandha-āyatana: 비근鼻根.

46 gandha: 향기, 방향, 향수.

하지 않은 속박이 어떻게 발생하는지 바르게 알아차리고, 발생한 속박을 어떻게 제거하는지 바르게 알아차리며, 제거된 속박이 〔앞으로〕 어떻게 발생하지 않는지 바르게 알아차린다.

◆

Jivhaṃ[47] ca pajānāti, rase[48] ca pajānāti, yaṃ ca tadubhayaṃ paṭicca uppajjati saṃyojanaṃ taṃ ca pajānāti, yathā ca anuppannassa saṃyojanassa uppādo hoti taṃ ca pajānāti, yathā ca uppannassa saṃyojanassa pahānaṃ hoti taṃ ca pajānāti, yathā ca pahīnassa saṃyojanassa āyatiṃ anuppādo hoti taṃ ca pajānāti.

혀(舌)를 바르게 알아차리고, 맛(味)을 바르게 알아차린다. 이 두 가지를 조건으로 발생한 속박을 바르게 알아차린다. 아직 발생하지 않은 속박이 어떻게 발생하는지 바르게 알아차리고, 발생한 속박을 어떻게 제거하는지 바르게 알아차리며, 제거된 속박이 〔앞으로〕 어떻게 발생하지 않는지 바르게 알아차린다.

◆

Kāyaṃ ca pajānāti, phoṭṭhabbe[49] ca pajānāti, yaṃ ca tadubhayaṃ paṭicca uppajjati saṃyojanaṃ taṃ ca pajānāti,

47 jivha: 혀.

48 rasa: 맛, 미각, 혀의 대상.

49 phoṭṭhabba: 촉감, 감촉, 소촉所觸.

yathā ca anuppannassa saṃyojanassa uppādo hoti taṃ ca pajānāti, yathā ca uppannassa saṃyojanassa pahānaṃ hoti taṃ ca pajānāti, yathā ca pahīnassa saṃyojanassa āyatiṃ anuppādo hoti taṃ ca pajānāti.

몸(身)을 바르게 알아차리고, 감촉(觸)을 바르게 알아차린다. 이 두 가지를 조건으로 발생한 속박을 바르게 알아차린다. 아직 발생하지 않은 속박이 어떻게 발생하는지 바르게 알아차리고, 발생한 속박을 어떻게 제거하는지 바르게 알아차리며, 제거된 속박이 〔앞으로〕 어떻게 발생하지 않는지 바르게 알아차린다.

◆

Manaṃ[50] ca pajānāti, dhamme ca pajānāti, yaṃ ca tadubhayaṃ paṭicca uppajjati saṃyojanaṃ taṃ ca pajānāti, yathā ca anuppannassa saṃyojanassa uppādo hoti taṃ ca pajānāti, yathā ca uppannassa saṃyojanassa pahānaṃ hoti taṃ ca pajānāti, yathā ca pahīnassa saṃyojanassa āyatiṃ anuppādo hoti taṃ ca pajānāti.

마음(意)을 바르게 알아차리고, 담마(法)를 바르게 알아차린다. 이 두 가지를 조건으로 발생한 속박을 바르게 알아차린다. 아직 발생하지 않은 속박이 어떻게 발생하는지 바르게 알아차리고,

---

50 mano: 마음.

발생한 속박을 어떻게 제거하는지 바르게 알아차리며, 제거된 속박이 〔앞으로〕 어떻게 발생하지 않는지 바르게 알아차린다.

〔경에 대한 설명〕

6근六根과 6처六處를 대상으로 하는 사띠 공부법은 안팎의 여섯 가지 감관과 감각 장소(六內外處), 즉 근根과 경境에 대한 바른 알아차림을 하는 것이다. 그러므로 항목은 6처이지만 합하여 12처가 된다.

12처에 대한 알아차림은 다섯 가지 항목으로 접근하도록 되어 있다. 즉 ⓐ있나? ⓑ없나? ⓒ어떻게 생겨났나? ⓓ어떻게 사라지게 하나? ⓔ어떻게 하면 사라진 것을 다시 일어나지 않게 하나? 등이다. 여기에서 근과 경의 '존재 상태'와 '변화 상태'가 사띠 공부의 대상이 된다는 것을 알 수 있다.

이곳의 사띠는 6근과 그 대상처인 6처와의 담마적 관계를 관찰하는 것이 주된 내용이다. 여기에서 눈에 띄는 중요한 용어는 속박·구속·족쇄 등으로 번역되는 상요자나(saṃyojana)이다. 참고로 상요자나는 대체로 10가지 내용을 지닌다.[51] 10가지 상요자나는 상호 연계하여 구성되어 있으면서, 수행을 방해하는 요소들이라 할 수 있다.

---

51 saṃyojana는 saṃ(함께) + yuj(묶다, 멍에지우다)에서 파생된 중성명사이다. 그 내용으로는 유신견有身見·의疑·계금취戒禁取·애욕愛欲·진에瞋恚·색탐色貪·무색탐無色貪·만慢·도거掉擧·무명無明 등이다. 자세한 해설은 『아비담마 길라잡이』(대림 각묵 역, 초기불전연구원, 2002), pp.598-600을 보라.

Iti ajjhattaṃ vā dhammesu dhammānupassī viharati, bahiddhā vā dhammesu dhammānupassī viharati, ajjhattabahiddhā vā dhammesu dhammānupassī viharati, samudayadhammānupassī vā dhammesu viharati, vayadhammānupassī vā dhammesu viharati, samudayavayadhammānupassī vā dhammesu viharati, 'atthi dhammā' ti vā panassa sati paccupaṭṭhitā hoti. Yāvadeva ñāṇamattāya paṭissatimattāya anissito ca viharati, na ca kiñci loke upādiyati. Evaṃ pi kho, bhikkhave, bhikkhu dhammesu dhammānupassī viharati chasu ajjhattikabāhiresu āyatanesu.

이와 같이 안으로 담마에서 담마를 관찰하며 지낸다. 또 밖으로 담마에서 담마를 관찰하며 지낸다. 또 안팎으로 담마에서 담마를 관찰하며 지낸다. 담마에서 일어나는 현상을 관찰하며 지낸다. 또한 담마에서 사라지는 현상을 관찰하며 지낸다. 또한 담마에서 일어나고 사라지는 현상을 관찰하며 지낸다. 〔그리하여〕 '이것이 담마로구나'라는 사띠가 확립된다. 이제 지혜가 확장되고 사띠만이 현전하여 지낸다. 그리하여 〔안팎의〕 세계에 집착함을 하찮게 여긴다. 빅쿠들이여! 참으로 이것이 빅쿠가 여섯 가지 장소(六處)라는 담마에서 담마를 안팎으로 관찰하며 지내는 〔방법인〕 것이다.

4. Bojjhaṅgapabbaṃ

4. 〔일곱 가지〕 깨달음 요소의 절(七覺支)

Puna caparaṃ, bhikkhave, bhikkhu dhammesu dhammānupassī viharati sattasu bojjhaṅgesu.[52] Kathaṃ ca pana, bhikkhave, bhikkhu dhammesu dhammānupassī viharati sattasu bojjhaṅgesu?

다시 한편으로 빅쿠들이여! 빅쿠는 일곱 가지 깨달음의 요소(七覺支)라는 담마에서 담마를 〔관찰하며〕 지낸다. 빅쿠들이여! 이제 빅쿠가 어떻게 일곱 가지 깨달음의 요소라는 담마에서 담마를 〔관찰하며〕 지내는가?

〔경에 대한 설명〕

이제까지는 법념처 알아차림의 대상이 대체로 부정적인 담마였다면 여기에서부터는 긍정적인 것으로 전환한다. 부정적인 것뿐 아니라 긍정적인 담마도 당연히 알아차림의 대상이 된다. 여기에서 다시 한 번 상기할 필요가 있다. 중요한 것은 대상이 무엇인가가 아니라 그 대상을 어떻게 알아차릴 것인가 하는 점에 있다는 것 말이다.

7각지는 염각지念覺支로부터 시작하여 택법각지擇法覺支·

---

52 satta-bojjhaṅga: 일곱 가지 지혜의 구성요소, 일곱 가지 깨달음의 구성요소.
※ satta: 일곱.

정진각지精進覺支·희각지喜覺支·경안각지輕安覺支·정각지定覺支·사각지捨覺支 등의 순으로 깨달음의 요소가 망라되어 있다. 즉 사띠·법의 간택·정진·희열·경안·사마디·평온 등이 깨달음을 얻은 자가 지니는 주요 요소라는 것이다. 7각지를 부분적으로나마 경험한다는 것은 사띠 수행이 이미 상당한 성과를 거두고 있음을 증명하는 것이다.

7각지는 순서가 있는 것일까 아니면 랜덤으로 나열한 것인가? 하는 의문이 생길 수 있다. 그 답은 분명히 순서가 있다고 말할 수 있다. 붓다의 다른 수행서인 『입출식념경出入息念經』에서는 깨달음에 이르면 7각지가 순서대로 전개된다고 말한다. 4념처 수행과 관련지어 7각지에 이르는 경로의 측면에서 볼 때는 『대념처경』보다 『입출식념경』의 내용이 더 구체적이다.

빅쿠들이여! 빅쿠가 몸에서 몸을 관찰하며 세상에 대한 욕심과 싫어하는 마음을 버리고 근면하고 분명히 알아차리는 자 되어 머물 때, 그에게 잊어버림이 없는 알아차림이 확립된다. 빅쿠들이여! 빅쿠에게 잊어버림이 없는 알아차림이 확립될 때, 그 빅쿠에게 사띠의 깨달음의 구성요소(염각지)가 생긴다. 그때 사띠의 깨달음의 구성요소를 닦고, 그때 사띠의 깨달음의 구성요소를 닦아서 성취한다. 그가 그렇게 마음 챙기면서 머물 때, 통찰지로써 그 법을 조사하고 점검하고 탐구한다. 빅쿠들이여! 빅쿠가 그렇게 마음 챙겨 머물면서 통찰지로써 그 법을 조사하고 점검하고 탐구할 때, 법을 간택하는 깨달음의 구성요소(택법각지)가 생긴다. 그때 법을 간택하는 깨달음의 구성요소를 닦고, 그때 법을 간택하는 깨달음의 구성요소를 닦아서 성취한다. …. (정진각지) …. (희각지) …. (경안각지) …. (정각지) …. (사각지) ….[53]

『입출식념경』에서는 7각지의 요소를 차례대로 성취하는 것을 말하고 있는 점이 특징이다. 요컨대 4념처 수행을 통하여 명상수행자는 마침내 7각지를 성취하게 되고, 일곱 가지 깨달음은 차례가 있으며, 그중에서 염각지가 출발점이라는 것이다. 이 가운데 염각·정진각·정각 등은 8정도의 덕목들과 겹친다는 점에서도, 이 세 가지는 사띠 수행에서 필수적인 덕목이라는 사실을 알게 된다.

7각지 항목들은 각자 독립적인 영역을 가지면서도 상호 연관되어 있다. 하나하나가 높은 차원의 깨달음 내역을 말하고 있으면서 차례 또한 정연하다. 알아차림을 하면 법에 대한 지혜가 동반되고, 정진에 따라 희열과 경안함이 생하며, 사마디가 온전하고 평온하게 현전하는 순서로 되어 있다.

7각지 가운데 첫 항목은 염각지이다. 염각지는 '사띠의 지혜'를 말한다. 붓다가 얻은 모든 지혜 가운데 으뜸이 '사띠의 지혜'인 염각지라는 것을 상징적으로 보여주고 있다. 이를 보아도 사띠는 깨달음에 들어가는 방법인 동시에 깨달음의 내용이라는 것을 알 수 있다. 즉 사띠는 부처가 되기 위한 방법인 동시에 성품 그 자체가 온전히 드러난 최종 상태인 것이다.

---

53 MN 118.(*Ānapānasati Sutta*, 『出入息念經』)

〔명상수행자를 위한 양념〕

이제부터는 같은 담마라 하더라도 깨달음과 관련이 있는 담마에 대하여 말하고 있다. 7각지는 깨달음의 속성이므로, 깨달음을 얻은 사람들이 갖추고 있는 덕목들이다. 바꾸어 말하면 일곱 가지 깨달음의 내용을 고루 갖추지 못한 사람은 깨달음에 도달한 것이 아니라는 말이다. '아무개의 법을 이었다'라든지 '한 소식 얻었다' 등 개념조차 불분명한 목적을 지향하며 사는 일부 명상수행자들이 진지하게 곱씹어 보아야 할 내용이다. 붓다는 이곳에서 '한 소식'이 아닌 '일곱 가지 소식'이라고 분명하게 말하고 있다. 누구보다도 명상수행자 본인은 잘 안다. 자신이 일곱 가지 깨달음의 요소를 빠짐없이 얻은 수행자인지 그렇지 않은 사람인지를.

7각지는 깨달음의 구성요소이다. 즉 깨달은 붓다에게 나타나는 일곱 가지 능력이다. 그렇다면 그러한 능력이 일시에 나타나는 것인지 아니면 조금씩 점차 나타나는 것인지도 궁금하다. 깨달음의 징후는 조금씩 나타나다가 마침내 완전해지는 것이라고 본다.

명상수행을 하다 보면 7각지의 능력들이 때에 따라 조금씩 나타나기도 한다. 마치 지루한 장마의 먹장구름 속에서 언뜻언뜻 푸른 하늘이 보이면 맑게 갠 내일 날씨에 대한 희망을 품을 수 있는 것처럼 말이다. 7각지의 경우도 그러하다.

수행 중에 나타나는 7각지가 온전한 형태가 아니고 부분적·일시적으로 나타나더라도 수행자로서는 너무도 감사한 일이다. 수행 중에 7각지의 징후들이 나타나기 시작한다는 것은 언젠가 온전한 깨달음에 도달할 수 있다는 희망을 명상수행자에게 부여한다. 특히 일부일망정 희각·경안각·사각 등의 징후가 나타나면, 명상수행자는 안심과 용기를 얻는다.

항상 암흑 속에서 헤매며 앞길조차 가늠하기 어렵다면, 끝까지 밀어붙일 수행자가 얼마나 될 것인가! 특히 빨리빨리 결과를 보고 싶어 하는 한국인들 가운데 말이다. 물론 그러한 깨달음의 징후들이 수행 중에 나타난다 할지라도 그것들마저 대상으로 삼아 끊임없이 알아차림을 계속하는 것이 중요하다.

Idha, bhikkhave, bhikkhu santaṃ vā ajjhattaṃ satisambojjhaṅgaṃ[54] 'atthi[55] me ajjhattaṃ satisambojjhaṅgo' ti pajānāti, asantaṃ vā ajjhattaṃ satisambojjhaṅgaṃ 'natthi me ajjhattaṃ satisambojjhaṅgo' ti pajānāti, yathā ca anuppannassa satisambojjhaṅgassa uppādo hoti taṃ ca pajānāti, yathā ca uppannassa satisambojjhaṅgassa bhāvanāya pāripūrī[56] hoti taṃ ca pajānāti.

---

54 sambojjhaṅga: 지혜의 구성. ※ sambodhi : 지혜, 깨달음. anga: 관점, 구성, 요소.

55 atthi: 있음. ※ natthi: 없음.

56 bhāvanāya pāripūrī: 완전한 충만, 완성. ※ 여기에서는 〔깨달음의 요소를〕 '완전히 성취함'으로 번역하였다. ※ bhāvanāya: 완전한. pāripūrī: 채워짐, 충만, 성취.

또한 빅쿠들이여! 여기 빅쿠는 자기 내면에 사띠라는 깨달음의 요소(念覺支)가 존재할 때, '나에게 사띠라는 깨달음의 요소가 있다'고 바르게 알아차리고, 사띠라는 깨달음의 요소가 존재하지 않을 때 '나에게 사띠라는 깨달음의 요소가 없다'고 바르게 알아차린다. 또한 발생하지 않았던 사띠라는 깨달음의 요소가 어떻게 발생하는지 바르게 알아차리고, 또한 발생한 사띠라는 깨달음의 요소를 어떻게 완전하게 성취하는지 바르게 알아차린다.

〔경에 대한 설명〕

이제부터 7각지를 개별적으로 소개하고 있다. 사띠라는 깨달음 요소인 사띠삼보잔고(satisambojjhaṅgo)는 사띠(sati)와 깨달음의 요소(覺支)라고 번역되는 삼보잔고(sambojjhaṅgo)가 합해진 용어이다. 나머지 6각지의 경우도 마찬가지이다.

여기에서 하나의 의문이 생길 수 있다. "'나의 내면에 사띠라는 깨달음의 요소가 존재할 때, 사띠라는 깨달음의 요소가 존재한다'고 바르게 알아차리고, 사띠라는 깨달음의 요소가 없을 때 '나에게 사띠라는 깨달음의 요소가 존재하지 않는다'고 바르게 알아차린다."고 하는 점 말이다. 명상수행자에게 사띠라는 요소가 있기도 하고 없기도 한다는 말인가? 그러한 의문은 7각지 전체 항목에 해당한다. 요컨대 일곱 가지 요소가 모든 사람에게 구유具有된 것인가 아닌가 하는 의문이 생길 수 있다는 것이다. 이러한 것은 대승불교에 이르면 여래장如來藏의 개념이 출현하므로 문제가 상당 부분 해소되지만, 『대념처경』이 설해진 시점에서는 어떤 식으로든 해결되어야 할 부분이다.

일곱 가지나 되는 깨달음의 구성요소가 내면에 있거나 없거나 하는 것인가? 혹은 있지만, 나타나거나 나타나지 않거나 하는 것인가? 그 점에 대하여 생각해 보자. 양자역학에서처럼 사물이 있다고 생각하면 존재하고, 없다고 생각하면 존재하지 않는다는 말은 아닐 것이다. 일단 깨달음의 요소는 우리의 내면에 존재하며, 사람에 따라서 그것을 알거나 혹은 알지 못하거나 하는 식으로 해석하는 것이 합리적이다. 만약 사띠와 같은 깨달음의 요소가 있거나 없거나, 혹은 있다가 없어지거나 한다면 그것은 모순이다. 나아가 명상수행자는 실제 수행에서 커다란 혼란에 휩싸일 것이 분명하다.

명상수행자는 자신의 내면에 사띠를 비롯한 7각지의 요소가 분명히 있다는 것을 철저히 믿고 수행에 돌입해야 한다. "나에게 사띠의 요소가 없기도 하다는 것을 알게 된다."는 말은, 사띠라는 요소가 있음을 알지 못하고 지내다가 그 사실을 알게 되었다고 해석해야 한다. 나머지 조항도 마찬가지이다.

또 한 가지 주목되는 것은, 깨달음의 요소가 발생하면 그것을 닦아서 완전하게 성취한다고 설한 내용이다. 이는 후일 극동불교에서 대두된 돈오점수頓悟漸修론과 흡사한 틀로 해석할 수 있는 여지가 있다. 이 부분에 대해서는 여러 검토가 필요하므로 미뤄두자. 다만 분명한 것은, 일곱 가지 깨달음의 요소가 우리 모두의 내면에 내재하여 있다는, 엄청 희망적이며 신난다는 점이다.

Santaṃ vā ajjhattaṃ dhammavicayasambojjhaṅgaṃ[57] 'atthi me ajjhattaṃ dhammavicayasambojjhaṅgo' ti pajānāti, asantaṃ vā ajjhattaṃ dhammavicayasambojjhaṅgaṃ 'natthi me ajjhattaṃ dhammavicayasambojjhaṅgo' ti pajānāti, yathā ca anuppannassa dhammavicayasambojjhaṅgassa uppādo hoti taṃ ca pajānāti, yathā ca uppannassa dhammavicayasambojjhaṅgassa bhāvanāya pāripūrī hoti taṃ ca pajānāti.

자기 내면에 택법이라는 깨달음의 요소(擇法覺支)가 존재할 때 '나의 내면에 택법이라는 깨달음의 요소가 있다'고 바르게 알아차리고, 택법이라는 깨달음의 요소가 존재하지 않을 때 '나의 내면에 택법이라는 깨달음의 요소가 없다'고 바르게 알아차린다. 또한 발생하지 않았던 택법이라는 깨달음의 요소가 어떻게 발생하는지 바르게 알아차리고, 또한 발생한 택법이라는 깨달음의 요소를 어떻게 완전하게 성취하는지 바르게 알아차린다.

◆

Santaṃ vā ajjhattaṃ vīriyasambojjhaṅgaṃ[58] 'atthi me ajj-

57 dhammavicayasambojjhaṅgo: 택법각지擇法覺支, 택법의 깨달음의 요소. ※ vicaya: 간택, 조사, 검사, 탐구.

58 vīriyasambojjhaṅga: 정진각지, 정진의 깨달음의 요소. ※ vīriya: 정진, 부지런함, 노력.

hattaṃ vīriyasambojjhaṅgo' ti pajānāti, asantaṃ vā ajjhattaṃ vīriyasambojjhaṅgaṃ 'natthi me ajjhattaṃ vīriyasambojjhaṅgo' ti pajānāti, yathā ca anuppannassa vīriyasambojjhaṅgassa uppādo hoti taṃ ca pajānāti, yathā ca uppannassa vīriyasambojjhaṅgassa bhāvanāya pāripūrī hoti taṃ ca pajānāti.

자기 내면에 정진이라는 깨달음의 요소(精進覺支)가 존재할 때 '나의 내면에 정진이라는 깨달음의 요소가 있다'고 바르게 알아차리고, 정진이라는 깨달음의 요소가 존재하지 않을 때 '나의 내면에 정진이라는 깨달음의 요소가 없다'고 바르게 알아차린다. 또한 발생하지 않았던 정진이라는 깨달음의 요소가 어떻게 발생하는지 바르게 알아차리고, 또한 발생한 정진이라는 깨달음의 요소를 어떻게 완전하게 성취하는지 바르게 알아차린다.

◆

Santaṃ vā ajjhattaṃ pītisambojjhaṅgaṃ[59] 'atthi me ajjhattaṃ pītisambojjhaṅgo' ti pajānāti, asantaṃ vā ajjhattaṃ pītisambojjhaṅgaṃ 'natthi me ajjhattaṃ pītisambojjhaṅgo' ti pajānāti, yathā ca anuppannassa pītisambojjhaṅgassa uppādo hoti taṃ ca pajānāti, yathā ca uppannassa pītisambojjhaṅgassa bhāvanāya pāripūrī hoti taṃ ca pajānāti.

---

59 pītisambojjhaṅga: 희각지. ※ pīti: 기쁨, 희열.

자기 내면에 희열이라는 깨달음의 요소(喜覺支)가 존재할 때 '나의 내면에 희열이라는 깨달음의 요소가 있다'고 바르게 알아차리고, 희열이라는 깨달음의 요소가 존재하지 않을 때 '나의 내면에 희열이라는 깨달음의 요소가 없다'고 바르게 알아차린다. 또한 발생하지 않았던 희열이라는 깨달음의 요소가 어떻게 발생하는지 바르게 알아차리고, 또한 발생한 희열이라는 깨달음의 요소를 어떻게 완전하게 성취하는지 바르게 알아차린다.

〔경에 대한 설명〕

7각지 가운데 8정도의 정견에 필적하는 개념이 택법각지이다. 택법이란 법을 가리는 능력이다. 이 세상에 있는 헤아릴 수 없이 다양한 법 가운데 선법과 악법을 구분하고, 그중에서도 열반을 향한 법을 가려 지니는 능력이야말로, 수행자의 방향과 목적을 분명히 하는 중요한 요소이다. 여기에서 중생이 해탈해 가는 바른 방향(正見)을 설정하는 능력이 우리의 내면에 갖추어져 있으며, 그것을 온전히 드러낸(擇法覺支) 존재가 붓다인 것을 알 수 있다.

필자 개인적으로 생각할 때, 7각지 중에서 정진각지가 가장 놀랍다. 정진은 여래가 되기 위한 명상수행자가 지녀야 할 덕목으로만 생각해왔는데, 이미 여래가 된 엄청난 존재인 붓다조차도 정진의 요소를 지니고 있다는 점에서다.

희열(喜: Pīti)이라는 말은 즐거움·기쁨·짜릿함·황홀함 등으로 말하지만, 이러한 각 단어들은 희각지의 온전한 모습을 부분적으로 표현한 것들에 지나지 않는다. 왜냐하면 희열의 느낌들조차도 모든 사물의 본성이 일시적으로 나타났다가 사라지는, 즉 무상에 기반을 두어야 하기 때문이다. 그렇게 되어야만 명상수행자는 희열이 제공하는 기쁨을 만끽하면서도, 동시에 그에 대한 집착을 버릴 수 있다. 그런 점에서 희각지는 7각지 중 마지막에 나오는 사각지捨覺支의 사(捨: 평정, upekkhā)를 온전하게 동반해야만 진리에 대한 깨달음의 기쁨인 희喜에 제대로 이르렀다고 할 수 있을 것이다. 흔히 사무량심四無量心을 자비희사慈悲喜捨라 하여 희와 사를 짝 짓는 데에 그럴 만한 이유가 있다. 한편, 자와 비 또한 서로 대비되면서도 상보적 의미를 지니는 것으로 보아야 한다.

Santaṃ vā ajjhattaṃ passaddhisambojjhaṅgaṃ[60] 'atthi me ajjhattaṃ passaddhisambojjhaṅgo' ti pajānāti, asantaṃ vā ajjhattaṃ passaddhisambojjhaṅgaṃ 'natthi me ajjhattaṃ passaddhisambojjhaṅgo' ti pajānāti, yathā ca anuppannassa passaddhisambojjhaṅgassa uppādo hoti taṃ ca pajānāti, yathā ca uppannassa passaddhisambojjhaṅgassa bhāvanāya pāripūrī hoti taṃ ca pajānāti.

자기 내면에 경안이라는 깨달음의 요소(輕安覺支)가 존재할 때 '나의 내면에 경안이라는 깨달음의 요소가 있다'고 바르게 알아차

60 passaddhisambojjhaṅga: 경안각지. ※ passaddhi: 경안, 평온, 안도.

리고, 경안이라는 깨달음의 요소가 존재하지 않을 때 '나의 내면에 경안이라는 깨달음의 요소가 없다'고 바르게 알아차린다. 또한 발생하지 않았던 경안이라는 깨달음의 요소가 어떻게 발생하는지 바르게 알아차리고, 또한 발생한 경안이라는 깨달음의 요소를 어떻게 완전히 성취하는지 바르게 알아차린다.

〔경에 대한 설명〕

경안(輕安, passaddhi)이란 경쾌하다 혹은 유연하다는 말로, 4처에 대한 사띠가 평온하게 이루어짐에 따라 자연스럽게 가벼워지고 편안해지는 것을 말한다. 경안은 심신 간의 경쾌함·부드러움·일의 적당함·능숙함 등을 포괄하는 개념이며, 대체로 어려운 상황과 수행의 고난을 지난 후에 얻게 되는 편안함이다.

경안은 마음에 여유를 주며, 마음을 선한 작용으로 이끈다. 마음이 선한 작용으로 이루어질 때 명상수행자는 유연해진다. 유연함의 반대는 긴장함이요, 긴장함은 이원적일 수밖에 없으며, 이원적인 것은 반드시 대립을 지향하고 대립은 투쟁을, 투쟁은 갈등과 폭력을 유발할 수 있다.

〔명상수행자를 위한 양념〕

명상수행에 서원을 세우고 출발하는 수행자에게 뜻하지 않았던 재수 없는 사건들이 연쇄·다발적으로 나타나는 수가 있다. 이때 이치를 알지 못하는 명상수행자는 원망하거나 힘들어한다. 선한 일에 서원을 세우고 도에 입문하는데 왜 이렇게 힘든 경계가 쏟아지는지에 대한 의문이 생기게 마련이다. 하지만 그러한 현상들이 발생하는 것은 어느 정도 자연스러운 것이다. 심신이 맑아짐에 따라 과거의 거친 업들이 짧은 시간에 다량으로 정리되면서 나타나는 결과이기 때문이다. 명상수행이 어느 정도 자리를 잡게 되면 생활 속에서나 명상 중에서나 차츰 경안을 체험할 수 있다.

사띠 수행자는 명상 중 찾아오는 평온함을 자칫 깨달음의 궁극적 경지로 볼 수도 있다. 7각지는 깨달음의 일곱 가지 요소이기는 하더라도, 여기에서의 경안각지는 어디까지나 사띠의 대상으로 제시된 것임을 알아야 한다. 사띠의 대상이라면 완성된 개념이라기보다는 과정 중에 일어나는 일시적이고 일부적인 측면이라고 보아야 한다. 그 사실을 모르고 수행자가 만약 치열한 알아차림이 없이 평안만을 취하려 한다면 해태와 혼침에 떨어질 우려가 있다. 명상수행에서의 중도中道가 이곳에서도 적용된다.

경안은 평상시에만 나타나는 것이 아니고 명상수행 중에도 자주 나타난다. 같은 명상시간이라도 어느 때는 힘이 들고 짜증스러운 시간이 있는가 하면, 어느 때는 개운하며 수월하고 매끈거리는 듯한 경안이 계속되는 명상시간도 있다.

명상 시에 어떤 알아차림은 오래 머물고, 어떤 알아차림은 신속하게 통과하며, 어떤 알아차림은 천천히 통과하기도 한다. 공통점은 장애·집착·산만함 등이 지나간 후에 경안이 찾아온다는 것이다. 그러므로 명상수행자가 알아야 할 것은 힘든 시간이 온다고 짜증낼 일도, 수월한 시간이라고 기뻐할 일도 아니라는 사실이다.

Santaṃ vā ajjhattaṃ samādhisambojjhaṅgaṃ[61] 'atthi me ajjhattaṃ samādhisambojjhaṅgo' ti pajānāti, asantaṃ vā ajjhattaṃ samādhisambojjhaṅgaṃ 'natthi me ajjhattaṃ samādhisambojjhaṅgo' ti pajānāti, yathā ca anuppannassa samādhisambojjhaṅgassa uppādo hoti tañ ca pajānāti, yathā ca uppannassa samādhisambojjhaṅgassa bhāvanāya pāripūrī hoti tañ ca pajānāti.

자기 내면에 사마디라는 깨달음의 요소(定覺支)가 존재할 때 '나의 내면에 사마디라는 깨달음의 요소가 있다'고 바르게 알아차리고, 사마디라는 깨달음의 요소가 존재하지 않을 때 '나에게 사마디라는 깨달음의 요소가 없다'고 바르게 알아차린다. 또한 발생하지 않았던 사마디라는 깨달음의 요소가 어떻게 발생하는지 바르게 알아차리고, 또한 발생한 사마디라는 깨달음의 요소를 어떻게 완전히 성취하는지 바르게 알아차린다.

◆

Santaṃ vā ajjhattaṃ upekkhāsambojjhaṅgaṃ[62] 'atthi me ajjhattaṃ upekkhāsambojjhaṅgo' ti pajānāti, asantaṃ vā

61 samādhisambojjhaṅga: 정각지定覺支. ※ samādhi는 한역할 때, 의역으로는 정定·등지等持, 음역으로는 사마디(三昧)·삼마지三摩地 등으로 번역된다.

62 upekkhāsambojjhaṅga: 사각지捨覺支. ※ upekkhā: 평정(捨), 무관심, 버림.

ajjhattaṃ upekkhāsambojjhaṅgaṃ 'natthi me ajjhattaṃ upekkhāsambojjhaṅgo' ti pajānāti, yathā ca anuppannassa upekkhāsambojjhaṅgassa uppādo hoti taṃ ca pajānāti, yathā ca uppannassa upekkhāsambojjhaṅgassa bhāvanāya pāripūrī hoti taṃ ca pajānāti.

자기 내면에 평정이라는 깨달음의 요소(捨覺支)가 존재할 때 '나의 내면에 평정이라는 깨달음의 요소가 있다'고 알아차리고, 평정이라는 깨달음의 요소가 존재하지 않을 때 '나의 내면에 평정이라는 깨달음의 요소가 없다'고 바르게 알아차린다. 또한 발생하지 않았던 평정이라는 깨달음의 요소가 어떻게 발생하는지 바르게 알아차리고, 발생한 평정이라는 깨달음의 요소를 어떻게 완전하게 성취하는지 바르게 알아차린다.

〔경에 대한 설명〕

사각지는 마음의 평정·평온의 상태를 말하는 것인데, 이는 마음에서 일어나는 갈망과 혐오의 양극단이 사라진 중도적 평온이다.

앞에서 말한 깨달음의 요소들과 마찬가지로 평온 또한 오직 무상, 즉 일어났다 사라지는 것으로서 경험할 때에 깨달음을 향한 알아차림의 대상으로 가치가 있다. 명상수행자에게 닥치는 흔한 위험은, 자신이 경험하는 깊은 평온을 열반의 마지막 단계로 오인하는 데에서 온다. 그러한 환상은 깊은 평온마저도 무상에 지나지 않는다는 자각을 통해서 사라질 수 있다.

〔명상수행자를 위한 양념〕

평정은 대체로 인간의 감정과 관련이 있는데, 감정과 관련해서는 해묵은 불교학의 논쟁거리가 있다. 초기불교의 수행 계위에서 아라한은 최종단계의 도인인데, 아라한도 감정이 일어나는지 그렇지 않은지에 대한 논의이다.[63] 필자의 견해로는 아라한이 될지라도 감정이 없어지는 것은 아니다. 아라한도 굶으면 배가 고프다는 느낌이 일어나며, 공양에 대하여 감사하다는 감정이 일어날 수 있다. 그것은 몸을 지니고 있기 때문이다. 육체가 있는 한 감정 또한 여읠 수 없는 것이다. 아라한은 희로애락의 감정이 일어나지 않는 것이 아니고, 일어나는 감정을 완벽하게 알아차림 하고 있으므로 그 감정에 사로잡히지 않는 존재이다. 그러므로 항상 평온을 여의지 않는다.

초기불전에서 붓다는 스스로를 아라한이라 칭하고 있다. 그러나 아비다르마 시대에 이르면, 붓다를 일반 아라한과 구분하여 대아라한으로 칭한다. 다시 대승불교 시대가 되면 붓다는 신비하고 초인적인 어마어마한 인물로 바뀐다. 필자의 생각으로 생전의 붓다는 일반 아라한들과 구분되는 존재였다고 생각한다. 그 이유는 붓다가 반열반에 앞서 들었던 상수멸정想受滅定 때문이다. 이 부분은 명상수행에서 매우 미묘하며 중요한 대목이다. 비상비비상처정非想非非想處定

63 『이부종륜론』에서는 "4중四衆이 함께 마하데바(Mahādeva, 大天)의 5사를 논의하는 과정에서 의견이 나뉘어 두 부파가 생겼는데, 대중부와 상좌부가 그것이다."라고 하여 근본분열의 원인으로 마하데바(大天)가 제창한 '5사五事'를 들고 있다. 마하데바의 5사 중에는 아라한의 감정 문제가 중요 쟁점이었다.(졸저, 『인도불교사』, p.180)

을 넘어 상수멸정에 이르렀다는 것은, 상과 수가 멸했으며, 그에 수반하여 행行과 식識마저 사라져 5온이 멸한 상태를 의미한다. 요컨대 아라한은 모든 감정의 발생을 완벽하게 알아차림 하고 있으므로 감정의 오류가 일어나는 순간 제어가 가능하지만, 붓다는 상수멸이므로 감정 자체의 유무를 자재하는 능력까지 있다고 본다. 그러한 면에서 붓다를 대아라한으로 간주하는 것이 옳다고 생각한다.[64]

뛰어난 명상수행자의 경우, 이상의 7각지가 수행 중에 나타나기도 한다. 현대 미얀마의 명상 중흥조로 불리는 마하시 사야도(1904~1982)가 28세가 되던 1932년에 4개월 동안 한잠도 자지 않고 수행에 몰두한 적이 있었다 한다. 잠을 자지 않고 정진을 했음에도 불구하고 그의 몸은 건강한 상태였다고 한다. 그것은 위빳사나 수행을 통해 일곱 가지 깨달음의 요소(七覺支)가 경험되면서 마음이 지극히 정화되었고, 마음의 정화에 의해서 육체가 정화되었기 때문이라고 한다.[65] 이는 7각지 체험의 공효를 보여주는 예라고 할 수 있겠다.

Iti ajjhattaṃ vā dhammesu dhammānupassī viharati, bahiddhā vā dhammesu dhammānupassī viharati ajjhattabahiddhā vā dhammesu dhammānupassī viharati, samu-

---

64 이 부분은 불교 수행의 원리와 도달의 경지라는 측면에서 매우 중요한 쟁점이 될 수 있으므로 다른 기회에 상세하게 정리할 계획이다.

65 김재성, 『마하시 수행법과 대념처경』, p.5.

dayadhammānupassī vā dhammesu viharati, vayadhammānupassī vā dhammesu viharati, samudayavayadhammānupassī vā dhammesu viharati, 'atthi dhammā' ti vā panassa sati paccupaṭṭhitā hoti. Yāvadeva ñāṇamattāya paṭissatimattāya anissito ca viharati, na ca kiñci loke upādiyati. Evaṃ pi kho, bhikkhave, bhikkhu dhammesu dhammānupassī viharati sattasu bojjhaṅgesu.

이와 같이 안으로 담마에서 담마를 관찰하며 지낸다. 또 밖으로 담마에서 담마를 관찰하며 지낸다. 또 안팎으로 담마에서 담마를 관찰하며 지낸다. 담마에서 일어나는 현상을 관찰하며 지낸다. 또한 담마에서 사라지는 현상을 관찰하며 지낸다. 또한 담마에서 일어나고 사라지는 현상을 관찰하며 지낸다. 〔그리하여〕 '이것이 담마로구나'라는 사띠가 확립된다. 이제 지혜가 확장되고 사띠만이 현전하여 지낸다. 그리하여 〔안팎의〕 세계에 집착함을 하찮게 여긴다. 빅쿠들이여! 이것이 빅쿠가 일곱 가지 깨달음의 구성요소(七覺支)라는 담마에서 담마를 관찰하며 지내는 〔방법인〕 것이다.

5. Saccapabbaṃ[66]

5. 〔네 가지 성스러운〕 진리의 절(四聖諦)

Puna caparaṃ, bhikkhave, bhikkhu dhammesu dhammānupassī viharati catūsu ariyasaccesu.[67] Kathaṃ ca pana, bhikkhave, bhikkhu dhammesu dhammānupassī viharati catūsu ariyasaccesu? Idha bhikkhave, bhikkhu 'idaṃ dukkhaṃ' ti yathābhūtaṃ[68] pajānāti, 'ayaṃ dukkhasamuday o'[69] ti yathābhūtaṃ pajānāti, 'ayaṃ dukkhanirodho' ti yathābhūtaṃ pajānāti, 'ayaṃ dukkhanirodhagāminī paṭipadā'[70] ti yathābhūtaṃ pajānāti.

다시 한편으로 빅쿠들이여! 빅쿠는 네 가지 성스러운 진리의 담마에서 담마를 관찰하며 지낸다. 빅쿠들이여! 여기 빅쿠는 어떻게 네 가지 성스러운 진리라는 담마에서 담마를 관찰하며 지내는가? 빅쿠들이여 여기 빅쿠는 '이것은 괴로움이다'라고 분명하고 바르

---

66 sacca 참된, 실재의. ※ saccani: 진리.

67 catūsu ariyasaccesu: 4성제四聖諦. ※ catu: 넷. ariya: 성스러운. sacca: 진실, 진리.

68 yathābhūta: 분명하게, 확실히, 진실되게. ※ yatha: ··과, ··처럼. abhūta : 놀라운, 진실된.

69 dukkha: 괴로움. ※ samudayo: 일어남. nirodho: 소멸함. gāminī: 감.

70 paṭipadā; 〔목표에 달성하는〕 방법, 길.

게 알아차린다. '이것은 괴로움의 일어남이다'라고 분명하고 바르게 알아차린다. '이것은 괴로움의 지멸이다'라고 분명하고 바르게 알아차린다. '이것은 괴로움의 지멸에 이르는 길이다'라고 분명하고 바르게 알아차린다.

〔경에 대한 설명〕

여기서는 4성제를 대상으로 알아차림 하는 것에 대한 개론적 설명을 하고 있다. 같은 내용을 『맛지마 니까야(MN)』에서는 소략하게 맺고 있음에 비하여, 『디가 니까야(DN)』에서는 상세하게 거론하고 있다. 본 내용은 『디가 니까야』에 실려 있는 것이다.

누가 보아도 4성제는 붓다 교설 가운데 핵심 중 핵심이다. 4성제와 연기, 사띠와 자비 방편, 이런 것들이 붓다 교법의 골격이라고 해도 좋을 것이다. 초기불교에서는 자비 방편이 상대적으로 약한 느낌이지만 대승에 이르러서는 강화되고 있다.

야타부따(yathābhūta)는 분명하게, 확실히, 진실되게 따위의 의미를 지닌 용어인데, 여기서는 빠자나띠와 합하여 '분명하고 바르게 알아차린다'로 번역하였다. 『대념처경』 전체에서 이곳에서만 야타부따를 사용하고 있다. 그것은 붓다의 교설 가운데 4성제 법문이 지니는 절대적 위상을 말해주는 것이 아닌가 한다. 초기불전 곳곳에서 붓다가 4성제의 중요성을 말하고 있는데, 『대념처경』에서도 특별한 강조를 위하여 사용한 것으로 보인다.

1) Dukkhasaccaniddeso

1) 괴로움의 〔성스러운〕 진리(苦聖諦)

Katamaṃ ca, bhikkhave, dukkhaṃ ariyasaccaṃ?[71]

그렇다면 빅쿠들이여! 무엇이 괴로움의 성스러운 진리인가?

◆

Jāti[72] pi dukkhā, jarā[73] pi dukkhā, byādhi[74] pi dukkhā, maraṇaṃ[75] pi dukkhaṃ, sokaparidevadukkhadomana-ssupāyāsā[76] pi dukkhā, appiyehi sampayogo[77] pi dukkho,

---

71 ariyasacca: 성스럽고 진실된. ※ ariya: 성스러운, 두드러지는, 지체가 높은. sacca: 진실된.

72 jāti: 태어난, 발생된. ※ 여기서는 윤회를 통해 다시 태어난 사실을 의미한다. ※ 원형: jānati.

73 jarā: 늙음, 쇠퇴, 로老.

74 byādhi: 병듦, 아픔, 병. ※ 유사어로 vyādhi가 있다. 판본에 따라 'byādhi pi dukkhā', 즉 '병듦도 고통이다'라는 부분이 없는 곳도 있다. 전체적인 흐름으로 보아서는 들어가 있는 편이 자연스럽다.

75 maraṇa: 죽음, 죽임. ※ māra: 죽음, 악마, 죽음의 신.

76 sokaparidevadukkhadomanassupāyāsā: 슬픔·비탄·고통·재난. ※ 여기서는 〔감정적〕 슬픔과 비탄, 〔육체적·정신적〕 고통과 재난으로 번역하였다.

77 appiyehi sampayogo: 사랑하지 않는 것〔또는 인연〕과 만나는 것. ※ piyehi vippayogo는 그 반대의 상황을 말한다. 각각 원증회고怨憎會苦, 애별리고愛別離苦로 한역된다.

piyehi vippayogo pi dukkho, yampicchaṃ[78] na labhati[79] taṃ pi dukkhaṃ, saṅkhittena[80] pañcupādānakkhandhā[81] dukkhā.

태어남은 괴로움이다. 늙음도 괴로움이다. 병도 괴로움이다. 죽음도 괴로움이다. 슬픔과 비탄, 고통과 재난도 괴로움이다. 싫어하는 것과 만나야 하는 것도 괴로움이다. 좋아하는 것과 만나지 못하는 것도 괴로움이다. 〔원하되 얻지 못하는〕 두 가지도 괴로움이다. 결국, 다섯 가지 무더기들 자체가 괴로움이다.

◆

Katamā[82] ca, bhikkhave, jāti? Yā tesaṃ tesaṃ sattānaṃ tamhi tamhi[83] sattanikāye[84] jāti, sañjāti[85] okkanti[86] abhi-

---

78 yampiccha: 두 가지로 연결된. ※ yam: …과 연결된. piccha: 두 개의 고리.

79 labhati: 〔허가 · 기회 등을〕 얻음, 받음. ※ yampiccha labhati dukkhā는 〔원하되 얻지 못하는〕 두 가지 고통을 의미한다. 구부득고求不得苦로 한역된다.

80 saṅkhittena: 요컨대, 짧게 말해서. ※ 결국이라고 번역하였다.

81 pañcupādānakkhandhā: 오취온五取蘊. ※ pañca: 다섯. upādāna: 집착. khandhā: 덩어리, 온蘊.

82 Katama: 〔아래의 말과 관련지어〕 무엇. ※ ca도 무엇이라는 의미인데, 이 경우 katama와 관용구처럼 붙어 사용된다. 여기서는 '또한'이라 번역하였다.

83 tesaṃ tesaṃ – tamhi tamhi: 모든 계층, 여러 종류를 지칭하는 관용구.

84 sattanikāye: 유정의 무리. ※ satta는 형용사로는 집착하는, 명사로는 중생·유정·영 등으로 사용된다. nikāye는 집합·무리 등을 의미한다.

85 sañjāti: 탄생, 결과, 기원. ※ jāti: 태어난, 발생된.

86 okkanti: 수태受胎.

nibbatti[87] khandhānaṃ pātubhāvo[88] āyatanānaṃ paṭilābho,[89] ayaṃ vuccati,[90] bhikkhave, jāti.

빅쿠들이여! 무엇이 태어남인가? 그것은 모든 생명의 탄생을 말한다. 〔생명의〕 발생, 수태, 출산, 〔5〕온蘊의 형성, 〔감각〕 장소의 획득 〔등이다〕. 빅쿠들이여! 이를 일러 태어남이라 한다.

◆

Katamā ca, bhikkhave, jarā? Yā tesaṃ tesaṃ sattānaṃ tamhi tamhi sattanikāye jarā, jīraṇatā[91] khaṇḍiccaṃ[92] pāliccaṃ[93] valittacatā[94] āyuno saṃhāni[95] indriyānaṃ paripāko,[96] ayaṃ vuccati, bhikkhave, jarā.

---

87 abhinibbatti: …이 되다, 재생산되다, 전생轉生하다, 재생再生하다. ※ 여기서는 〔수태 이후〕 출산을 의미한다.

88 khandhāna: 덩어리, 모임 등 구성요소. ※ pātubhāvo는 명백하게 드러난 것을 의미한다. khandhāna는 5온을 말할 때 pañca-khandha라 하여 사용한다.

89 āyatanāna paṭilābho: 〔위치·장소 등을〕 획득함. ※ āyatanāna는 영역·자리·처 등을 의미하며, paṭilābho는 획득·받음·수령受領 등을 의미한다. 여기서는 감각기관 즉 6근이 생긴다는 뜻이다.

90 vuccati: 말하다, 설하다, 부르다.

91 jarā: 늙음. ※ jīraṇatā: 나이 들어 노쇠함.

92 khaṇḍicca: 〔이빨이〕 깨어진 상태, 혹은 빠진 상태. ※ khaṇḍa: 파편, 파괴. 여기에서는 이빨이 상함으로 번역하였다.

93 pālicca: 백발이 됨.

94 valittacatā: 주름진. ※ valete: 주름살이 짐.

95 āyuno saṃhāni: 수명의 감소. ※ āyu: 수명, 나이. āyuha: 생애.

빅쿠들이여! 무엇이 늙음인가? 그것은 모든 생명의 늙음을 말한다. 나이 들어 노쇠함, 이빨의 상함, 머리털의 희어짐, 피부의 주름짐, 수명의 감소, 지각능력의 쇠퇴 〔등이다〕. 빅쿠들이여! 이를 일러 늙음이라 한다.

◆

Katamaṃ ca, bhikkhave, maraṇaṃ? Yaṃ tesaṃ tesaṃ sattānaṃ tamhā tamhā sattanikāyā cuti[97] cavanatā bhedo[98] antaradhānaṃ[99] maccu maraṇaṃ[100] kāla-kiriyā[101] khan-

---

96 indriyāna paripāko: 〔6근이 지닌〕 지각능력의 쇠퇴. ※ indriya: 지각능력, 감각기관, 근根. paripāko: 쇠퇴함.

97 sattanikāyā cuti: 생명의 끝, 생명의 종말. ※ satta는 형용사적으로는 매달린·집착하는 등의 의미이며, 명사로는 집착하는 존재, 중생을 의미한다. nikāyā는 수집·집합 등을 의미한다. cuti는 종말이라는 의미이다. 따라서 sattanikāyā cuti는 집착〔을 주 업종으로〕하는 중생의 〔고유성질로서의〕 집합이 끝났다는 의미이다. 여기에서는 모든 생명의 종말이라고 번역하였다. ※ 참고로 흩어진 것을 모았다는 의미에서 경전을 nikāyā라고 부른다.

98 cavanatā bhedo: 죽어 사라짐(死沒). ※ cavana: 움직임·이동의 소멸. bhedo: 부서짐, 파괴. ※ 따라서 같은 죽음의 의미일지라도, cavanatā bhedo는 움직임을 속성으로 하는 것의 소멸이라는 측면을 뜻한다.

99 antaradhāna: 사라짐, 소멸. ※ 여기서는 개체가 사라진다는 것을 말한다.

100 maccu maraṇa: 죽음. ※ 두 개념 모두 죽음을 의미하며 중복으로 표기하여 강조한다. ※ maccu는 '죽음의 신인 마라(Māra)의 그물'이라는 의미로 문학적 표현상의 죽음이며, 빨리어로 죽음을 가리키는 일반적인 용어로 사용된다. maraṇa는 죽음의 시간 혹은 의례로서의 죽음을 의미한다.

101 kāla-kiriyā: 생명의 지속이 완료됨. ※ kāla: 〔그〕 때, 정시定時. kiriyā: 행위. khandhā: 파편·파괴·부서짐. ※ kiriyā khandhā는 〔5온으로 나타나는〕 생명의

dhānaṃ bhedo[102] kaḷevarassa nikkhepo[103] jīvtindriyassa upacchedo,[104] idaṃ vuccati, bhikkhave, maraṇaṃ.

빅쿠들이여! 무엇이 죽음인가? 그것은 모든 생명의 종말을 말한다. 움직임의 사라짐, 개체의 소멸, 주검이 되는 순간, 생명 지속의 완료, 〔5〕온의 분해, 시체로 버려짐, 생명 기능의 파괴 〔등이다〕. 빅쿠들이여! 이를 일러 죽음이라 한다.

〔경에 대한 설명〕

생로병사에 대하여 생물학적으로 그리고 문학적으로 이토록 자세하게 규명하고 있는 붓다의 의도는 과연 어디에 있을까? 이와 같은 상세한 묘사는 우리의 생로병사에 대한 통념을 넘어서는 상세한 접근이 아닐 수 없다. 그것은 Ⅱ장. 몸을 따라 알아차림 하는 장에서 주검의 변화과정을 세밀히 서술하고 있는 것과 통한다. 이처럼 생로병사에 대한 자세한 붓다의 묘사를 통해서 몇 가지 사항을 알게 된다.

시간적인 지속이 멈춤을 의미한다. 이 말은 같은 죽음이라도 우리말의 '돌아가다' 처럼 존경이 포함되어 있는 의미이다.

102 khandhāna bhedo: 5온의 부서짐. ※ 죽음에 대한 불교의 전문용어이다.

103 kaḷevara nikkhepa: 시체로 버려짐. ※ kaḷevara는 몸을 의미한다. 여기에서는 주검 자체의 몸이다. nikkhepa는 놓음·제거·포기 등을 의미하는데, 특히 시체를 매장하는 것을 지칭한다. 두 용어를 합하여 시체를 버리는 장례형식으로서의 죽음을 말하고 있다.

104 jīvitindriyassa upacchedo: 생명 기능의 파괴. ※ 인습적 의미로 총체적인 죽음을 지칭한다.

첫째, 생에서 사에 이르는 과정은 불교의 입장에서 최적의 소재이다. 인생의 무상無常과 고苦로부터 출발하는 불교의 본질에서 바라볼 때, 생에서 사에 이르는 과정이야말로 모든 무상과 고의 교집합交集合이며 원인이라는 것을 알게 된다. 그래서 붓다는 이곳 4성제에서나, Ⅱ장. 몸을 따라 알아차림 하는 장에서도, 죽음에 이르는 과정에 대하여 철저하며 반복적인 묘사를 하고 있다. 사람이면 누구나 피할 수 없는 생로병사야말로 무상과 고를 극명하게 나타내는 사건이기 때문일 것이다.

둘째, 불교의 철학적 성격이 잘 드러나고 있다. 철학을 비롯한 제 학문에서 중요한 것은 정의定義를 내리는 일이다. 정의를 내리는 작업이야말로 사물에 대한 앎을 분명히 하는 길이다. 생로병사 또한 예외가 아니다. 붓다는 『대념처경』 말고도 자신의 가르침을 설하면서 대상과 상태에 대한 정의를 먼저 내리고 있다. 철학자로 본다면 붓다는 최상의 철학자라 할 수 있다.

셋째, 두루뭉술하게 넘어가지 않는 알아차림의 본질을 보게 된다. 적당히 지나치는 일은 알아차림의 성격과는 어울리지 않는다. 알아차림이란 현재 일어나는 상황을 명징明澄하게 바라보는 수행법이다. 붓다는 생로병사를 통하여 명확하게 인식하며 알아차림 하도록 상세하게 묘사하고 있다.

이 부분에서 한 가지 주목되는 사실은 생로병사 가운데 병에 해당하는 항목이 빠져 있다는 점이다. 미얀마본과 태국본 『대념처경』에는 병에 대한 항목이 아예 없다. 이에 비하여, PTS본에는 전체 생로병사를 말하는 부분에는 들어 있지만 각론에서는 병이 빠져 있다.

논리와 순서를 중시하는 붓다가 실수로 빼놓았을 가능성은 적다. 아마 후일의 전승 과정에서 빠졌을 것으로 판단된다. 그러나 병의 부분은 추론을 통해 알 수 있으므로, 전체적인 맥락에 영향을 줄 사항은 아니다.

병의 항목이 빠진 것에 대하여 달리 해석할 수도 있다. '병'의 내용이 '로'의 내용과 상당 부분 겹치기 때문에 일일이 적시할 필요가 없었던 탓으로 볼 수 있다는 것이다.

〔명상수행자를 위한 양념〕

붓다가 늙음과 죽음에 대하여 거론하고 있는 항목들은 현대인들이 기피에 심혈을 기울이는 것들이다. 항산화제의 복용, 인플란트를 심는 일, 머리털에 형성되어 있는 엄청난 규모의 시장, 피부의 주름을 막기 위한 각종 화장품, 치매를 방지하려는 의학적 노력 등에는 자연을 거스르려는 의도가 숨겨져 있다.

사람들은 오래 살고 싶어 하지만, 오래 살아 무엇을 하겠는가에 대하여 물으면 분명한 대답을 하는 사람이 드물다. 붓다는 늙음을 지연시키는 일보다 생로병사의 본질을 각성하는 일에 힘쓸 것을 주문하고 있다. 늙어 감을 알아차리는 사띠 명상이 보톡스 시술보다 더 중요하다는 말이다.

Katamo ca, bhikkhave, soko?[105] Yo kho, bhikkhave, aññatarаññatarena[106] byasanena[107] samannāgatassa[108] aññatarаññatarena dukkhadhammena phuṭṭhassa[109] soko socanā socitattaṃ[110] antosoko antoparisoko,[111] ayaṃ vuccati, bhikkhave, soko.

빅쿠들이여! 무엇이 슬픔인가? 빅쿠들이여! 그것은 여러 가지 불운 속에 헤맴이며, 여러 가지 괴로운 조건이 구비됨이며, 걱정·근심·슬픔·우수·고뇌 등이다. 빅쿠들이여! 이를 일러 슬픔이라 한다.

---

105 soko: 슬픔, 비탄, 우수.

106 aññatarаññatarena는 〔공간적으로〕 …사이. ※ aññatara: 여럿 중의 하나. 여기서는 '여러 가지'로 번역하였다.

107 byasanena: 불운, 상실, 파괴. ※ vyasanena와 동의어이며, byasana가 원형이다. ※ aññatarаññataren과 함께 쓰이는 것으로 미루어, 〔특히 친척과 같은 주변 인연들에 대한 집착에〕 매몰된 〔불행한〕 상태를 가리킨다.

108 samannāgatassa: 〔떨치지 못하고 주변에서〕 헤맴. ※ samanna: 〔복합적이며 종교적인 의미로〕 헤매는, 은둔하는. gata: 〔멀리〕 가버림. ※ agata: 가지 않음.

109 phuṭṭhassa: 구비된, 수반된, 부여된. ※ phuṭṭha: 접촉된, 영향을 입은.

110 socanā: 슬픔, 근심. socitatta: 근심하는 상태.

111 antoparisoko: 우수와 깊은 고뇌. ※ anto: 내면. pari: 전혀, 매우. ※ antoparisoko는 antosoko보다 더한 내면적 깊은 슬픔이라 생각된다. 두 용어는 종류상의 차이라기보다는 정도상의 차이로 보는 것이 좋을 것 같다.

◆

Katamo ca, bhikkhave, paridevo?[112] Yo kho, bhikkhave, aññatarаññatarena byasanena samannāgatassa aññatarаññatarena dukkhadhammena phuṭṭhassa ādevo paridevo ādevanā paridevanā ādevitattaṃ paridevitattaṃ,[113] ayaṃ vuccati, bhikkhave, paridevo.

빅쿠들이여! 무엇이 비탄인가? 빅쿠들이여! 그것은 여러 가지 불운 속에 헤맴이며, 여러 가지 괴로운 조건이 구비됨이며, 울부짖음, 비탄, 울부짖음과 비탄, 깊은 울부짖음과 비탄 등이다. 빅쿠들이여! 이를 일러 비탄이라 한다.

◆

Katamaṃ ca, bhikkhave, dukkhaṃ?[114] Yaṃ kho, bhikkhave,

---

112 paridevo: 비탄, 통곡, 애도. ※ soko는 수愁, paridevo는 비悲, dukkha는 고苦, domanasa는 우憂, upāyāsasms 뇌惱로 번역된다. 따라서 paridevo는 앞의 soko보다는 더 깊은 슬픔을 의미한다. 한역으로는 네 가지를 합하여 愁悲憂惱로 표현된다.

113 ādevo: 울부짖음. 嘆으로 표기된다. ※ ādevo가 내면적 탄식이라면 paridevo는 외면적 눈물흘림, 소리지름, 땅바닥에 뒹굼 등 외면적 슬픔의 묘사에 해당한다. ※ ādevo paridevo, ādevanā paridevanā, ādevitattaṃ paridevitattaṃ 은 글자만 보더라도 뒤로 갈수록 진한 슬픔을 나타내고 있다. 뒷부분은 앞의 상황을 딛고 더욱 강조해 가는 형태이다.

114 dukkha: 고苦. ※ 이는 고의 대명사로 사용되는 용어이다. 따라서 이를 육체적이라고 한정할 수는 없으며, 육체와 정신에 함께 적용된다. 그러나 여기에서는

kāyikaṃ[115] dukkhaṃ kāyikaṃ asātaṃ[116] kāyasamphassajaṃ[117] dukkhaṃ asātaṃ vedayitaṃ,[118] idaṃ vuccati, bhikkhave, dukkhaṃ.

빅쿠들이여! 무엇이 〔육체적〕 고통인가? 빅쿠들이여! 그것은 몸의 아픔, 몸의 불편함, 몸의 접촉으로 일어난 고통, 불구로 인한 고통 등이다. 빅쿠들이여! 이를 일러 〔육체적〕 고통이라 한다.

◆

Katamaṃ ca, bhikkhave, domanassaṃ? Yaṃ kho, bhikkhave, cetasikaṃ[119] dukkhaṃ cetasikaṃ asātaṃ manosamphassajaṃ[120] dukkhaṃasātaṃ vedayitaṃ, idaṃ vuc-

---

뒤에 kāya가 나오므로 육체적 고통이며 苦라고 한역된다. 그와 대비하여 뒤에 나오는 domanasa는 정신적 고통을 표현한 것이며, 憂라고 한역된다.

115 kāyika: 몸의. ※ kāya: 몸, 신체.

116 asāta: 〔병 혹은 불구로 인한〕 육체의 불편함. ※ 그러나 뒤에 정신적 아픔의 경우에도 사용하는 예가 있음을 보면, 육체나 정신을 막론하고 사용하는 것 같다.

117 kāyasamphassaja: 신체적 접촉으로 인해 나타난 모든 것들. ※ 예컨대 5근五根을 통해 외부와 접촉하는 모든 것들을 말한다. 그러나 정상적으로 접촉되는 것이 아닌 5근의 불구로 인한 것이다. 따라서 불편함으로 야기되는 징후들을 포함하는 의미로 생각된다.

118 vedayita: 느낌, 경험. ※ 여기서는 특히 불구로 인한 고통의 느낌을 말한다.

119 cetasika: 정신적인, 마음과 관련된. ※ 나머지 부분은 육체의 경우와 대응한다.

120 manosamphassaja: 정신적 접촉으로 인해 나타난 모든 것들. ※ 앞의 육체적 접촉에 대응하는 개념이다.

cati, bhikkhave, domanassaṃ.

빅쿠들이여! 무엇이 〔정신적〕 고통인가? 빅쿠들이여! 그것은 정신적 고통, 정신적 불편함, 정신적 접촉으로 일어난 고통스럽고 불쾌한 느낌 등이다. 빅쿠들이여! 이를 일러 〔정신적〕 고통이라 한다.

◆

Katamo ca, bhikkhave, upāyāso?[121] Yo kho, bhikkhave, aññataraññatarena[122] byasanena[123] samannāgatassa[124] aññataraññatarena dukkhadhammena phuṭṭhassa āyāso upāyāso āyāsitattaṃ upāyāsitattaṃ, ayaṃ vuccati, bhikkhave, upāyāso.

빅쿠들이여! 무엇이 절망인가? 빅쿠들이여! 그것은 여러 가지 불운에 처하고, 여러 가지 고통스러운 일을 만나고, 실망감과 상실감에 처하고, 심한 상실감과 절망감에 처한 것 등이다. 빅쿠들이여! 이를 일러 절망이라 한다.

---

121 upāyāso: 절망, 모든 희망이 끊어진 상태. ※ 뒤에 나오는 āyāso가 가벼운 실망이라면 upāyāso는 심한 실망, 즉 절망을 뜻한다. 惱라고 한역된다.

122 aññataraññatarena: 가지가지. ※ aññatara: 이것저것, 여러 가지.

123 byasana: 불운, 비극, 상실. ※ vyasana와 동일한 뜻이다.

124 samannāgatassa: 상실감. ※ 예컨대 어머니를 잃은 것과 같은 커다란 상실감이다.

〔경에 대한 설명〕

이제부터는 온갖 종류의 육체적·정신적인 괴로움에 대하여 분류·묘사하고 있다. 모든 괴로움은 작은 것으로부터 큰 것에 이르는 순서로 되어 있으며, 매우 상세하게 적시하고 있다. 일반적으로 soka는 수愁, parideva는 비悲, upāyāsa는 뇌惱로 한역漢譯되며, 불경에서 모든 종류의 슬픔을 망라하는 의미를 나타낼 때 관용적으로 사용된다.

이곳에서는 8고 가운데 생로병사라는 기본적인 4고와 그로부터 발생하는 여러 가지 괴로움을 말하고 있다. 이후부터는 원증회고怨憎會苦·애별리고愛別離苦·구부득고求不得苦·오음성고五陰盛苦 등 나머지 4고를 제시한다.

◆

Katamo ca, bhikkhave, appiyehi sampayogo[125] dukkho? Idha yassa[126] te honti[127] aniṭṭhā[128] akantā[129] amanāpā[130] rūpā saddā gandhā rasā phoṭṭhabbā dhammā,[131] ye vā panassa

---

125 appiyehi sampayogo: 좋아하지 않는 것, 또는 사람과 만나는 것. ※ appiyehi: 좋아하지 않음. sampayogo: 만남, 조우. ※ piyehi: 즐거움, 좋아함. vippayoga: 분리됨, 헤어짐.

126 yassa: 결합, 얻음. ※ panassa: 해체, 붕괴.

127 honti: 만나다, 처하다.

128 aniṭṭhā: 마음에 들지 않음. ※ iṭṭhā: 마음에 듦, 즐거움.

129 akantā: 원하지 않음, 불쾌함. ※ kantā: 원함, 유쾌함.

130 amanāpā: 유쾌하지 않은, 즐겁지 않은. ※ manāpā: 즐거움.

131 rūpā: 몸. saddā: 소리·웃음. gandhā: 향기. rasā: 맛. phoṭṭhabbā: 감촉. dhammā: 법.

te honti anatthakāmā[132] ahitakāmā[133] aphāsukakāmā[134] ayogakkhemakāmā,[135] yā tehi saddhiṃ[136] saṅgati[137] samāgamo[138] samodhānaṃ[139] missībhāvo,[140] ayaṃ vuccati, bhikkhave, appiyehi sampayogo dukkho.

빅쿠들이여! 무엇이 싫어하는 것과 만남에서 오는 괴로움인가? 그것은 마음에 들지 않거나 즐겁지 않거나 싫어하는, 사물·소리·향기·맛·촉감·법 등을 만나야 하는 것이다. 또는 이익이 없고, 호의적이지 않고, 편안하지 않고, 안전하지 않은 상태에서, 그것들과 함께해야 하고, 만나야 하고, 모여야 하고, 〔모임을〕 구성해야 하고, 교제해야 하는 것 등이다. 빅쿠들이여! 이를 일러 싫어하는 것과 만남에서 오는 괴로움이라고 한다.

---

132 anatthakāmā: 이익이 없는 행동. ※ anattha는 의미가 없음, 이익이 없음 등을 의미하며, kāmā는 행동을 말한다.

133 ahitakāmā: 선하지 않은 행동, 불편한 행동.

134 aphāsukakāmā: 불편을 주는, 호의적이지 않은. ※ 이것은 예컨대 강하게 행동함으로써 상대에게 불편을 주는 상황 따위를 말한다.

135 ayogakkhemakāmā: 평온하지 않은. ※ khema: 안전한, 평온함.

136 saddhi: 함께하다, 동반하다.

137 saṅgati: 만나다, 조우하다.

138 samāgama: 만남. ※ saṅgati가 공적인 성격의 만남이라면 samāgama는 사적인 성격의 만남이다.

139 samodhāna: 모음, 구성.

140 missībhāva: 결합, 성교. ※ 깊은 교류를 뜻하는 것으로 보인다.

〔경에 대한 설명〕

여기에서는 싫음에도 불구하고 만날 수밖에 없는, 원증회고怨憎會苦에 대하여 설명하고 있다. 둑카(dukkha: pain)는 몸에, 도마낫사(domanassa: grief)는 마음에 관련이 있는 말이라는 것이 분명히 나타나고 있다. 마찬가지로 숙카(sukha)는 몸, 소마낫사(somanassa)는 마음과 연결된 말이며, 아둑카마수카(adukkhamasukha)는 마음과 몸 모두에 해당하는 말이다.

고통의 종류를 살펴보면, 마음을 주제로 하는 불교답게 육체적 고통보다는 정신적 고통이 훨씬 많이 거론되고 있다. 이곳에서는 그중에서 좋아하지 않는 인연과 만나야 하는 괴로움(怨憎會苦)을 포괄하고 있다. 고통의 종류들을 보면, 덜 괴로운 상태로부터 더욱 괴로운 상태로 점층적으로 나열하고 있음을 알 수 있다.

〔명상수행자를 위한 양념〕

자신이 괴롭다고 느낄 때 우리는 "괴로움이 나를 붙들고 있다."고 말한다. 그러나 엄밀히 말한다면 "내가 괴로움을 붙들고 있다."고 하는 것이 맞다. 벌겋게 달아오른 쇠붙이를 손에 쥐고서 쇠붙이가 나를 붙들고 있다고 말하는 사람은 아무도 없을 것이다.

중요한 것은 괴로움을 나와 동일시하는 것에서 벗어나는 것이다. 그 방법은 괴로움과 괴로움이 일어나는 과정 그리고 그 괴로움을 나와 동일시하는 과정까지도 담담하고 단순하게 알아차림 하는 것이다. 언제까지인가? 그 괴로움의 과정과 본질을 충분히 알고, 집착하지 않을 때까지이다. 괴로움의 실상을 스스로 이해하고, 괴로움을 붙들고 있는 것이 자신이라는 사실을 깨달아야만 우리는 괴로움에서 벗어나게 된다. 얼마나 다행인가! 괴로움만이 담마가 아니고, 괴로움을 벗어나는 것도 또한 담마라는 사실이….

『대념처경』에서 괴로움을 알아차린다는 것은 평온한 마음을 가지고 괴로움과 관계 맺는다는 말이다. 명상수행자는 고통스러운 신체 감각뿐 아니라 괴로운 감정에 대해서도, 평온한 마음을 가지고 관계 맺을 수 있다. 명상 중에 괴로운 느낌이 나를 괴롭힐 경우, 내 자신이 괴로움 속으로 들어가는 것이 아니라, '어디, 그 괴롭고 불쾌하다는 감정을 한 번 만나볼까?'라고 알아차림 하면 돌연 괴로움이 사라지는 경우가 있다. 이것이 평온한 마음으로 괴로움과 관계 맺는 방법이며, 우펙카(upekkhā, 捨: 평정)로 둑카도마낫사(dukkhadomanassa, 苦: 괴로움)를 대하는 길이다.

평정이란, 공포영화를 보고 영화관을 나서는 순간 현실에 돌아와 안도하는 것처럼, 번다한 생각의 굴레로부터 한순간에 벗어나 고요함에 들어서는 마음 상태를 말한다. 어차피 세상은 평정하지 않다. 세상이 평정하지 않다면 방법은 한 가지, 내가 평정하는 수밖에….

Katamo ca, bhikkhave, piyehi vippayogo[141] dukkho? Idha yassa te honti iṭṭhā kantā manāpā[142] rūpā saddā gandhā

141 piyehi vippayoga: 좋아하는 것과 헤어짐. ※ piyehi: 즐거움, 좋아함. vippayoga: 분리됨, 헤어짐.

rasā phoṭṭhabbā dhammā, ye vā panassa te honti atthakāmā[143] hitakāmā[144] phāsukakāmā[145] yogakkhemakāmā[146] mātā[147] vā pitā vā bhātā vā bhaginī vā mittā vā amaccā vā ñātisālohitā vā, yā tehi saddhiṃ asaṅgati asamāgamo asamodhānaṃ amissībhāvo, ayaṃ vuccati, bhikkhave, piyehi vippayogo dukkho.

빅쿠들이여! 무엇이 좋아하는 것과 헤어지는 것에서 오는 괴로움인가? 그것은 마음에 들거나 즐거워하거나 좋아하는, 사물·소리·향기·맛·촉감·법을 만나지 못하는 것이다. 또는 친밀하고 호의적이고 편안하고 이익을 주는, 어머니·아버지, 형제·자매, 친구·동료·친척 등과 함께 하지 못하고, 만나지 못하고, 모이지 못하고, 〔모임을〕 구성하지 못하고, 교제하지 못하는 것 등이다. 빅쿠들이여! 이를 일러 좋아하는 것들과 헤어짐에서 오는 괴로움이라고 한다.

---

142 iṭṭhā kantā manāpā: 마음에 듦, 즐거움, 좋아함. ※ 이곳의 세 단어는 관용적으로 함께 사용하는 경우가 많으며, 앞에 나온 aniṭṭhā akantā amanāpā와 대응하는 말이다.

143 atthakāmā: 친절한, 친밀한.

144 hitakāmā: 호의적으로 돕는 행동. ※ hita: 유용한, 유리한, 친분 있는.

145 phāsukakāmā: 기쁜 행위, 편안한 행동.

146 yogakkhemakāmā: 이득을 주는 행위.

147 mātā: 어머니. pitā: 아버지. bhātā: 형제. bhaginī: 자매. mittā: 친구. amaccā: 동료. ñātisālohitā: 친척.

〔경에 대한 설명〕

여기서는 애별리고愛別離苦에 해당하는 항목이며, 앞의 원증회고와 서로 반대되는 고의 개념들이다.

애별리고에는, 좋아하는 인연에 대한 설명이, 가까운 사이로부터 먼 관계에 이르는 순서로 기술되어 있다. 즉 어머니·아버지, 형제·자매, 친구·동료, 친척들의 순서이다. 원증회고怨憎會苦의 경우는 불특정 대상일 수 있지만, 애별리고는 비교적 가까운 인연을 예시할 수 있기 때문에 더 상세하게 서술하고 있다.

〔명상수행자를 위한 양념〕

괴로움이라는 성스러운 진실을 극복하기는 결코 쉬운 일이 아니다. 왜냐하면 우리는 괴로움을 극복하기보다는 습관적으로 도망치는 데에 익숙해 있기 때문이다. 사실 도망치는 것은 결코 현명한 대처방법이 아니다.

괴로움에 대한 대처방법을 생각해 보자. 첫째, 괴로움에 대하여 이해하는 것이 필요하다. 괴로움의 본질을 알면 알수록 마음은 가벼워지고 괴로움에서 벗어날 수 있다. 대부분의 괴로움은 자신이라고 하는 에고의 갈망 아니면 혐오에 바탕을 두고 생성하는 것이 보통이다. 근본적 원인을 알아차림 할 때 괴로움에서 벗어나기 수월하다.

둘째, 그 괴로움의 현상을 너르게, 그리고 길게 알아차릴 때 괴로움은 옅어진다. 자신의 괴로움을 다른 사람은 어떻게 볼 것인가를 생각하거나, 오랜 시간이 지난 경우를 생각해 보면 괴로움으로부터 놓여나기가 쉽다. 대부분의 경우, 다른 사람들은 내가 괴로워하는 사안에 대하여 별로 심각하게 생각하지 않는다. 또한 대부분의 경우, 시간이 지나면 괴로움은 옅어지게 마련이다. 그래서 동서양에 공통적인 뛰어난 속담이 하나 있다. "세월이 약이다.(Time is the best medicine.)"가 그것이다.

셋째, 괴로움을 회피하지 말고 그대로 알아차림 할 때 감각적 욕망과 그에 수반하는 괴로움에 조종당하지 않고 넘어설 수 있다. 인생에서의 괴로움을 명상수행의 소재로 삼을 때, 괴로움은 성스러운 가르침으로 전환한다.

어떤 수행자가 있었다. 젊은 시절 그녀는 간호사였는데, 어느 날 각성이 왔다. "난 내 인생을 간호사로 마치지는 않을 거야." 늦게야 공부를 결심한 그녀는 병원에 사표를 던지고 세계에서 가장 유명하다는 대학을 찾아 미국으로 건너갔다. 간호고등학교 출신이었던 그녀는 학부부터 시작해야 했다. 10년이 넘는 공부 끝에 모아놓은 돈을 다 쓰고 박사학위를 받아왔다. 돌아온 고국은 최신의 간호학을 전공한 그녀를 환영해 주었다. 간호학과를 신설한 모 대학에서 그녀를 초빙했다. 그녀는 자신의 경륜에 입각해서 학과를 헌신적으로 운영했다. 학과는 잘 운영되었고, 많은 사람들이 그녀를 따랐다. 늦도록 결혼도 못했지만 자신을 위해 세상이 열리는 것 같았다. 한편, 그녀의 어머니는 집안 살림을 하다가 우연히 부동산에 발을 디디게 되었다. 한 건을 사서 그것을 담보로 은행돈을 끌어다가 다른 걸 사고, 그것을 담보로 다른 것을 사고…. 요즘 말하는 갭 투자의 달인이 된 어머니는 딸의 명의까지 빌려 부동산을 되는 대로 사 모았다. 잘나가던 어느 날 청천벽력이 떨어진다. IMF 사태가 터진 것이다. 은행이 갑자기 자금을 회수하자 어머니의 부동산 회사는 하루아침에 망했다. 어머니만 망한 것이 아니고 자신도 모르게 많은 부동산을 소유하고 있었던 딸도 하루아침에 신용불량자가 되었다. 그녀는 빚쟁이들이 연구실에 들이닥치고서야 전모를 알게 되었다. 그녀는 사표를 내고 퇴직금으로 빚잔치를 하고서 어머니와 함께 길거리에 나앉았다. 지인들이 주선하여 빈집을 하나 빌려 들어섰지만, 그녀는 너무도 어처구니없는 자신의 운명에 침식을 잊었다. "왜 그랬을까?" "왜 그런 일이 일어났을까?" 몇 달 동안을 거의 침식을 잊은 상태에서 넋 나간 사람처럼 "왜 그랬을까?"를 되뇌었다. 그러다가 어느 날 갑자기 눈앞에 낯익은 정경이 영화필름처럼 돌아가기 시작했다. 전생사가 보이게 된 것이다. 전생에서 어머니와 자신은 역할이 반대였다. 그 순간 불법佛法의 불佛자도 모르고 인과因果의 인因자도 모르던 그녀는 3세와 인과의 이치를 알게 되었다. 모든 것이 환해지자 원망이 사라졌다. 그런데 놀라운 일은 전생사만 보이게 된 것이 아니고 그동안 의문을 가졌던 많은 사항들이 저절로 풀리는 것이었다.

Katamaṃ ca, bhikkhave, yampicchaṃ na labhati taṃ pi dukkhaṃ? Jātidhammānaṃ,[148] bhikkhave, sattānaṃ evaṃ icchā uppajjati:[149] 'aho vata mayaṃ na jātidhammā assāma

---

148 Jātidhammāna: 태어나기 마련인. ※ 이는 태어남(生法)이라는 고유 기능을 말한다.

na ca vata no jāti āgaccheyyā'[150] ti. Na kho[151] panetaṃ[152] icchāya pattabbaṃ.[153] Idaṃ pi yampicchaṃ na labhati taṃ pi dukkhaṃ.

빅쿠들이여! 무엇이 구하되 얻지 못하는 괴로움인가? 빅쿠들이여! 태어나기 마련인 중생에게 이런 바람이 생긴다. '오 참으로 우리가 태어나지 않기를! 참으로 태어나는 법이 우리에게 오지 않기를!' 그러나 그것은 원한다고 해서 결코 얻을 수 없다. 이것이 구하되 얻지 못하는 괴로움이다.

◆

Jarādhammānaṃ,[154] bhikkhave, sattānaṃ evaṃ icchā uppajjati: 'aho vata mayaṃ na jarādhammā assāma,[155] na ca vata no jarā āgaccheyyā' ti. Na kho panetaṃ icchāya pattabbaṃ. Idaṃ pi yampicchaṃ na labhati taṃ pi dukkhaṃ.

---

149 icchā uppajjati: 바람이 일어남. ※ 이것은 갈애의 다른 표현이라 해도 좋다.

150 jāti āgaccheyyā: 태어남이 오다.

151 na kho: 진정 아닌, 정말 아닌.

152 paneta: 부정, 제거.

153 pattabba: 얻어져야 할, 도달되어야 할.

154 Jarādhammāna: 늙기 마련인. ※ Jarā는 늙음, dhammāna는 법대로 라는 의미이므로 '늙기 마련인'이라 번역하였다.

155 assāma: 드러남. ※ ssāma: 숨음.

빅쿠들이여! 늙기 마련인 중생에게 이런 바람이 생긴다. '오 참으로 우리가 늙지 않기를! 참으로 늙는 법이 우리에게 오지 않기를!' 그러나 그것은 원한다고 해서 얻을 수 없다. 이것이 구하되 얻지 못하는 괴로움이다.

◆

Byādhidhammānaṃ,[156] bhikkhave, sattānaṃ evaṃ icchā uppajjati: 'aho vata mayaṃ na byādhidhammā assāma, na ca vata no byādhi āgaccheyyā' ti. Na kho panetaṃ icchāya pattabbaṃ. Idaṃ pi yampicchaṃ na labhati taṃ pi dukkhaṃ.

빅쿠들이여! 병들기 마련인 중생에게 이런 바람이 생긴다. '오 참으로 우리가 병들지 않기를! 참으로 그 병드는 법이 우리에게 오지 않기를!' 그러나 그것은 원한다고 해서 얻을 수 없다. 이것이 구하되 얻지 못하는 괴로움이다.

◆

Maraṇadhammānaṃ,[157] bhikkhave, sattānaṃ evaṃ icchā uppajjati: 'aho vata mayaṃ na maraṇadhammā assāma, na ca vata no maraṇaṃ āgaccheyyā' ti. Na kho panetaṃ icchāya pattabbaṃ. Idaṃ pi yampicchaṃ na labhati taṃ

---

156 Byādhidhammāna: 병들기 마련인.

157 Maraṇadhammāna: 죽기 마련인.

pi dukkhaṃ.

빅쿠들이여! 죽기 마련인 중생에게 이런 바람이 생긴다. '오 참으로 우리가 죽지 않기를! 참으로 그 죽음의 법이 우리에게 오지 않기를!' 그러나 그것은 원한다고 해서 얻을 수 없다. 이것이 구하되 얻지 못하는 괴로움이다.

◆

Sokaparidevadukkhadomanassupāyāsadhammānaṃ[158], bhikkhave, sattānaṃ evaṃ icchā uppajjati: 'aho vata mayaṃ na sokaparidevadukkhadomanassupāyāsadhammā assāma, na ca vata no sokaparidevadukkhadomanassupāyāsadhammā āgaccheyyuṃ' ti. Na kho panetaṃ icchāya pattabbaṃ. Idaṃ pi yampicchaṃ na labhati taṃ pi dukkhaṃ.

빅쿠들이여! 슬픔, 비탄, 〔육체적〕 괴로움, 〔정신적〕 고통, 절망하기 마련인 중생에게 이런 바람이 생긴다. '오 참으로 우리에게 슬픔, 비탄, 괴로움, 고통, 절망이 있지 않기를! 참으로 그 슬픔, 비탄, 괴로움, 고통, 절망의 법이 우리에게 오지 않기를!' 그러나 그것은 원한다고 해서 얻을 수 없다. 이것이 구하되 얻지 못하는

---

158 Soka, parideva, dukkha, domanasa, upāyāsadhammānaṃ, 이렇게 잘라 보면 앞서 말한 '슬픔, 비탄, 〔육체적〕 괴로움, 〔정신적〕 고통, 절망하기 마련인'등을 나열하여 놓았다는 것을 알 수 있다.

괴로움이다.

〔경에 대한 설명〕

이 부분에서는 원증회고怨憎會苦와 애별리고愛別離苦라는 두 가지 고가 적용되는 범위를 다양하게 설명하고 있다. 즉 생로병사와 육체적·정신적 괴로움, 슬픔, 비탄, 고통, 절망 등 모든 감정적 괴로움의 갈래들을 망라하고 있다. 그러한 갈래들은 바라지만 구하지 못하는 괴로움, 즉 구부득고求不得苦의 모습들이다. 따라서 원증회고·애별리고·구부득고는 그 뿌리가 같다. 마치 탐진치 3독의 뿌리가 같은 것과 같은 이치이다. 사실 인생의 짐은 그다지 크지 않다. 정작 큰 것은 욕망의 짐이다. 원증회고·애별리고·구부득고는 그 본질이 욕망이다.

생로병사 등 어쩔 수 없는 괴로움이 인생이라는 베를 짜는 데에 종적縱的인 실이라면, 애별리고·원증회고에 대한 갈애와 혐오의 괴로움은 횡적橫的인 실이라 할 만하다. 이렇게 우리의 인생은 바라되 구하지 못하는 괴로움의 옷감으로 직조織造되고 있다고 보는 것이 붓다의 직관이다.

〔명상수행자를 위한 양념〕

슬픔·비탄·괴로움·고통·절망 등의 괴로움이 발생하게 되는 데에는 세 가지 루트가 있다. 첫째, 거친 수준의 번뇌는 5계와 관련된 것들이다. 살생·도둑질·삿된 음행·거짓말·음주 등은 모두가 거친 번뇌를 초래하는 것들이며, 거친 번뇌에 대한 대처는 최소한 5계五戒의 준수로 극복될 수 있다. 둘째, 중간 수준의 번뇌는 앞의 거친 번뇌보다는 약하지만 현재 범하고 있는 사소한 문제들이다. 그것은 습관적으로 야기되는 잘못들이며, 특히 몸(身)과 입(口)을 통하여 발생하는 번뇌들이다. 셋째, 미세한 수준의 번뇌이며 잠재상태의 번뇌(意)를 말한다. 그것은 일어난 번뇌는 아니지만, 조건이 조성되면 언제든 일어날 수 있는 잠재적 의도를 말한다. 이러한 번뇌들에 대한 근본적인 대처방법은 단 하나, 알아차림이다. 사띠 공부는 정靜할 때 하는 명상수행만이 아니다. 동動할 때 일상의 삶을 개선하는 데에도 유용한 삶의 묘약이다.

명상수행자는 고의 조건들에 대처하며 조복해 나아가는 태도도 중요하다. 그래서 붓다는 8정도에서 본격적으로 정념·정정에 들기 전에 몇 가지 사항을 설정해 두었다. 정견·정사유·정어·정업 등의 항목들이 그것이다. 생활하면서 거친 수준의 번뇌를 5계를 통해 해소하는 것만으로도, 중간 수준과 미세한 수준의 번뇌는 감소하거나 제어되는 것들이 너무도 많다.

비록 계에서 시작한다하여, 정과 혜가 분리되어 있는 것은 아니다. 계정혜는 포크의 세 발과 같아서, 갈래는 달라도 사용 시에는 동시 적용되는 것이다.

Katame ca, bhikkhave, saṅkhittena[159] pañcupādānakkhan-

159 saṅkhitta: 간략한, 생략된. ※ 이것이 saṅkhitta-citta라고 할 때는 집중된 마음(集住心), 혹은 주의 깊은 마음 등으로 사용되기도 한다. 여기서는 '요컨대'로 번역하

dhā dukkhā? Seyyathidaṃ - rūpupādānakkhandho[160] vedanupādānakkhandho saññupādānakkhandho saṅkhārupādānakkhandho viññāṇupādānakkhandho. Ime vuccanti, bhikkhave, saṅkhittena pañcupādānakkhandhā dukkhā.

빅쿠들이여! 그러면 요컨대 무엇이 다섯 가지 집착하는 무더기의 괴로움인가? 그것은 물질의 무더기에 집착하는 것이며, 느낌의 무더기에 집착하는 것이며, 지각의 무더기에 집착하는 것이며, 반응의 무더기에 집착하는 것이며, 알음알이의 무더기에 집착하는 것이다. 빅쿠들이여! 요컨대 이 다섯 가지 무더기들에 집착하는 것이 괴로움이다.

◆

Idaṃ vuccati, bhikkhave, dukkhaṃ ariyasaccaṃ.

빅쿠들이여! 이를 괴로움의 성스러운 진리라 한다.

였다.

160 rūpupādānakkhandho: 색취온, vedanupādānakkhandho: 수취온, saññupādānakkhandho: 상취온, saṅkhārupādānakkhandho: 행취온, viññāṇupādānakkhandho: 식취온. ※ pādānakkhandhā: 무더기에 집착함. pādāna: 주어지다, 얻어지다, 집착하다. khandhā: 무더기, 온(蘊).

〔경에 대한 설명〕

이 부분에서는 오음성고五陰盛苦를 말하고 있다. 5음이란 5취온을 말하며, 집착의 대상인 모든 환경과 인생 전반을 지칭한다. 온갖 괴로움은 색수상행식에 집착하는 5취온에서 나온다는 의미이다.

고성제는 인간 삶의 괴로움을 지칭하는 것이 분명한데, 왜 성스러운 가르침이 되는가? 괴로움은 모든 인간이 추구하는 행복과 명백하게 반대되는 개념이므로, 사람들이 싫어하고 회피한다. 그러나 붓다는 괴로움에 대한 실존적 인식을 통하여 괴로움을 초월하려는 자각으로 유도하고 있다. 만약 인생이 괴로워서 명상수행에 입문하게 된다면 그것은 성스러운 결과로 통하게 되므로, 그때의 괴로움은 성스러운 괴로움이다.

〔명상수행자를 위한 양념〕

"우리가 정말 두려워해야 하는 것은 두려움 자체입니다." 이 말은 미국 프랭클린 루즈벨트 대통령(재임: 1933~1945)의 취임사이다. 이 한 마디로 1930년대의 경제 대공황은 수습되기 시작했다는 역사적 평가가 있다. 고는 모든 사람이 두려워하고 기피하는 대상이지만 붓다는 오히려 괴로움을 성스러운 가르침으로 규정하고 있다. 우리가 정말 두려워해야 하는 것은 현실적 고가 아니라 그것을 성스러운 가르침으로 인식하지 못하는 우리 마음속의 어두움이다.

2) Samudayasaccaniddeso[161]

2) 일어남의 〔성스러운〕 진리(集聖諦)

Katamaṃ[162] ca, bhikkhave, dukkhasamudayaṃ[163] ariya-saccaṃ?

빅쿠들이여! 무엇이 괴로움 일어남의 성스러운 진리(集聖諦)인가?

◆

Yāyaṃ[164] taṇhā[165] ponobbhavikā[166] nandīrāgasahagatā[167] tatra[168] tatrābhinandinī,[169] seyyathidaṃ,[170] kāmataṇhā[171]

---

161 samudaya: 일어남.

162 katama는 〔다수 가운데〕 무엇, 어느 것.

163 dukkhasamudaya: 집성제. ※ dukkha: 괴로움.

164 yāya: 어느 것이라도, 무엇이라도. ※ 여기서는 '그것은'으로 번역하였다.

165 taṇhā: 갈애. ※ 마치 목마른 것처럼 감각적 쾌락을 추구하여 윤회로 이끄는 욕구를 말한다. ※ 원형인 ters는 목마르게 하는, 따위의 의미이다.

166 ponobbhavikā: 재생의, 재생을 이끄는.

167 nandīrāgasahagatā: 갈애. ※ taṇhā도 또한 갈애라 번역하는데, taṇhā가 끊임없는 갈증과 같은 존재적 갈애라면, nandīrāgasahagatā의 경우는 없애야 할 수행적 대상으로서의 갈애라는 의미가 강하다. ※ nandī는 기쁨·환희 등을 가리키는데, 깨달음의 기쁨이라기보다는 소멸의 대상인 부정적인 심리상태를 가리킨다. ※ rāga는 원래 빛깔·색채 등을 의미하는 말인데, 심리적으로는 염색된 집착, 즉 탐욕을 가리키는 말로 쓰인다. ※ sahagatā는 수반함 등의 의미이다.

168 tatra는 거기에, 그때에 등의 의미인데, 뒤에 tatra가 중복됨으로써 여기저기,

bhavataṇhā[172] vibhavataṇhā.[173]

그것은 끊임없는 갈애 〔때문〕이니, 〔그로 인하여〕 다시 윤회하게 되고, 여기저기에서 쾌락과 탐욕을 탐닉한다. 그것은 감각적 쾌락에 대한 갈애, 다시 태어나고자 하는 갈애, 다시 태어나지 않고자 하는 갈애이다.

〔경에 대한 설명〕

괴로움의 첫 번째는 갈애이다. 붓다의 12연기는 무명(無明, avijjā)·행(行, saṅkhārā)·식(識, viññāṇa)·명색(名色, nāmarūpa)·육입(六入, saḷāyatana)·촉(觸, phassa)·수(受, vedanā)·애(愛, taṇhā)·취(取, upādāna)·유(有, bhava)·생(生, jāti)·노사(老死, jarāmaraṇa)의 12지분으로 되어 있다. 갈애(taṇhā)는 순관順觀으로 보나 역관逆觀으로 보나 그 중간에 위치하여, 모든 윤회의 고리 역할을 하고 있다. 12연기에서

여러 곳에 등의 의미가 된다. 특히 중생이 윤회하면서 갈애로 인하여 이곳저곳에서 쾌락과 탐욕을 찾는 것을 가리킬 때 사용된다. 두 개의 용어는 대체로 함께 사용된다.

169 tatrābhinandinī: 거기에서 쾌락을 찾음. ※ tatra: 거기. abhi: …에 대하여. nandinī: 즐거움, 환희.

170 seyyathidaṃ: 그것은, 이와 같이, 다음과 같이, 마치, 즉.

171 kāma-taṇhā: 감각적 쾌락에 대한 갈애.

172 bhava-taṇhā: 다시 태어나 〔존재하〕고자 하는 갈애. ※ bhava의 반대어는 vibhava이다.

173 vibhava-taṇhā: 삶이 끝나기를 바라는 갈애. ※ 비존재 혹은 허무를 추구하는 갈애이다.

의 위치를 보더라도 갈애는 감각적 욕망, 살고 싶은 욕망, 살고 싶지 않은 욕망 따위를 내포하는 개념임을 알 수 있다.

쾌락과 탐욕을 추구하는 것이 갈애의 본질인데, 쾌락과 탐욕 두 가지가 실은 하나이다. 또한 갈애라고 하면 흔히 존재하는 것에 대한 욕망(有愛)을 떠올리지만, 존재하고 싶지 않은 욕망도 갈애에 속한다. 존재하고 싶지 않은 욕망은 한역漢譯에서는 무유애無有愛라고 번역되는데, 단견斷見과 함께 탐욕과 동의어로 간주된다.

이처럼 탐욕은 존재하고 싶어 하는 욕망뿐 아니라 존재하고 싶지 않은 욕망까지 포함하는 개념이다. 여기에서 중요한 것은 대상이 아니라 내면적인 욕망이 문제라는 점이다. '하고 싶은 욕망'뿐 아니라 '하기 싫은 욕망'까지도 갈애의 속성으로 파악한 데에서 붓다의 위대성을 엿볼 수 있다.

여기서는 갈애의 대표적인 갈래로 감각적 쾌락에 대한 욕망, 살고 싶어 하는 욕망, 살고 싶지 않은 욕망 등 세 가지를 예시하였는데, 세 가지 중에는 단연 감각적 쾌락에 대한 욕망, 즉 까마땅하(kāmataṇhā)가 으뜸이다. 살고 싶어 하는 욕망이나 살고 싶지 않는 욕망 모두가 이 까마땅하에 기인하고 있기 때문이다. 그러므로 갈애는 모든 유지력인 업의 근본이 된다.

Sā kho panesā,[174] bhikkhave, taṇhā kattha uppajjamānā

174 panesā: 그렇다면, 반면에. ※ 붓다는 다양한 접두사를 구사하고 있는데, 그중

uppajjati,[175] kattha nivisamānā[176] nivisati?

그렇다면 빅쿠들이여! 이러한 갈애는 어디에서 일어나고 어디에서 자리 잡는가?

◆

Yaṃ loke piyarūpaṃ[177] sātarūpaṃ[178] etthesā taṇhā uppajjamānā uppajjati, ettha[179] nivisamānā nivisati. Kiñca loke piyarūpaṃ sātarūpaṃ?

세상에서 매혹적이고 기분 좋은 것이 있으면 거기에서 갈애가 일어나고 거기에서 자리 잡는다. 그러면 세상에서 어떤 것이 매혹적이고 기분 좋은 것인가?

하나이다.

175 uppajjana: 탄생, 태어남, 발생. ※ uppajjati는 그 동사이다.

176 nivisamānā: 안주, 집착, 자리 잡음. ※ nivisati는 그 동사이다.

177 piyarūpa: 매혹적인 대상. ※ piya: 귀여운, 사랑스러운. ※ 여기에 rūpa를 붙여, 형상으로 된 사물로부터 오는 매혹 혹은 시각적 대상으로부터 오는 유혹을 의미한다.

178 sāta: 즐거운, 유쾌한. ※ 통상적으로 sātarūpa는 piyarūpa와 동반하여 관용구처럼 사용되며, 사랑스럽고 즐거운 상태를 묘사할 때 사용된다. 여기에서 piyarūpa는 물질에 대한 기분 좋은 것이라면 sātarūpa는 정신적인 것에 대한 기분 좋은 것으로 대비하여, 매혹적이고 기분 좋은 것으로 해석하였다.

179 ettha: 거기, 여기.

◆

Cakkhuṃ[180] loke piyarūpaṃ sātarūpaṃ, etthesā taṇhā uppajjamānā uppajjati, ettha nivisamānā nivisati. Sotaṃ loke piyarūpaṃ sātarūpaṃ, etthesā taṇhā uppajjamānā uppajjati, ettha nivisamānā nivisati. Ghānaṃ loke piyarūpaṃ sātarūpaṃ, etthesā taṇhā uppajjamānā uppajjati, ettha nivisamānā nivisati. Jivhā loke piyarūpaṃ sātarūpaṃ, etthesā taṇhā uppajjamānā uppajjati, ettha nivisamānā nivisati. Kayo loke piyarūpaṃ sātarūpaṃ, etthesā taṇhā uppajjamānā uppajjati, ettha nivisamānā nivisati. Mano loke piyarūpaṃ sātarūpaṃ, etthesā taṇhā uppajjamānā uppajjati, ettha nivisamānā nivisati.

눈(眼)은 세상에서 매혹적이고 기분 좋은 것이다. 거기에서 갈애가 일어나고 거기에서 자리 잡는다. 귀(耳)는 세상에서 매혹적이고 기분 좋은 것이다. 거기에서 갈애가 일어나고 거기에서 자리 잡는다. 코(鼻)는 세상에서 매혹적이고 기분 좋은 것이다. 거기에서 갈애가 일어나고 거기에서 자리 잡는다. 혀(舌)는 세상에서 매혹적이고 기분 좋은 것이다. 거기에서 갈애가 일어나고 거기에서 자리 잡는다. 몸(身)은 세상에서 매혹적이고 기분 좋은 것이다. 거기에서 갈애가 일어나고 거기에서 자리 잡는다. 마음(意)은 세상에서

180 cakkha: 눈. sota: 귀. ghāna: 코. jivhā: 혀. kaya: 몸. mano: 마음.

매혹적이고 기분 좋은 것이다. 거기에서 갈애가 일어나고 거기에서 자리 잡는다.

〔경에 대한 설명〕

이 부분에서는 갈애가 일어나는 매혹적이고 기분 좋은 것의 첫 번째 요건으로 여섯 가지 감관, 즉 6근六根을 들고 있다. 매혹적이며 기분 좋은 것이란, 물질과 마음으로 이루어진 세상을 살면서 그것들이 나에게 전하는 사랑스럽고 달콤한 유혹적 요소들을 말한다. 감관인 6근은 갈애의 기본적 매개체이다.

안이비설신의 6근을 통해 색성향미촉법 6경을 접하며 세상을 살아가는 인간들에게 매혹적이며 기분 좋은 제반 요소들은, 고의 근본이 되는 갈애가 숨겨진 채 살아가도록 하는 효과를 유발한다. 마치 쓴 약을 먹기 좋게 코팅 처리한 당의정(糖衣錠, sugar coated tablet)처럼 말이다.

〔명상수행자를 위한 양념〕

붓다는 이곳에서 갈애를 주제로, 그 통로가 되는 안이비설신의와 그와 접촉하여 일어나는 제반 사항을 말하고 있다. 하지만 안이비설신의는 죄가 없다. 그저 눈·코·귀·입·몸·마음 등 감각기관에 불과하다. 그렇다면 죄는 어디에 있는가? 죄의 원천은 감관과 대상과의 작용 가운데 끊임없이 솟아나는 갈애에 있다.

갈애란 사랑은 사랑인데 끊임없이 솟아 나와 본질을 흐리게 하는 사랑을 말한다. 보통 사람들은 가족·재산·사업·취미·고양이 등을 사랑한다고 말한다. 그것은 원천적인 욕구나 사랑이라기보다 2차적인 욕구에 불과하다. 1차적이며 근본적인 욕구란 실은 '삶'에 대한 충동이다. 갈애는 삶에 대한 맹목적 추구이며, 그것에 바탕을 두고 모든 2차적 욕구가 발생하도록 되어 있다.

위빳사나 명상수행에서는 욕구와 욕구의 근원인 갈애를 분명히 판별하고 알아차리도록 권하고 있다. '애매함으로부터의 탈피'야말로 지혜에 바탕을 둔 알아차림 수행의 다른 이름이라 할 만하다. 애매함으로부터 탈피하여 모든 욕구의 근본이 되는 갈애의 양상을 갈래별로 정리한 것은 이 다음에 나오는 내용이다.

명상수행자는 자신의 몸 안에서 일어나고 있는 다양한 갈애의 전개 양상을 명징明澄하게 관찰하여, 어떤 곳에서 갈애가 일어나고 어떤 곳에서 갈애가 소멸되는지에 대한 바른 알아차림을 해야 한다. 갈애가 일어나는 장소는 안이비설신의 등 감관이다. 그 작동의 포인트에 대한 철저한 알아차림은 갈애의 소멸을 향한 방법이 된다.

명상수행자는 종류도 많고 원천도 깊은 갈애를 알아차리는 것에 대하여 심란해할 필요는 없다. 앞서 말한 『청정도론』에 나오는 톱니의 비유를 상기할 일이다.[181] 톱의 이빨이 많이 있어도 나무와 접촉되는 부분만 톱의 기능이 작동하는 것처럼, 일상생활에서도 갈애가 나타나는 그 부분만 알아차림 하면 되기 때문이다. 그 부분이 바로 6근이 6경과 만나는 곳이며, 다음 내용이다.

---

181 『청정도론』, 제8장 202.(대림 역 제2권, p.110)

Rūpā[182] loke piyarūpaṃ sātarūpaṃ, etthesā taṇhā uppajjamānā uppajjati, ettha nivisamānā nivisati. Saddā loke piyarūpaṃ sātarūpaṃ, etthesā taṇhā uppajjamānā uppajjati, ettha nivisamānā nivisati. Gandhā loke piyarūpaṃ sātarūpaṃ, etthesā taṇhā uppajjamānā uppajjati, ettha nivisamānā nivisati. Rasā loke piyarūpaṃ sātarūpaṃ, etthesā taṇhā uppajjamānā uppajjati, ettha nivisamānā nivisati. Phoṭṭhabbā loke piyarūpaṃ sātarūpaṃ, etthesā taṇhā uppajjamānā uppajjati, ettha nivisamānā nivisati. Dhammā loke piyarūpaṃ sātarūpaṃ, etthesā taṇhā uppajjamānā uppajjati, ettha nivisamānā nivisati.

색(色)은 세상에서 매혹적이고 기분 좋은 것이다. 거기에서 갈애가 일어나고 거기에서 자리 잡는다. 소리(聲)는 세상에서 매혹적이고 기분 좋은 것이다. 거기에서 갈애가 일어나고 거기에서 자리 잡는다. 냄새(香)는 세상에서 매혹적이고 기분 좋은 것이다. 거기에서 갈애가 일어나고 거기에서 자리 잡는다. 맛(味)은 세상에서 매혹적이고 기분 좋은 것이다. 거기에서 갈애가 일어나고 거기에서 자리 잡는다. 감촉(觸)은 세상에서 매혹적이고 기분 좋은 것이다. 거기에서 갈애가 일어나고 거기에서 자리 잡는다. 법(法)은 세상에서

182 Rūpā: 색. Saddā: 성. Gandhā: 향. Rasā: 미. Phoṭṭhabbā: 촉. Dhammā: 법.

매혹적이고 기분 좋은 것이다. 거기에서 갈애가 일어나고 거기에서 자리 잡는다.

〔경에 대한 설명〕

이 부분에서는 갈애가 일어나는 매혹적이고 기분 좋은 것 중에서 여섯 가지 감관(六根)의 여섯 가지 대상(六境)에 대하여 말하고 있다.

Cakkhuviññāṇaṃ[183] loke piyarūpaṃ sātarūpaṃ, etthesā taṇhā uppajjamānā uppajjati, ettha nivisamānā nivisati. Sotaviññāṇaṃ loke piyarūpaṃ sātarūpaṃ, etthesā taṇhā uppajjamānā uppajjati, ettha nivisamānā nivisati. Ghānaviññāṇaṃ loke piyarūpaṃ sātarūpaṃ, etthesā taṇhā uppajjamānā uppajjati, ettha nivisamānā nivisati. Jivhāviññāṇaṃ loke piyarūpaṃ sātarūpaṃ, etthesā taṇhā uppajjamānā uppajjati, ettha nivisamānā nivisati. Kāyaviññāṇaṃ loke piyarūpaṃ sātarūpaṃ, etthesā taṇhā uppajjamānā uppajjati, ettha nivisamānā nivisati. Manoviñ-

183 Cakkhuviññāṇa: 안식. Sotaviññāṇa: 이식. Ghānaviññāṇa: 비식. Jivhāviññāṇa: 설식. Kāyaviññāṇa: 신식. Manoviññāṇa: 의식. ※ 예컨대 Cakkhuviññāṇa은 Cakkhu(눈) + viññāṇa(식)이다.

ñāṇaṃ loke piyarūpaṃ sātarūpaṃ, etthesā taṇhā uppajjamānā uppajjati, ettha nivisamānā nivisati.

눈의 알음알이(眼識)는 세상에서 매혹적이고 기분 좋은 것이다.[184] 거기에서 갈애가 일어나고 거기에서 자리 잡는다. 귀의 알음알이(耳識)는 세상에서 매혹적이고 기분 좋은 것이다. 거기에서 갈애가 일어나고 거기에서 자리 잡는다. 코의 알음알이(鼻識)는 세상에서 매혹적이고 기분 좋은 것이다. 거기에서 갈애가 일어나고 거기에서 자리 잡는다. 혀의 알음알이(舌識)는 세상에서 매혹적이고 기분 좋은 것이다. 거기에서 갈애가 일어나고 거기에서 자리 잡는다. 몸의 알음알이(身識)는 세상에서 매혹적이고 기분 좋은 것이다. 거기에서 갈애가 일어나고 거기에서 자리 잡는다. 마음의 알음알이(意識)는 세상에서 매혹적이고 기분 좋은 것이다. 거기에서 갈애가 일어나고 거기에서 자리 잡는다.

〔경에 대한 설명〕

이 부분에서는 갈애가 일어나는 매혹적이고 기분 좋은 것 중에서 여섯 가지 감관의 여섯 가지 인식(六識)작용에 대하여 말하고 있다.

---

184 눈, 코, 입 등으로 표기할 수도 있으나 안이비설신의 6근은 워낙 익숙한 용어라서 한자를 사용하였다.

갈애란 통상적으로 6근을 통하면서 쾌감을 동반한 것에 대한 집착으로만 보기 쉽다. 하지만 명상수행자로서는 그 반대개념인 불쾌감 또한 알아차림의 대상이 되어야 한다. 불쾌감 역시 갈애의 다른 모습이기 때문이다. 예컨대 클래식 음악을 싫어하는 사람이 클래식 음악만 나오는 카페에 앉아 있다면 그것은 매혹적이고 기분 좋은 경험이 아니라 기분 나쁜 소음이 될 것이다. 이 경우에도 명상수행자는 자신의 취향과 반대되는 감각도 알아차림 하는 수행을 할 필요가 있다. 명상수행이란 경계에 대한 중립적 태도를 요구하는 것이므로, 수행자는 곧 평정 상태에 돌입할 수가 있을 것이다.

Cakkhusamphasso[185] loke piyarūpaṃ sātarūpaṃ, etthesā taṇhā uppajjamānā uppajjati, ettha nivisamānā nivisati. Sotasamphasso loke piyarūpaṃ sātarūpaṃ, etthesā taṇhā uppajjamānā uppajjati, ettha nivisamānā nivisati. Ghānasamphasso loke piyarūpaṃ sātarūpaṃ, etthesā taṇhā uppajjamānā uppajjati, ettha nivisamānā nivisati. Jivhāsam-

---

185 Cakkhusamphasso: 눈의 접촉(眼觸). Sotasamphasso: 귀의 접촉(耳觸). Ghānasamphasso: 코의 접촉(鼻觸). Jivhāsamphasso: 혀의 접촉(舌觸). Kāyasamphasso: 몸의 접촉(身觸). Manosamphasso: 마음의 접촉(心觸). ※ 예컨대 Cakkhusamphasso는 Cakkhu(눈)과 samphassa(접촉·관계·닿음)의 합성어이다.

phasso loke piyarūpaṃ sātarūpaṃ, etthesā taṇhā uppajjamānā uppajjati, ettha nivisamānā nivisati. Kāyasamphasso loke piyarūpaṃ sātarūpaṃ, etthesā taṇhā uppajjamānā uppajjati, ettha nivisamānā nivisati. Manosamphasso loke piyarūpaṃ sātarūpaṃ, etthesā taṇhā uppajjamānā uppajjati, ettha nivisamānā nivisati.

눈의 접촉(眼觸)은 세상에서 매혹적이고 기분 좋은 것이다. 거기에서 갈애가 일어나고 거기에서 자리 잡는다. 귀의 접촉(耳觸)은 세상에서 매혹적이고 기분 좋은 것이다. 거기에서 갈애가 일어나고 거기에서 자리 잡는다. 코의 접촉(鼻觸)은 세상에서 매혹적이고 기분 좋은 것이다. 거기에서 갈애가 일어나고 거기에서 자리 잡는다. 혀의 접촉(舌觸)은 세상에서 매혹적이고 기분 좋은 것이다. 거기에서 갈애가 일어나고 거기에서 자리 잡는다. 몸의 접촉(身觸)은 세상에서 매혹적이고 기분 좋은 것이다. 거기에서 갈애가 일어나고 거기에서 자리 잡는다. 마음의 접촉(意觸)은 세상에서 매혹적이고 기분 좋은 것이다. 거기에서 갈애가 일어나고 거기에서 자리 잡는다.

〔경에 대한 설명〕

이 부분에서는 갈애가 일어나는 매혹적이고 기분 좋은 것 중에서 여섯 가지 감관의 여섯 가지 접촉(觸)영역을 말하고 있다. 대부분의 TV 드라마는 여섯 가지 접촉영역을 대상으로 제작된다.

드라마 속에서 세상 사람들이 음악을 듣거나, 손잡고 밀어를 속삭이거나, 서로의 눈 속에서 사랑을 확인하는 모습을 보면, 접촉의 영역이 갈애가 일어나고 자리 잡는 현장임을 쉽게 알 수 있다.

삼팟사(samphassa, 觸)는 사띠 수행에서 중요한 장르 중의 하나이다. 삼팟사는 6근이 6경을 만나 다양한 갈애의 경험이 일어나는 고통유발의 통로이다. 그렇지만 중요한 것은 만약 심팟사가 없다면 명상수행 역시 가능하지 않다는 사실이다. 명상수행이란 4처를 통하여 일어나는 제반 현상에 대하여 알아차림 하면서 본래마음의 회복과 업의 소멸을 도모하는 작업이기 때문이다. 촉은 갈애의 고통을 유발하는 통로인 동시에, 그 느낌을 알아차림 하는 명상의 통로가 된다.

〔명상수행자를 위한 양념〕

불교를 자칫 염세적인 사유로 오인하기 쉽다. 인간을 고통에 신음하는 존재로 보고, 그 고통으로부터 헤어나오기를 권유하고 있기 때문이다. 그러나 그렇게 보아서는 안 된다. 붓다가 고의 근원을 갈애로 파악하는 것은 갈애에 신음하는 '괴로움'에 방점이 있는 것이 아니라, 그것을 벗어나는 지혜로운 사띠의 '대상'에 방점이 있다.

만약 인간에게 갈애가 없다면 우리가 해탈에 이를 길도 없다. 갈애는 너무도 감사한 인간내면의 속성이다. 단 갈애를 지혜롭게 알아차림 할 경우에 그렇다.

Cakkhusamphassajā vedanā[186] loke piyarūpaṃ sātarūpaṃ, etthesā taṇhā uppajjamānā uppajjati, ettha nivisamānā nivisati. Sotasamphassajā vedanā loke piyarūpaṃ sātarūpaṃ, etthesā taṇhā uppajjamānā uppajjati, ettha nivisamānā nivisati. Ghānasamphassajā vedanā loke piyarūpaṃ sātarūpaṃ, etthesā taṇhā uppajjamānā uppajjati, ettha nivisamānā nivisati. Jivhāsamphassajā vedanā loke piyarūpaṃ sātarūpaṃ, etthesā taṇhā uppajjamānā uppajjati, ettha nivisamānā nivisati. Kāyasamphassajā vedanā loke piyarūpaṃ sātarūpaṃ, etthesā taṇhā uppajjamānā uppajjati, ettha nivisamānā nivisati. Manosamphassajā vedanā loke piyarūpaṃ sātarūpaṃ, etthesā taṇhā uppajjamānā uppajjati, ettha nivisamānā nivisati.

눈의 감수(眼受)는 세상에서 매혹적이고 기분 좋은 것이다. 거기에서 갈애가 일어나고 거기에서 자리 잡는다. 귀의 감수(耳受)는 세상에서 매혹적이고 기분 좋은 것이다. 거기에서 갈애가 일어나고 거기에서 자리 잡는다. 코의 감수(鼻受)는 세상에서 매혹적이고 기분 좋은 것이다. 거기에서 갈애가 일어나고 거기에서 자리 잡는

186 Cakkhusamphassajā vedanā는 안촉으로 인해 일어난 느낌을 말한다. 감수感受라 번역하였다. 이하 마찬가지이다.

다. 혀의 감수(舌受)는 세상에서 매혹적이고 기분 좋은 것이다. 거기에서 갈애가 일어나고 거기에서 자리 잡는다. 몸의 감수(身受)는 세상에서 매혹적이고 기분 좋은 것이다. 거기에서 갈애가 일어나고 거기에서 자리 잡는다. 마음의 감수(意受)는 세상에서 매혹적이고 기분 좋은 것이다. 거기에서 갈애가 일어나고 거기에서 자리 잡는다.

〔경에 대한 설명〕

이 부분에서는 갈애가 일어나는 매혹적이고 기분 좋은 것 중에서 여섯 가지 감관의 여섯 가지 감수(受)작용에 대하여 말하고 있다.

Rūpasaññā[187] loke piyarūpaṃ sātarūpaṃ, etthesā taṇhā uppajjamānā uppajjati, ettha nivisamānā nivisati. Saddasaññā loke piyarūpaṃ sātarūpaṃ, etthesā taṇhā uppajjamānā uppajjati, ettha nivisamānā nivisati. Gandhasaññā loke piyarūpaṃ sātarūpaṃ, etthesā taṇhā uppajjamānā uppajjati, ettha nivisamānā nivisati.

---

187 Rūpasaññā: 색에 대한 지각. '色想'으로 한역된다. ※ Rūpa는 色, saññā는 지각·인식(想). ※ Saddasaññā(聲想), Gandhasaññā(香想), Rasasaññā(味想), Phoṭṭhabbasaññā(觸想), Dhammasaññā(法想)의 경우도 마찬가지이다.

Rasasaññā loke piyarūpaṃ sātarūpaṃ, etthesā taṇhā uppajjamānā uppajjati, ettha nivisamānā nivisati. Phoṭṭhab-basaññā loke piyarūpaṃ sātarūpaṃ, etthesā taṇhā uppajjamānā uppajjati, ettha nivisamānā nivisati. Dhammasaññā loke piyarūpaṃ sātarūpaṃ, etthesā taṇhā uppajjamānā uppajjati, ettha nivisamānā nivisati.

색에 대한 지각(色想)은 세상에서 매혹적이고 기분 좋은 것이다. 거기에서 갈애가 일어나고 거기에서 자리 잡는다. 소리에 대한 지각(聲想)은 세상에서 매혹적이고 기분 좋은 것이다. 거기에서 갈애가 일어나고 거기에서 자리 잡는다. 냄새에 대한 지각(香想)은 세상에서 매혹적이고 기분 좋은 것이다. 거기에서 갈애가 일어나고 거기에서 자리 잡는다. 맛에 대한 지각(味想)은 세상에서 매혹적이고 기분 좋은 것이다. 거기에서 갈애가 일어나고 거기에서 자리 잡는다. 접촉에 대한 지각(觸想)은 세상에서 매혹적이고 기분 좋은 것이다. 거기에서 갈애가 일어나고 거기에서 자리 잡는다. 법에 대한 지각(法想)은 세상에서 매혹적이고 기분 좋은 것이다. 거기에서 갈애가 일어나고 거기에서 자리 잡는다.

〔경에 대한 설명〕

이 부분에서는 갈애가 일어나는 매혹적이고 기분 좋은 것 중에서 감관의 여섯 가지 지각(想)작용에 대하여 말하고 있다.

Rūpasañcetanā[188] loke piyarūpaṃ sātarūpaṃ, etthesā taṇhā uppajjamānā uppajjati, ettha nivisamānā nivisati. Saddasañcetanā loke piyarūpaṃ sātarūpaṃ, etthesā taṇhā uppajjamānā uppajjati, ettha nivisamānā nivisati. Gandhasañcetanā loke piyarūpaṃ sātarūpaṃ, etthesā taṇhā uppajjamānā uppajjati, ettha nivisamānā nivisati. Rasasañcetanā loke piyarūpaṃ sātarūpaṃ, etthesā taṇhā uppajjamānā uppajjati, ettha nivisamānā nivisati. Phoṭṭhabbasañcetanā loke piyarūpaṃ sātarūpaṃ, etthesā taṇhā uppajjamānā uppajjati, ettha nivisamānā nivisati. Dhammasañcetanā loke piyarūpaṃ sātarūpaṃ, etthesā taṇhā uppajjamānā uppajjati, ettha nivisamānā nivisati.

색에 대한 의도(色思)는 세상에서 매혹적이고 기분 좋은 것이다. 거기에서 갈애가 일어나고 거기에서 자리 잡는다. 소리에 대한 의도(聲思)는 세상에서 매혹적이고 기분 좋은 것이다. 거기에서 갈애가 일어나고 거기에서 자리 잡는다. 냄새에 대한 의도(香思)는 세상에서 매혹적이고 기분 좋은 것이다. 거기에서 갈애가 일어나고 거기에서 자리 잡는다. 맛에 대한 의도(味思)는 세상에서 매혹적이

188 Rūpasañcetanā: 색에 대한 의도, 색사色思. ※ Rūpa는 색色, sañcetanā는 생각·의도이며, 사思라고 한역된다. 이하 다섯 가지도 마찬가지이다.

고 기분 좋은 것이다. 거기에서 갈애가 일어나고 거기에서 자리 잡는다. 접촉에 대한 의도(觸思)는 세상에서 매혹적이고 기분 좋은 것이다. 거기에서 갈애가 일어나고 거기에서 자리 잡는다. 법에 대한 의도(法思)는 세상에서 매혹적이고 기분 좋은 것이다. 거기에서 갈애가 일어나고 거기에서 자리 잡는다.

〔경에 대한 설명〕

여기서는 갈애가 일어나는 매혹적이고 기분 좋은 것 중에서 감관의 여섯 가지 의지(思, cetanā)작용에 대하여 말하고 있다. 왜 붓다는 수상 다음에 행식이 아닌 사를 말하고 있을까?

이 책의 〈해제9. 사띠 수행의 방법〉에서 다룬 바와 같이 붓다는 5온의 프로세스 중에 알아차림의 포인트를 지정한다. 즉 수상受想으로부터 행行(saṅkhārā)으로 진행하지 말고 사思를 동원하라고 주문한다. 일반적인 의식의 프로세스는 6근에 색色의 정보가 감수 작용인 수受로 들어오고, 이어서 지각작용인 상想이 작동하면, 즉각 갈애와 혐오로 반응하는 행行과 알음알이인 식識으로 이행하도록 되어 있다. 그런데 붓다는 명상수행자에게 수상受想에 이어서 행이 아닌 사思를 제시한 것이다. 의도인 사思, 즉 체따나(cetanā)는 행위할 때 굴절·의미부여·의도적 관여 등을 말한다. 이는 인식과정을 알아차림으로 돌리게 하는 수동적이며[189] 긍정적 정신작용이다. 그와 반대로 수상에 이어서 행으로 자동 이행하는 것은 윤회 업이 부가되는 부정적 정신작용이다.

---

189 〈해제〉에서 설명한 자동운행장치와 수동운행장치를 상기하라.

붓다가 이곳에서 행이 아닌 사로 이행하는 것을 원리로서 밝히고 있음은, 알아차림이라는 긍정적 정신작용으로 의식의 물길을 돌리는 주체적 노력을 요구하고 있다. 의식의 물길을 돌리는 긍정적 노력의 이름이 체따나, 즉 사인 것이다.

Rūpataṇhā[190] loke piyarūpaṃ sātarūpaṃ, etthesā taṇhā uppajjamānā uppajjati, ettha nivisamānā nivisati. Saddataṇhā loke piyarūpaṃ sātarūpaṃ, etthesā taṇhā uppajjamānā uppajjati, ettha nivisamānā nivisati. Gandhataṇhā loke piyarūpaṃ sātarūpaṃ, etthesā taṇhā uppajjamānā uppajjati, ettha nivisamānā nivisati. Rasataṇhā loke piyarūpaṃ sātarūpaṃ, etthesā taṇhā uppajjamānā uppajjati, ettha nivisamānā nivisati. Phoṭṭhabbataṇhā loke piyarūpaṃ sātarūpaṃ, etthesā taṇhā uppajjamānā uppajjati, ettha nivisamānā nivisati. Dhammataṇhā loke piyarūpaṃ sātarūpaṃ, etthesā taṇhā uppajjamānā uppajjati, ettha nivisamānā nivisati.

색에 대한 갈애(色渴愛)는 세상에서 매혹적이고 기분 좋은 것이다. 거기에서 갈애가 일어나고 거기에서 자리 잡는다. 소리에 대한

190 Rūpa-taṇhā: 색에 대한 갈애. ※ Rūpa는 색이며 taṇhā는 갈애를 말한다.

갈애(聲渴愛)는 세상에서 매혹적이고 기분 좋은 것이다. 거기에서 갈애가 일어나고 거기에서 자리 잡는다. 냄새에 대한 갈애(香渴愛)는 세상에서 매혹적이고 기분 좋은 것이다. 거기에서 갈애가 일어나고 거기에서 자리 잡는다. 맛에 대한 갈애(味渴愛)는 세상에서 매혹적이고 기분 좋은 것이다. 거기에서 갈애가 일어나고 거기에서 자리 잡는다. 접촉에 대한 갈애(觸渴愛)는 세상에서 매혹적이고 기분 좋은 것이다. 거기에서 갈애가 일어나고 거기에서 자리 잡는다. 법에 대한 갈애(法渴愛)는 세상에서 매혹적이고 기분 좋은 것이다. 거기에서 갈애가 일어나고 거기에서 자리 잡는다.

〔경에 대한 설명〕

이 부분에서도 갈애는 매혹적이고 기분 좋은 것으로 파악되고 있다. 이제까지 갈애가 장소에 기반을 두고 일어나는 것으로 설해 왔는데, 여기서는 갈애 자체가 갈애의 기반이 되는 것을 밝히고 있다. 갈애가 갈애의 기반이 된다면, 그 기반인 갈애란 도대체 무엇일까? 바로 무명이 아니고 무엇이겠는가!

갈애(taṇhā)에는 근본적으로 세 가지 종류가 있다. 욕망의 갈애(kāmataṇhā), 살고 싶음의 갈애(bhavataṇhā), 살고 싶지 않음의 갈애(vibavataṇhā) 등이다. 갈애는 색성향미촉법이라는 대상과 결합하여 여러 갈래로 나뉜다.

Rūpavitakko[191] loke piyarūpaṃ sātarūpaṃ, etthesā taṇhā

uppajjamānā uppajjati, ettha nivisamānā nivisati. Saddavitakko loke piyarūpaṃ sātarūpaṃ, etthesā taṇhā uppajjamānā uppajjati, ettha nivisamānā nivisati. Gandhavitakko loke piyarūpaṃ sātarūpaṃ, etthesā taṇhā uppajjamānā uppajjati, ettha nivisamānā nivisati. Rasavitakko loke piyarūpaṃ sātarūpaṃ, etthesā taṇhā uppajjamānā uppajjati, ettha nivisamānā nivisati. Phoṭṭhabbavitakko loke piyarūpaṃ sātarūpaṃ, etthesā taṇhā uppajjamānā uppajjati, ettha nivisamānā nivisati. Dhammavitakko loke piyarūpaṃ sātarūpaṃ, etthesā taṇhā uppajjamānā uppajjati, ettha nivisamānā nivisati.

색에 대한 거친 분별(色尋)은 세상에서 매혹적이고 기분 좋은 것이 있다. 거기에서 갈애가 일어나고 거기에서 자리 잡는다. 소리에 대한 거친 분별(聲尋)은 세상에서 매혹적이고 기분 좋은 것이다. 거기에서 갈애가 일어나고 거기에서 자리 잡는다. 냄새에 대한 거친 분별(香尋)은 세상에서 매혹적이고 기분 좋은 것이다. 거기에서 갈애가 일어나고 거기에서 자리 잡는다. 맛에 대한 거친 분별(味尋)은 세상에서 매혹적이고 기분 좋은 것이다. 거기에서 갈애가 일어나고 거기에서 자리 잡는다. 접촉에 대한 거친 분별(觸尋)은 세상에서 매혹적이고 기분 좋은 것이다. 거기에서 갈애가 일어나고

---

191 vitakko: 숙고, 거친 번뇌, 심尋. ※ 대상에 대하여 극복해가는 중에 생기는 거친 번뇌이다.

거기에서 자리 잡는다. 법에 대한 거친 분별(法尋)은 세상에서 매혹적이고 기분 좋은 것이다. 거기에서 갈애가 일어나고 거기에서 자리 잡는다.

◆

Rūpavicāro[192] loke piyarūpaṃ sātarūpaṃ, etthesā taṇhā uppajjamānā uppajjati, ettha nivisamānā nivisati. Saddavicāro loke piyarūpaṃ sātarūpaṃ, etthesā taṇhā uppajjamānā uppajjati, ettha nivisamānā nivisati. Gandhavicāro loke piyarūpaṃ sātarūpaṃ, etthesā taṇhā uppajjamānā uppajjati, ettha nivisamānā nivisati. Rasavicāro loke piyarūpaṃ sātarūpaṃ, etthesā taṇhā uppajjamānā uppajjati, ettha nivisamānā nivisati. Phoṭṭhabbavicāro loke piyarūpaṃ sātarūpaṃ, etthesā taṇhā uppajjamānā uppajjati, ettha nivisamānā nivisati. Dhammavicāro loke piyarūpaṃ sātarūpaṃ, etthesā taṇhā uppajjamānā uppajjati, ettha nivisamānā nivisati.

색에 대한 미세한 분별(色伺)은 세상에서 매혹적이고 기분 좋은 것이다. 거기에서 갈애가 일어나고 거기에서 자리 잡는다. 소리에 대한 미세한 분별(聲伺)은 세상에서 매혹적이고 기분 좋은 것이다.

---

192 vicāro: 깊은 숙고, 미세한 번뇌, 사伺. ※ 이는 거친 정신작용인 vitakko(尋)와 대비되며, 상대적으로 미세한 번뇌작용을 가리킨다.

거기에서 갈애가 일어나고 거기에서 자리 잡는다. 냄새에 대한 미세한 분별(香伺)은 세상에서 매혹적이고 기분 좋은 것이다. 거기에서 갈애가 일어나고 거기에서 자리 잡는다. 맛에 대한 미세한 분별(味伺)은 세상에서 매혹적이고 기분 좋은 것이다. 거기에서 갈애가 일어나고 거기에서 자리 잡는다. 접촉에 대한 미세한 분별(觸伺)은 세상에서 매혹적이고 기분 좋은 것이다. 거기에서 갈애가 일어나고 거기에서 자리 잡는다. 법에 대한 미세한 분별(法伺)은 세상에서 매혹적이고 기분 좋은 것이다. 거기에서 갈애가 일어나고 거기에서 자리 잡는다.

◆

Idaṃ vuccati, bhikkhave, dukkhasamudayaṃ ariya-saccaṃ.

빅쿠들이여! 이를 일러 괴로움 일어남의 성스러운 진리(集聖諦)라 한다.

〔경에 대한 설명〕

집성제는 고의 원인이며 집착이 그 본질이다. 일반적으로 대상에 집착한다고 할 때 우리는 통상 집착執着이라고 하지 집착集着이라 쓰지 않는다. 그런데 왜 불전에서는 '잡을 집'이 아닌 '모을 집'을 사용하였을까? 그것은 둑카사무다야(dukkhasamudaya: 집성제)라는 용어가 둑카(dukkha: 괴로움)와 사무다야(samudaya: 원인, 발생, 집기)라는 말로 이루어졌기 때문이다. 그 용어를 통하여 우리는 인연에 의하여 연기緣起된 것을 불변의 실체로 오해하여 집착과 고통이 생기며, 그 집착은 모여 연기된 것(集)에 대한 통찰에 의하여 타파된다는 것을 알 수 있다.

하늘의 아름다운 무지개를 보면서 사람들은 감탄한다. 그러나 다른 차원에서 볼 때 무지개라는 실체는 존재하는 것이 아니다. 빛이 무수한 물방울들을 통과하면서 생긴 빛의 반사와 굴절로 인해 나타나는 일시적 현상일 따름이다. 무지개뿐 아니라 모든 사물이 조건(緣)에 따른 현상(起)이다. 집성제란 조건 따라 모인 현상에 대한 통찰이다. 같은 이치로, 6근의 매혹과 기분 좋음을 위해 사는 것은 우리의 본래사本來事가 아니며, 윤회에서 벗어나지 못하도록 하는 집착사執着事에 불과하다는 것이다. 그뿐 아니라 그 모든 것들은 무지개처럼 모여진 현상(集)에 불과하다는 것이다.

집성제는 고의 원인인 집착에 관한 내용이다. 붓다는 집착의 단골 메뉴로 갈애를 지목한다. 집착의 열 가지 범주에서도 갈애는 중심적 역할을 차지하고 있다. 갈애의 존재를 확인하는 것은 간단하다. 사람들이 물질적으로 매혹적이며, 정신적으로 기분 좋은 것을 추구하게 되어 있다는 점이 바로 갈애로 인한 것이다. 안이비설신의 6근과 그 대상이 되는 색성향미촉법 6경과의 관계를 기반으로 온갖 갈애가 전개되고 있음에 대하여, 『대념처경』에서는 이처럼 길고 장황하게 설명하고 있다. 철학자이면서 수행자인 붓다는 그토록 고의 근원을 사무치게 알아야 한다고 말하고 있는 것이다. 그만큼 갈애에 대한 집착으로 괴로움에 허덕이는 중생에 대한 걱정이 심각한 탓이다.

『대념처경』을 접하는 사람들은 반복으로 일관하는 집성제의 내용을 보면서, 자신과는 관계없는 사항으로 간주하고 적당히 지나쳐 버릴 우려가 있다. 그러나 명상수행자는 집성제의 내용을 깊이 관찰하지 않으면 안 된다. 근·색·식·촉·수·상·사·갈애·심·사 등 열 가지 집착 대상은 6근을 통해 나타나는 번뇌의 모습이며, 명상수행자가 직면할 수밖에 없는 것들이기 때문이다.

위딱코(尋)와 위차로(伺)는 분별이라 번역하였지만 실은 번뇌가 그 본질이다. 분별을 번뇌로 파악하는 것은 불교에서 기본적인 사유이다.

〔명상수행자를 위한 양념 1〕

집성제를 구성하고 있는 근·색·식·촉·수·상·사·갈애·심·사 등 열 가지 항목은 두 가지 측면으로 파악할 수가 있다.

첫째, 일반적인 측면이며, 중생이 윤회·업을 장만하는 코스이다. 그 측면에서 볼 때 열 가지 항목 모두는 윤회·업이 커가는 것을 나열하고 있다. 단 하나의 항목도 행복이니 해탈이니 하는 따위의 희망적인 용어는 보이지 않는다. 따라서 그 방향으로 전개되는 열 가지 항목 모두는 우울하며 비관적이다. 그것은 집성제 10개 항목이 지닌 윤회·업을 향한 표면表面 코스이다.

둘째, 수행적인 측면이며, 깨달음과 해탈을 향한 코스이다. 10항목에서 근·색·식·촉·수·상 등 다섯 가지는 생명체로서 피할 수 없는 삶의 기본과정이다. 그 운명을 바꾸는 계기는 '체따나(cetanā, 思: 의도)'에 있다. 수행자는 체따나를 거치면서 희망을 품게 된다. 체따나가 자신의 서원과 의지로 업의 물길을 돌리는 터닝 포인트이기 때문이다. 그렇다면 체따나 바로 다음에 윤회·업의 핵인 갈애가 떡 하니 버티고 있는 점은 어떻게 봐야 하는가?

당연히 갈애는 피할 수 없다. 그러나 집성제에서의 갈애는 12인연에서의 갈애와 역할이 다르다. 12인연의 갈애는 모든 윤회·업을 매개·강화하는 고리(chain) 역할을 하여 중생윤회를 반복하게 한다. 하지만 집성제에서의 갈애는 같은 고리 역할을 하더라도 그 방향이 다르다. 왜냐하면 수행자가 체따나를 거치면서, 해탈의 모멘텀을 얻은 상태에서 만나는 갈애이기 때문이다.

전환의 모멘텀을 마련한 수행자에게 갈애는 내공을 키우는 에너지로 전환한다. 수행자가 성공의 길로 들어서고 있다는 증거는 그 다음 항목에 위치한 위딱코(vitakko, 尋: 거친 분별)와 위차로(vicāro, 伺: 미세한 분별)에 있다. 위딱코와 위차로는 소재素材가 번뇌이다. 중요한 것은 둘 다 엄청 힘센 존재이기는 하지만, 결국은 굴복당하도록 세팅되어 있는 코스라는 점이다. 수행자가 위차로를 만난다는 것은 이미 위딱코를 극복했다는 말이며, 위차로 또한 언젠가 극복할 여지가 있음을 의미한다. 이렇게 보는 것이 집성제 10개 항목이 지닌, 깨달음과 해탈을 향한 이면裏面 코스이다.

명상수행의 길에 들어선 수행자가 들고 있는 무기는 알아차림이다. 알아차림이라는 장검을 들고 근·색·식·촉·수·상·사·갈애·심·사 등 10가지 무공 코스를 연마해 가야만 한다. 이처럼 붓다는 집성제에서, 표면적으로는 집착으로 점철되어 있는 중생의 10범주를 제시하면서, 이면적으로는 수행자가 걸어가야 할 꽃길을 안내하고 있는 것이다. 그것이 집성제가 성스러운 가르침이 될 수 있는 진짜 이유이다.

〔명상수행자를 위한 양념 2〕

갈애에 대하여 생각해 보자. 12인연에서 갈애는 취·유·생·노사라는 생명의 발생과 지속이 시작하는 시점이다. 그것은 인간에게 있어서 갈애가 생존의 욕구, 즉 생명의 본질임을 지시한다. 갈애는 육체 DNA의 속성이다. 인간은 중유中有에서 온 윤회의 주체 영체靈體와, 지구상에서 진화해 온 육체의 DNA와의 결합이다. 영체도 불멸의 존재요, DNA도 불멸을 지향한다. 불멸을 위하여 DNA는 끊임없이 식색食色에 대한 갈애를 촉발하여 생존의 가능·지속을 도모한다.[193] 그래서 인간이 육체를 지니고 생명이 살아 있는 한 갈애가 솟아나도록 설계되어 있는 것이다.

관건은 DNA의 강력한 지원을 받고 있는 갈애를 어떻게 마음공부에 활용하여 영체의 진화를 도모할 것인가에 있다. 갈애도 일종의 에너지이다. 에너지의 속성은 맹목적이다. 맹목이므로 집착의 대상으로도 작용하지만, 맹목이므로 알아차림의 원동력으로도 사용될 수 있는 것이다. 붓다는 정각 이전 고행 끝에 그 점을 철저히 깨달았다. 그리하여 육체의 에너지를 고갈시켜 버리려는 고행을 버리는 대신 그 에너지를 활용하기로 결정한다. 그것이 붓다로 하여금 단식·고행을 풀고 수잣따의 우유죽을 들게 한 것이다.

---

193 리처드 도킨스는 그의 저서 『이기적 유전자』에서 그 본질을 '이기적'이라는 말로 설명하고 있다.

집성제에서 붓다는 표면적으로 갈애의 무서움을 줄줄이 암시하고 있지만, 이면적으로는 결코 갈애를 멀리하지 않았다. 마르지 않고 무한히 솟아나는 DNA의 에너지를 끌어내 사띠 수행에 활용토록 한 것이다. 그것이 붓다가 사용한, '오랑캐로 오랑캐를 제압한다'는 이이제이以夷制夷 항마법이다.

한편 깨달음 이후 그의 갈애 에너지는 일체중생을 사랑하는 자비로 전환한다. 갈애가 자신의 몸 내부로 향할 경우 생명유지의 이기적 욕구로 끊임없이 작용하지만, 자신의 몸을 벗어나면 일체중생을 위한 자비의 에너지로 화하게 된다. 이기적 욕구와 이타적 자비의 원천은 유사하다. 양쪽 모두 마르지 않는 사랑에 바탕을 두고 있다는 점에서.

3) Nirodhasaccaniddeso[194]

3) 지멸됨의 〔성스러운〕 진리(滅聖諦)

Katamaṃ ca, bhikkhave, dukkhanirodhaṃ ariyasaccaṃ? Yo tassāyeva taṇhāya asesavirāganirodho[195] cāgo[196] paṭin-

---

194 nirodha: 파괴, 소멸, 지멸.

195 asesavirāganirodho: 완전한 탐욕의 멸진. ※ asesa: 완전한, 나머지가 없는. virāga: 탐욕을 여읜. nirodho: 소멸되는, 멸진되는.

196 cāga: 단념, 포기. ※ 이는 단념·포기 등의 의미도 있고, 관대·인심 좋음·베풂 등의 뜻도 있다. 여기에서는 전자의 의미로 사용하고 있다.

issaggo[197] mutti[198] anālayo.[199] Sā kho panesā, bhikkhave, taṇhā kattha pahīyamānā pahīyati, kattha nirujjhamānā nirujjhati?[200] Yaṃ loke piyarūpaṃ sātarūpaṃ, etthesā taṇhā pahīyamānā pahīyati, ettha nirujjhamānā nirujjhati.

또한 빅쿠들이여! 그러면 무엇이 괴로움 지멸의 성스러운 진리(滅聖諦)인가? 그것은 갈애가 완전히 멸진함이며, 버림이며, 포기이며, 해탈이며, 집착 없음이다. 그러면 빅쿠들이여! 갈애는 어디에서 소멸되고 지멸될 것인가? 세상은 어느 곳이나 매혹적이고 기분 좋은 것이다. 갈애는 거기에서 소멸되고 지멸될 것이다.

---

197 paṭinissaggo: 파기破棄, 거부, 사리捨離.

198 mutti: 해탈, 자유, 해방.

199 anālayo: 무집착, 무착無着.

200 pahīyamānā pahīyati nirujjhamānā nirujjhati: 소멸되고 지멸되다. ※ pahīyamānā pahīyati 에서 pahīyamānā는 pahīyati(포기되다, 소멸되다, 사단捨斷되다)의 과거 완료형이므로 소멸됨의 강조형태로 보아 "소멸될 것인가?"로 번역하였다. nirujjhamānā nirujjhati의 경우도 마찬가지이다. 두 용어는 거의 같은 의미이지만 반복·대귀로 보아 후자를 "지멸될 것인가?"라고 번역하였다. 이 두 가지는 병렬하여 사용되는 경우가 많으며 관용적으로 쓰인다. 구체적인 차이를 말한다면 빠히야띠(pahīyati)는 '버려진다'는 뜻인데, 어떤 사물을 버린다 할 때 사용된다. 니루자하띠(nirujjhati)는 '부서진다, 풀어진다'는 뜻으로, 분해되어 사라지는 상태를 묘사할 때 사용된다. 이와 같이 개념상으로 차이는 있으나, 여기에서는 사라진다는 것을 강조하기 위해 병렬한 것으로 보았다. 이 경우 운율을 감안하여, "소멸되고 지멸되다"로 번역하였다.

〔경에 대한 설명〕

위의 문단 전체를 줄여 하나의 단어로 만든다면 아세사위라가니로도(asesavirāganirodho), '완전한 탐욕의 멸진'이다. 탐욕(rāga)이 완전히 사라진 멸진(滅盡, nirodho)상태라는 뜻이다. 뒤에 나오는 멸진이라는 말은, 앞에 나오는 완전함이라는 말의 부정이 아니라 강조이다. 탐욕의 본질은 끊임없는 욕구에 있으며 그런 의미에서 갈애라고 한다. 갈애의 완전한 지멸이야 말로 멸성제의 정체성이다. 『대념처경』에 괴로움의 진리(dukkha-sacca)는 있지만 행복의 진리라는 말은 없다. 행복은 고통이 사라진 곳에 있으며, 갈애의 지멸은 바로 지고의 행복 그 자체이기 때문이다.

갈애의 지멸 상태를 다른 말로 열반이라 부르는데, 『대념처경』에서 말하는 열반의 모습은 네 가지로 묘사된다. 그것은 버림·포기·해탈·집착 없음이다. 열반이란 하나의 개념일 것인데, 왜 이렇게 여러 가지로 표현되는가? 그 이유는 열반의 반대되는 개념들이 다양하기 때문이다.

〔명상수행자를 위한 양념〕

"세상은 어느 곳이나 매혹적이고 기분 좋은 것이다. 갈애는 거기에서 소멸되고 지멸될 것이다."라는 말씀에서 우리는 몇 가지 중요한 가르침을 받게 된다.

우선, 우리는 갈애가 사라지는 것이 가능하다는 말에 안도한다. 갈애는 우리들의 생명이 유지되는 한 사라지지 않을 것으로 생각해 왔는데, 그것이 다하는 날이 있다는 붓다의 보장이 있는 것이다. 이 말씀은 우리의 명상수행이 결코 헛되이 마치지 않을 것임을 암시한다.

다음으로 우리는, 열반을 의미하는 멸성제가 어마어마한 것이 아니라는 뜻밖의 사실에 놀라게 된다. 멸성제란 갈애가 지멸된 상태를 말함인데, 갈애가 지멸된 상태는 다른 곳이 아니라 갈애가 생긴 그 자리라는 사실 때문이다. 여기에서 갈애가 지멸된 상태는 갈애가 남음 없이 사라진 상태이면서, 다른 한편으로 남음 없이 갈애가 발휘된 상태이기도 하다는 논리도 가능하다. 갈애의 이면적 씀씀이라는 앞의 해석을 상기하면 쉽게 이해된다. 갈애를 충분히 충족하고, 갈애를 완전히 지멸시켰으며, 그에 바탕을 두고 자비를 충분히 발휘한 분이 인류 역사에 출현했었다. 그가 바로 붓다이다.

물론 붓다가 말하는 갈애의 소멸이란 중생들의 끝없는 욕구를 따라가며 채운다는 의미는 아니며, 그것이 가능하지도 않다. 갈애의 속성은 다함이 없기(無盡) 때문이다. 그러나 갈애를 부정 혹은 회피하는 것만이 수행이 아니라, 갈애가 생긴 그곳이 수행의 현장이 된다는 것은 우리에게 희망의 소식이다. 갈애가 있는 곳에서 갈애가 소멸되고, 갈애가 편만한 삶의 현장에서 갈애가 지멸될 것이라고 붓다는 말한다. 여기에서 세속을 떠날 수 없는 우리 모두에게 안도의 한숨을 쉬게 하는 틈새를 발견한다.

안거에 들어간 수행자들은 세속을 떠났으므로 예외가 될 수 있을까? 그렇지 않다. 육신이 있는 한 그들도 세속을 떠난 것이 아니다. 다만 외부적 경계를 적게 접하고 있을 따름이다. 비록 전문 수행자라 할지라도 6근을 통해 일어나는 내부적 갈애는 여전히 왕성하다. 욕망이 일어나는 현장 바로 그곳에서 욕망이 소멸되어야 한다는 붓다의 말씀은, 갈애를 벗어날 수 없는 우리에게 안심과 과제를 동시에 안겨 주고 있다.

4성제 어느 것 하나 중요하지 않은 것이 없지만, 특히 멸성제에 대해서 명상수행자는 그 중요성을 깊이 인식해야 한다. 멸성제는 모든 명상수행자가 지향해야 할 목표이기 때문이다.

필자는 명상수행자를 만나면 그분의 수행목표를 묻는 버릇이 있다. 그런데 놀라운 것은, 그들 중에 자신의 수행목표를 모르거나 생각조차 하지 않은 상태에서, 그저 정진만 하고 있는 사람들이 적지 않다는 점이다. 수행자의 목표는 갈애의 멸진, 즉 열반이다. 갈애가 멸진되면 새로운 이름의 사랑이 생성된다. 그것은 자비이다.

여행이나 사업뿐 아니라 명상수행을 하는 데에도 목표는 더없이 소중하다. 열반이라는 수행의 목표에 무지할 경우, 자칫하면 수행의 다른 효과에 눈을 돌릴 수도 있다. 예컨대 신통이나 치병 또는 물질적 성취 따위이다. 명상수행자가 부수적인 효과에 눈을 돌릴 경우, 자신의 앞길이 어두울 뿐만 아니라 따르는 사람들의 앞날도 그릇 인도할 우려가 생긴다.

열반의 개념이 버림·포기·해탈·집착 없음의 네 가지이지만, 그것은 '갈애의 지멸' 하나를 달리 표현한 것에 지나지 않는다. 그러므로 종류는 네 가지라 할지라도 속성은 상통한다. 따라서 그중 한 가지만 끈질기게 추구하면 나머지 세 가지는 저절로 해결되는 구조이다. '주유소 습격 사건'이라는 영화에서의 명대사가 생각난다. "나는 한 놈만 팬다."라는 말이다. 섬뜩한 표현이기는 하지만, 맹렬한 명상수행자에게 그런 기개가 있다는 게 나쁘지 않을 수 있다. 임제(臨濟義玄,

?~866)는 "부처를 만나면 부처를 베고, 조사를 만나면 조사를 베라."고 까지 말했다는데, 넷 중 한 놈 패는 것쯤이야!

멸성제는 열반을 의미한다. 열반의 상태를 우리가 명상 중에 체험할 수 있을까? 부분이나마 가능하다. 만약 그것이 가능하지 못하다면 우리는 열반에 도달할 통로를 영원히 찾을 수 없을 것이 아닌가. 열반에 들기 위하여 명상수행자는 다만 한 가지, 결단을 하면 된다. "나는 이제부터 3분 동안 갈애를 철저히 지멸하고 절대적 평정의 상태에 들리라." 그러한 결정은 매우 중요하다. 명상수행자가 결정하면 결정한 시간만큼 결정한 자리에 머물 수 있다. 그것이 인과의 원리요, 명상수행의 기본 원리이다. 이후 명상수행자는 시간을 10분, 30분 등으로 늘릴 수 있다. 우리는 지나온 삶에서 수없이 하찮은 짓을 해 왔다. 중요하지 않은 일에 매달려 왔고, 앞으로도 몇 생 동안이나 그렇게 살지 모른다. 그것을 멈추려면 지금 결정하면 된다. 갈애를 멈추고 열반에 들기로.

Kiñca loke piyarūpaṃ sātarūpaṃ?

그러면 세상에서 어떤 것이 매혹적이고 기분 좋은가?

〔경에 대한 설명〕

열반의 이치를 말했으므로, 붓다는 이제 각론으로 들어가서 세상에서 어떤 것이 매혹적이고 기분 좋은 것인가를 살펴보자고 권유한다. 흥미로운 사실은 멸성제의 '매혹적이고 기분 좋은 것'들이 집성제의 항목과 동일하다는 점이다. 집성제에서도 '로께 삐야루빵 사따루빵(loke piyarūpaṃ sātarūpaṃ)'이라 하였고, 멸성제에서도 동일하게 말하고 있다. 다만 그 대상이 다르다.

집성제에서 매혹적이고 기분 좋은 것은 갈애에 집착하기 때문이라면, 멸성제에서 매혹적이고 기분 좋은 이유는 그로부터 자유로워서 좋다는 것이다. 장부 주석서에는 "이제 도(道, magga)를 통해서 자른 뒤 열반을 얻어 갈애가 일어나지 않음에 이르렀지만 〔앞에서〕 각각의 대상들에서 갈애가 일어난 것을 보이셨고, 이제 바로 그 각각의 대상들에서 갈애가 없어짐을 보이시기 위하여 그런 말씀을 하셨다."고 말한다.

멸성제에서 매혹적이고 기분 좋은 범주도 붓다는 10개로 설정한다. 그것은 근根·경境·식識·촉觸·수受·상想·사思·갈애渴愛·심尋·사伺 등이다. 이 10가지 범주는 집성제와 동일하다.

〔명상수행자를 위한 양념〕

붓다는 묻고 있다. "세상에서 어떤 것이 매혹적이고 기분 좋은가?"

사는 게 별 거 있을까? 밥 세끼 먹고 일상생활 하며 지내는 것이야 금수저이건 흙수저이건 별다른 차이가 있을 게 없다. 다만 무엇을 지향하며 사느냐에 따라 중생과 부처의 길이 달라지는 것이라고 붓다는 말하고 있다. "티끌만 한 차이가 마침내 하늘과 땅의 격차를 만든다."는 격언이 여기에 적용된다. 같은 세상에서 같은 밥을 먹고 생활하면서, 무엇을 지향하고 사느냐가 문제인 것이다.

집성제와 멸성제의 대상은 둘 다 그 범위가 6근을 넘어서는 것이 아니다. 왜냐하면 우리가 접하는 모든 대상이 6근을 통하여 들어오고 나가기 때문이다. 6근은 괴로움이 솟아나는 곳이기도 하지만, 6근을 제대로 활용하지 않고서는 수행도 제대로 할 수 없다는 결론이 여기에서도 도출된다.

붓다는 6근으로 인해 일어나는 모든 갈애의 내역과, 그것을 넘어선 열반의 내역이 동일하다고 하였다. 인간 몸이라는 갈애 덩어리가 그대로 열반 덩어리가 될 수 있다는 것이다. 붓다 깨달음의 위대성은 바로 여기에 있다. '갈애로 인해 넘어진 자 갈애로 인해 일어난다.'는 희망의 깨달음 말이다. 글을 쓰고 있는 필자는 지금 해죽거리고 있다. 어찌 재미나지 않을 수 있겠는가?

모든 명상수행자들은 6근이 담긴 육체가 필요하여 태양계 제3행성에 왔다는 점을 상기해야 한다. 이 대목에서 『삼국유사』 첫 단원이 생각나는 것은 무슨 이유에서일까? "옛날 환인이라는 하느님이 계셨는데, 서자 환웅이 하늘 아랫마을 인간들의 세상을 원하므로, 아버지 아들의 뜻을 알고 삼위태백을 굽어보시니 가히 홍익인간 할 만한지라…."[201] 환웅을 단군의 아버지 정도로 치부하면 안 된다. 그는 인간의 몸을 받기 전 나의 모습이었다.

---

201 昔有桓因 庶子桓雄 隨意天下貪救人世 父知子意 下視三危太伯 可以弘益人間 (『三國遺事』)

Cakkhu loke piyarūpaṃ sātarūpaṃ, etthesā taṇhā pahīyamānā pahīyati, ettha[202] nirujjhamānā nirujjhati. Sotaṃ loke piyarūpaṃ sātarūpaṃ, etthesā taṇhā pahīyamānā pahīyati, ettha nirujjhamānā nirujjhati. Ghānaṃ loke piyarūpaṃ sātarūpaṃ, etthesā taṇhā pahīyamānā pahīyati, ettha nirujjhamānā nirujjhati. Jivhā loke piyarūpaṃ sātarūpaṃ, etthesā taṇhā pahīyamānā pahīyati, ettha nirujjhamānā nirujjhati. Kāyo loke piyarūpaṃ sātarūpaṃ, etthesā taṇhā pahīyamānā pahīyati, ettha nirujjhamānā nirujjhati. Mano loke piyarūpaṃ sātarūpaṃ, etthesā taṇhā pahīyamānā pahīyati, ettha nirujjhamānā nirujjhati.

눈(眼)은 세상에서 매혹적이고 기분 좋은 것이다. 거기에서 갈애가 소멸되고 지멸될 것이다. 귀(耳)는 세상에서 매혹적이고 기분 좋은 것이다. 거기에서 갈애가 소멸되고 지멸될 것이다. 코(鼻)는 세상에서 매혹적이고 기분 좋은 것이다. 거기에서 갈애가 소멸되고 지멸될 것이다. 혀(舌)는 세상에서 매혹적이고 기분 좋은 것이다. 거기에서 갈애가 소멸되고 지멸될 것이다. 몸(身)은 세상에서 매혹적이고 기분 좋은 것이다. 거기에서 갈애가 소멸되고 지멸될 것이

202 ettha: 여기, 이곳, 지금, 이 경우.

다. 마음(意)은 세상에서 매혹적이고 기분 좋은 것이다. 거기에서 갈애가 소멸되고 지멸될 것이다.

◆

Rūpā loke piyarūpaṃ sātarūpaṃ, etthesā taṇhā pahīyamānā pahīyati, ettha nirujjhamānā nirujjhati. Saddā loke piyarūpaṃ sātarūpaṃ, etthesā taṇhā pahīyamānā pahīyati, ettha nirujjhamānā nirujjhati. Gandhā loke piyarūpaṃ sātarūpaṃ, etthesā taṇhā pahīyamānā pahīyati, ettha nirujjhamānā nirujjhati. Rasā loke piyarūpaṃ sātarūpaṃ, etthesā taṇhā pahīyamānā pahīyati, ettha nirujjhamānā nirujjhati. Phoṭṭhabbā loke piyarūpaṃ sātarūpaṃ, etthesā taṇhā pahīyamānā pahīyati, ettha nirujjhamānā nirujjhati. Dhammā loke piyarūpaṃ sātarūpaṃ, etthesā taṇhā pahīyamānā pahīyati, ettha nirujjhamānā nirujjhati.

색(色)은 세상에서 매혹적이고 기분 좋은 것이다. 거기에서 갈애가 소멸되고 지멸될 것이다. 소리(聲)는 세상에서 매혹적이고 기분 좋은 것이다. 거기에서 갈애가 소멸되고 지멸될 것이다. 냄새(香)는 세상에서 매혹적이고 기분 좋은 것이다. 거기에서 갈애가 소멸되고 지멸될 것이다. 맛(味)은 세상에서 매혹적이고 기분 좋은 것이다. 거기에서 갈애가 소멸되고 지멸될 것이다. 접촉(觸)은 세상에서 매혹적이고 기분 좋은 것이다. 거기에서 갈애가 소멸되고 지멸될 것이다. 법(法)은 세상에서 매혹적이고 기분 좋은 것이다. 거기에서 갈애가 소멸되고 지멸될 것이다.

◆

Cakkhuviññāṇaṃ loke piyarūpaṃ sātarūpaṃ, etthesā taṇhā pahīyamānā pahīyati, ettha nirujjhamānā nirujjhati. Sotaviññāṇaṃ loke piyarūpaṃ sātarūpaṃ, etthesā taṇhā pahīyamānā pahīyati, ettha nirujjhamānā nirujjhati. Ghānaviññāṇaṃ loke piyarūpaṃ sātarūpaṃ, etthesā taṇhā pahīyamānā pahīyati, ettha nirujjhamānā nirujjhati. Jivhāviññāṇaṃ loke piyarūpaṃ sātarūpaṃ, etthesā taṇhā pahīyamānā pahīyati, ettha nirujjhamānā nirujjhati. Kāyaviññāṇaṃ loke piyarūpaṃ sātarūpaṃ, etthesā taṇhā pahīyamānā pahīyati, ettha nirujjhamānā nirujjhati. Manoviññāṇaṃ loke piyarūpaṃ sātarūpaṃ, etthesā taṇhā pahīyamānā pahīyati, ettha nirujjhamānā nirujjhati.

눈의 알음알이(眼識)는 세상에서 매혹적이고 기분 좋은 것이다. 거기에서 갈애가 소멸되고 지멸될 것이다. 귀의 알음알이(耳識)는 세상에서 매혹적이고 기분 좋은 것이다. 거기에서 갈애가 소멸되고 지멸될 것이다. 코의 알음알이(鼻識)는 세상에서 매혹적이고 기분 좋은 것이다. 거기에서 갈애가 소멸되고 지멸될 것이다. 혀의 알음알이(舌識)는 세상에서 매혹적이고 기분 좋은 것이다. 거기에서 갈애가 소멸되고 지멸될 것이다. 몸의 알음알이(身識)는 세상에서 매혹적이고 기분 좋은 것이다. 거기에서 갈애가 소멸되고 지멸될 것이다. 마음의 알음알이(意識)는 세상에서 매혹적이고 기분 좋은 것이다. 거기에서 갈애가 소멸되고 지멸될 것이다.

◆

Cakkhusamphasso loke piyarūpaṃ sātarūpaṃ, etthesā taṇhā pahīyamānā pahīyati, ettha nirujjhamānā nirujjhati. Sotasamphasso loke piyarūpaṃ sātarūpaṃ, etthesā taṇhā pahīyamānā pahīyati, ettha nirujjhamānā nirujjhati. Ghānasamphasso loke piyarūpaṃ sātarūpaṃ, etthesā taṇhā pahīyamānā pahīyati, ettha nirujjhamānā nirujjhati. Jivhāsamphasso loke piyarūpaṃ sātarūpaṃ, etthesā taṇhā pahīyamānā pahīyati, ettha nirujjhamānā nirujjhati. Kāyasamphasso loke piyarūpaṃ sātarūpaṃ, etthesā taṇhā pahīyamānā pahīyati, ettha nirujjhamānā nirujjhati. Manosamphasso loke piyarūpaṃ sātarūpaṃ, etthesā taṇhā pahīyamānā pahīyati, ettha nirujjhamānā nirujjhati.

눈의 접촉(眼觸)은 세상에서 매혹적이고 기분 좋은 것이다. 거기에서 갈애는 소멸되고 지멸될 것이다. 귀의 접촉(耳觸)은 세상에서 매혹적이고 기분 좋은 것이다. 거기에서 갈애는 소멸되고 지멸될 것이다. 코의 접촉(鼻觸)은 세상에서 매혹적이고 기분 좋은 것이다. 거기에서 갈애는 소멸되고 지멸될 것이다. 혀의 접촉(舌觸)은 세상에서 매혹적이고 기분 좋은 것이다. 거기에서 갈애는 소멸되고 지멸될 것이다. 몸의 접촉(身觸)은 세상에서 매혹적이고 기분 좋은 것이다. 거기에서 갈애는 소멸되고 지멸될 것이다. 마음의 접촉(意觸)은 세상에서 매혹적이고 기분 좋은 것이다. 거기에서 갈애는 소멸되고 지멸될 것이다.

◆

Cakkhusamphassajā vedanā loke piyarūpaṃ sātarūpaṃ, etthesā taṇhā pahīyamānā pahīyati, ettha nirujjhamānā nirujjhati. Sotasamphassajā vedanā loke piyarūpaṃ sātarūpaṃ, etthesā taṇhā pahīyamānā pahīyati, ettha nirujjhamānā nirujjhati. Ghānasamphassajā vedanā loke piyarūpaṃ sātarūpaṃ, etthesā taṇhā pahīyamānā pahīyati, ettha nirujjhamānā nirujjhati. Jivhāsamphassajā vedanā loke piyarūpaṃ sātarūpaṃ, etthesā taṇhā pahīyamānā pahīyati, ettha nirujjhamānā nirujjhati. Kāyasamphassajā vedanā loke piyarūpaṃ sātarūpaṃ, etthesā taṇhā pahīyamānā pahīyati, ettha nirujjhamānā nirujjhati. Manosamphassajā vedanā loke piyarūpaṃ sātarūpaṃ, etthesā taṇhā pahīyamānā pahīyati, ettha nirujjhamānā nirujjhati.

눈의 감수(眼受)는 세상에서 매혹적이고 기분 좋은 것이다. 거기에서 갈애는 소멸되고 지멸될 것이다. 귀의 감수(耳受)는 세상에서 매혹적이고 기분 좋은 것이다. 거기에서 갈애는 소멸되고 지멸될 것이다. 코의 감수(鼻受)는 세상에서 매혹적이고 기분 좋은 것이다. 거기에서 갈애는 소멸되고 지멸될 것이다. 혀의 감수(舌受)는 세상에서 매혹적이고 기분 좋은 것이다. 거기에서 갈애는 소멸되고 지멸될 것이다. 몸의 감수(身受)는 세상에서 매혹적이고 기분 좋은 것이다. 거기에서 갈애는 소멸되고 지멸될 것이다. 마음의 감수(意受)는 세상에서 매혹적이고 기분 좋은 것이다. 거기에서 갈애는 소멸되고 지멸될 것이다.

◆

Rūpasaññā loke piyarūpaṃ sātarūpaṃ, etthesā taṇhā pahīyamānā pahīyati, ettha nirujjhamānā nirujjhati. Saddasaññā loke piyarūpaṃ sātarūpaṃ, etthesā taṇhā pahīyamānā pahīyati, ettha nirujjhamānā nirujjhati. Gandhasaññā loke piyarūpaṃ sātarūpaṃ, etthesā taṇhā pahīyamānā pahīyati, ettha nirujjhamānā nirujjhati. Rasasaññā loke piyarūpaṃ sātarūpaṃ, etthesā taṇhā pahīyamānā pahīyati, ettha nirujjhamānā nirujjhati. Phoṭṭhabbasaññā loke piyarūpaṃ sātarūpaṃ, etthesā taṇhā pahīyamānā pahīyati, ettha nirujjhamānā nirujjhati. Dhammasaññā loke piyarūpaṃ sātarūpaṃ, etthesā taṇhā pahīyamānā pahīyati, ettha nirujjhamānā nirujjhati.

색에 대한 지각(色想)[203]은 세상에서 매혹적이고 기분 좋은 것이다. 거기에서 갈애는 소멸되고 지멸될 것이다. 소리에 대한 지각(聲想)

은 세상에서 매혹적이고 기분 좋은 것이다. 거기에서 갈애는 소멸되고 지멸될 것이다. 냄새에 대한 지각(香想)은 세상에서 매혹적이고 기분 좋은 것이다. 거기에서 갈애는 소멸되고 지멸될 것이다. 맛에 대한 지각(味想)은 세상에서 매혹적이고 기분 좋은 것이다. 거기에서 갈애는 소멸되고 지멸될 것이다. 접촉에 대한 지각(觸想)은 세상에서 매혹적이고 기분 좋은 것이다. 거기에서 갈애는 소멸되고 지멸될 것이다. 법에 대한 지각(法想)은 세상에서 매혹적이고 기분 좋은 것이다. 거기에서 갈애는 소멸되고 지멸될 것이다.

◆

Rūpasañcetanā loke piyarūpaṃ sātarūpaṃ, etthesā taṇhā pahīyamānā pahīyati, ettha nirujjhamānā nirujjhati. Saddasañcetanā loke piyarūpaṃ sātarūpaṃ, etthesā taṇhā pahīyamānā pahīyati, ettha nirujjhamānā nirujjhati. Gandhasañcetanā loke piyarūpaṃ sātarūpaṃ, etthesā taṇhā pahīyamānā pahīyati, ettha nirujjhamānā nirujjhati. Rasasañcetanā loke piyarūpaṃ sātarūpaṃ, etthesā taṇhā pahīyamānā pahīyati, ettha nirujjhamānā nirujjhati. Phoṭṭhabbasañcetanā loke piyarūpaṃ sātarūpaṃ, etthesā taṇhā pahīyamānā pahīyati, ettha nirujjhamānā nirujjhati. Dhammasañcetanā loke piyarūpaṃ sātarūpaṃ, etthesā taṇhā pahīyamānā pahīyati, ettha nirujjhamānā nirujjhati.

---

203 눈의 접촉(眼觸)으로 일어난 지각·인식 등을 포함한 개념의 조합작용을 말한다.

색에 대한 의도(色思)는 세상에서 매혹적이고 기분 좋은 것이다. 거기에서 갈애는 소멸되고 지멸될 것이다. 소리에 대한 의도(聲思)는 세상에서 매혹적이고 기분 좋은 것이다. 거기에서 갈애는 소멸되고 지멸될 것이다. 냄새에 대한 의도(香思)는 세상에서 매혹적이고 기분 좋은 것이다. 거기에서 갈애는 소멸되고 지멸될 것이다. 맛에 대한 의도(味思)는 세상에서 매혹적이고 기분 좋은 것이다. 거기에서 갈애는 소멸되고 지멸될 것이다. 접촉에 대한 의도(觸思)는 세상에서 매혹적이고 기분 좋은 것이다. 거기에서 갈애는 소멸되고 지멸될 것이다. 법에 대한 의도(法思)는 세상에서 매혹적이고 기분 좋은 것이다. 거기에서 갈애는 소멸되고 지멸될 것이다.

◆

Rūpataṇhā loke piyarūpaṃ sātarūpaṃ, etthesā taṇhā pahīyamānā pahīyati, ettha nirujjhamānā nirujjhati. Saddataṇhā loke piyarūpaṃ sātarūpaṃ, etthesā taṇhā pahīyamānā pahīyati, ettha nirujjhamānā nirujjhati. Gandhataṇhā loke piyarūpaṃ sātarūpaṃ, etthesā taṇhā pahīyamānā pahīyati, ettha nirujjhamānā nirujjhati. Rasataṇhā loke piyarūpaṃ sātarūpaṃ, etthesā taṇhā pahīyamānā pahīyati, ettha nirujjhamānā nirujjhati. Phoṭṭhabbataṇhā loke piyarūpaṃ sātarūpaṃ, etthesā taṇhā pahīyamānā pahīyati, ettha nirujjhamānā nirujjhati. Dhammataṇhā loke piyarūpaṃ sātarūpaṃ, etthesā taṇhā pahīyamānā pahīyati, ettha nirujjhamānā nirujjhati.

색에 대한 갈애(色渴愛)는 세상에서 매혹적이고 기분 좋은 것이다. 거기에서 갈애는 소멸되고 지멸될 것이다. 소리에 대한 갈애(聲渴愛)는 세상에서 매혹적이고 기분 좋은 것이다. 거기에서 갈애는 소멸되고 지멸될 것이다. 냄새에 대한 갈애(香渴愛)는 세상에서 매혹적이고 기분 좋은 것이다. 거기에서 갈애는 소멸되고 지멸될 것이다. 맛에 대한 갈애(味渴愛)는 세상에서 매혹적이고 기분 좋은 것이다. 거기에서 갈애는 소멸되고 지멸될 것이다. 접촉에 대한 갈애(觸渴愛)는 세상에서 매혹적이고 기분 좋은 것이다. 거기에서 갈애는 소멸되고 지멸될 것이다. 법에 대한 갈애(法渴愛)는 세상에서 매혹적이고 기분 좋은 것이다. 거기에서 갈애는 소멸되고 지멸될 것이다.

◆

Rūpavitakko loke piyarūpaṃ sātarūpaṃ, etthesā taṇhā pahīyamānā pahīyati, ettha nirujjhamānā nirujjhati. Saddavitakko loke piyarūpaṃ sātarūpaṃ, etthesā taṇhā pahīyamānā pahīyati, ettha nirujjhamānā nirujjhati. Gandhavitakko loke piyarūpaṃ sātarūpaṃ, etthesā taṇhā pahīyamānā pahīyati, ettha nirujjhamānā nirujjhati. Rasavitakko loke piyarūpaṃ sātarūpaṃ, etthesā taṇhā pahīyamānā pahīyati, ettha nirujjhamānā nirujjhati. Phoṭṭhabbavitakko loke piyarūpaṃ sātarūpaṃ, etthesā taṇhā pahīyamānā pahīyati, ettha nirujjhamānā nirujjhati. Dhammavitakko loke piyarūpaṃ sātarūpaṃ, etthesā taṇhā pahīyamānā pahīyati, ettha nirujjhamānā nirujjhati.

색에 대한 거친 분별(色尋)은 세상에서 매혹적이고 기분 좋은 것이다. 거기에서 갈애는 소멸되고 지멸될 것이다. 소리에 대한 거친 분별(聲尋)은 세상에서 매혹적이고 기분 좋은 것이다. 거기에서 갈애는 소멸되고 지멸될 것이다. 냄새에 대한 거친 분별(香尋)은 세상에서 매혹적이고 기분 좋은 것이다. 거기에서 갈애는 소멸되고 지멸될 것이다. 맛에 대한 거친 분별(味尋)은 세상에서 매혹적이고 기분 좋은 것이다. 거기에서 갈애는 소멸되고 지멸될 것이다. 접촉에 대한 거친 분별(觸尋)은 세상에서 매혹적이고 기분 좋은 것이다. 거기에서 갈애는 소멸되고 지멸될 것이다. 법에 대한 거친 분별(法尋)은 세상에서 매혹적이고 기분 좋은 것이다. 거기에서 갈애는 소멸되고 지멸될 것이다.

◆

Rūpavicāro loke piyarūpaṃ sātarūpaṃ, etthesā taṇhā pahīyamānā pahīyati, ettha nirujjhamānā nirujjhati. Saddavicāro loke piyarūpaṃ sātarūpaṃ, etthesā taṇhā pahīyamānā pahīyati, ettha nirujjhamānā nirujjhati. Gandhavicāro loke piyarūpaṃ sātarūpaṃ, etthesā taṇhā pahīyamānā pahīyati, ettha nirujjhamānā nirujjhati. Rasavicāro loke piyarūpaṃ sātarūpaṃ, etthesā taṇhā pahīyamānā pahīyati, ettha nirujjhamānā nirujjhati. Phoṭṭhabbavicāro loke piyarūpaṃ sātarūpaṃ, etthesā taṇhā pahīyamānā pahīyati, ettha nirujjhamānā nirujjhati. Dhammavicāro loke piyarūpaṃ sātarūpaṃ, etthesā taṇhā pahīyamānā pahīyati, ettha nirujjhamānā nirujjhati.

색에 대한 미세한 분별(色伺)은 세상에서 매혹적이고 기분 좋은 것이다. 거기에서 갈애는 소멸되고 지멸될 것이다. 소리에 대한 미세한 분별(聲伺)은 세상에서 매혹적이고 기분 좋은 것이다. 거기에서 갈애는 소멸되고 지멸될 것이다. 냄새에 대한 미세한 분별(香伺)은 세상에서 매혹적이고 기분 좋은 것이다. 거기에서 갈애는 소멸되고 지멸될 것이다. 맛에 대한 미세한 분별(味伺)은 세상에서 매혹적이고 기분 좋은 것이다. 거기에서 갈애는 소멸되고 지멸될 것이다. 접촉에 대한 미세한 분별(觸伺)은 세상에서 매혹적이고 기분 좋은 것이다. 거기에서 갈애는 소멸되고 지멸될 것이다. 법에 대한 미세한 분별(法伺)은 세상에서 매혹적이고 기분 좋은 것이다. 거기에서 갈애는 소멸되고 지멸될 것이다.

◆

Idaṃ vuccati, bhikkhave, dukkhanirodhaṃ ariyasaccaṃ.

빅쿠들이여! 이것이 괴로움 지멸의 성스러운 진리(滅聖諦)이다.

〔경에 대한 설명〕

고성제에서 괴로움은 생로병사라든지 외부 인연과의 관계에서 발생한다고 붓다는 말한다. 그러나 괴로움의 원인이 되는 집성제와 괴로움의 원인이 사라진 상태인 멸성제는 내부 문제에 대한 비중이 결정적이다. 즉 괴로움이 외부로부터 오는 것이라면, 괴로움의 해결방안은 내부의 마음을 다스리는 길에 있다는 것이다. 이것이 불교의 특징적 가르침이다.

괴로움이 일어나는 원인이 되는 집성제 항목과 괴로움이 지멸하는 멸성제 항목은 일치한다. 그런 점에서 한국에서 출판된 일부 번역본에서는 지루하리만치 반복되는 이 부분들을 과감히 생략하여 처리하고 있다. 그러나 필자는 전문을 빠짐없이 제시하여 꼼꼼히 음미할 수 있도록 배려하였다. 그 이유는 다음 두 가지이다.

첫째, 붓다가 이처럼 거듭 설하고 있는 것조차도 이유가 있을 것이라는 생각 때문이다. 하나하나의 이유와 그 대척점이 되는 대처방안이 너무도 소중하기 때문에 붓다는 이토록 세밀하게 반복하고 있다고 생각된다. 당시 상가의 하루 생활이 지루하여 시간 보내기용으로 나열해가며 설법했다고 볼 수는 없다는 말이다. 스승이 하나하나를 소중히 여겼다면 우리도 하나하나를 소중히 여겨야 한다. 멸성제에서의 열 가지 항목은 표면적으로는 중생들 삶의 모습이다. 그러나 이면적으로는 수행자가 열반을 향한 마음공부의 수순이다. 붓다는 표면으로는 중생의 삶의 양태를 지루하게 서술하고 있지만, 이면으로는 수행의 포인트를 친절하게 안내하고 있다.

둘째, 붓다는 괴로움이 일어난 바로 그곳이 괴로움을 초월할 바로 그곳이라는 사실을 상기하도록 한 것이다. 여기에서 불교 수행자는 괴로움이 일어나는 '그곳에서' 자각을 시작하고, 괴로운 '그곳에서' 초월을 시도하며, 괴로움이 편만한 '그곳에서' 자비행을 펼쳐야 한다는 사실을 거듭 확인하게 된다.

〔명상수행자를 위한 양념〕

"땅으로 인해 넘어지는 자, 땅으로 인해 일어나리라."고 한다. 병이 없으면 치유의 환희도 없고, 고통이 없다면 열반도 없다. 왜 중생들이 윤회를 거듭하는가 하는 물음에 대한 답변 가운데 하나가 여기에 있다. 사바세계에 윤회하지 않고는 사바세계로부터 해탈하는 것도 가능하지 않다는 그 사실 말이다.

4) Maggasaccaniddeso[204]

4) 길의 〔성스러운〕 진리(道聖諦)

Katamaṃ ca, bhikkhave, dukkhanirodhagāminī paṭipadā ariyasaccaṃ?[205] Ayameva[206] ariyo aṭṭhaṅgiko maggo,[207] seyyathidaṃ, sammādiṭṭhi, sammāsaṅkappo, sammāvācā,

---

204 Maggasaccaniddeso: 길의 참된 가르침. ※ magga: 길, 발걸음. sacca: 참된.

205 dukkhanirodhagāminī paṭipadā ariyasaccaṃ: 고의 소멸로 가는 성스러운 진리. ※ dukkha: 고. nirodha: 사라짐. gāminī: 가는, 통하는. paṭipadā: 길, 수단, 방법, 실천. ariya: 성스러운. saccaṃ: 진리.

206 Ayameva: 바로, 현재의.

207 aṭṭhaṅgiko maggo: 여덟 가지 길. ※ 한편 ariyo maggo는 성스러운 길이라는 의미이다. 따라서 ariyo aṭṭhaṅgiko maggo의 경우, 성스러운 여덟 가지의 길(八正道)이 된다.

sammākammanto, sammā-ājīvo, sammāvāyāmo, sammā-sati, sammāsamādhi.[208]

또한 빅쿠들이여! 무엇이 '괴로움의 지멸에 이르는 길'이라는 성스러운 진리인가? 그것은 바로 성스러운 여덟 가지 길이니, 즉 바른 견해, 바른 사유, 바른 말, 바른 행위, 바른 생계, 바른 정진, 바른 사띠, 바른 사마디이다.

〔명상수행자를 위한 양념〕

도 닦음, 즉 도성제는 말할 것도 없이 붓다의 대표적인 여덟 가지 수행방법인 8정도이다. 그런데 『대념처경』에서 특이한 것은 이 여덟 가지 수행 방법이, 또한 사띠의 대상이 되고 있다는 점이다.

8정도에서 일곱 번째 항목은 정념, 즉 바른 사띠이다. 사띠마저 사띠의 대상이 되는 상황을 우리는 어떻게 해석해야 할 것인가? 그것은 『대념처경』에서 4념처라 하여 네 가지 범주로 사띠의 대상을 나누었지만 실은 명상수행자를 둘러싼 대내외적인 모든 사항이 사띠의 대상이 아닐 수 없다는 사실을 의미한다. 심지어 그것이 사띠라 할지라도 사띠의 대상이 된다는 것이다.

---

208 sammā-diṭṭhi: 바른 견해(正見). sammā-saṅkappo: 바른 사유(正思惟). sammā-vācā: 바른 말(正語). sammā-kammanto: 바른 행위(正業). sammā-ājīvo: 바른 생계(正命). sammā-vāyāmo: 바른 정진(正精進). sammā-sati: 바른 사띠(正念). sammā-samādhi: 바른 사마디(正定).

Katamā ca, bhikkhave, sammādiṭṭhi? Yaṃ kho, bhikkhave, dukkhe ñāṇaṃ,[209] dukkhasamudaye[210] ñāṇaṃ, dukkhanirodhe ñāṇaṃ, dukkhanirodhagāminiyā paṭipadāya ñāṇaṃ. Ayaṃ vuccati, bhikkhave, sammādiṭṭhi.

빅쿠들이여! 그러면 무엇이 바른 견해(正見)인가? 빅쿠들이여! 그것은 괴로움에 대한 통찰, 괴로움의 일어남에 대한 통찰, 괴로움의 소멸에 대한 통찰, 괴로움의 지멸로 인도하는 길에 대한 통찰이다. 빅쿠들이여! 이를 일러 바른 견해라 한다.

〔경에 대한 설명〕

정견이란 '바름을 판단하는 지적知的 능력'을 말한다. 그런데 『대념처경』에서는 일단 4성제에 대한 통찰을 정견이라 규정한다. 즉 고집멸도 4성제의 내용을 제대로 파악하는 것 자체를 정견이라 보는 것이다.

나아가 바른 견해란 세상사 모두에 대한 바른 안목이다. 물론 붓다가 생각하는 세상사 모두란 4성제에 포괄되는 것이며, 4성제와 연결되지 않은 세상사는 바른 견해의 대상이 아니다. 즉 괴로움의

---

209 ñāṇaṃ: 통찰, 지혜, 올바른 이해.

210 dukkhasamudaye: 고통의 원인. ※ dukkha : 고통. samudaya: 원인, 발생, 기원, 집기集起.

현상, 괴로움의 일어남, 괴로움의 소멸, 그리고 그 소멸에 도달하는 길, 그것이야말로 붓다가 보는 세상사의 모든 것이다.

바른 견해란 세상에 괴로움이 존재하고, 그 괴로움에는 원인이 있으며, 그 괴로움은 소멸 가능하고, 그 괴로움을 소멸시키는 길이 있다는 사실을 올바로 인식하는 것이다. 달리 말한다면 바른 견해란 세간·출세간을 통하여 자신의 실존적 자각을 촉구하는 가르침이다.

바른 견해가 '4성제를 통찰하는 것'이라는 말은 4성제 교의가 붓다의 여러 교설 가운데 핵심적 위치에 있음을 보여주는 움직일 수 없는 증거이다. 4성제는 세상을 인식하는 붓다의 전형적 구도이며, 불교교리 체제의 근간이다. 『아함경』이나 『니까야』에는 제자들을 가르치는 상가 스승들의 불교적 정통성을 가늠할 때, 4성제의 가르침 유무로 외도外道 여부의 기준을 삼으라는 말이 여러 차례 나와 있다.

〔명상수행자를 위한 양념〕

바른 견해는 괴로움의 지멸에 이르는 여덟 가지 길 가운데 첫 번째 가르침이다. 정견이야말로 불교의 출발이며 목적이라는 것을 의미한다. 괴로움으로부터 출발하는 것도 정견이요, 괴로움을 소멸하는 것 또한 정견으로 말미암아 이루어진다. 그뿐 아니라 나머지 일곱 가지 길을 성공적으로 거쳐 마침내 도달하게 되는 결과도 바른 견해인 지혜로 향함이다. 그런 면에서 바른 견해는 첫 번째 길인 동시에 보이지 않는 아홉 번째 길이라고 할 수도 있지 않을까?

Katamo ca, bhikkhave, sammāsaṅkappo? Nekkhammasaṅkappo,[211] abyāpādasaṅkappo,[212] avihiṃsāsaṅkappo.[213] Ayaṃ vuccati, bhikkhave, sammāsaṅkappo.

빅쿠들이여! 그러면 무엇이 바른 사유(正思惟)인가? 〔그것은〕 세속을 벗어남에 대한 사유, 악의 없음에 대한 사유, 폭력 없음에 대한 사유이다. 빅쿠들이여! 이를 일러 바른 사유라 한다.

〔경에 대한 설명〕

바른 사유(正思惟)에 대하여 우리는 흔히 일상생활 속에서 남에게 폐 끼치지 않고 바르게 사는 것 정도로 생각한다. 물론 그러한 의미도 포함되어 있겠지만, 넥깜마(nekkhamma)란 출가를 생각하고 출가를 단행하는 것에 대한 사유가 원래의 뜻이다. 이 법문이 출가자 빅쿠를 주된 대상으로 하고 있음을 상기하라.

악의 없음에 대한 사유란 다른 사람에 대하여 나쁜 감정이 없는 상태를 가리키는 것만이 아니다. 다른 사람에 대하여 화를 내지 않는 마음(無恚)도 뜻한다.

폭력 없음(無害)에 대한 사유란 폭력을 통하여 다른 사람에

---

211 nekkhammasaṅkappo: 세속을 벗어남에 대한 사유. ※ nekkhamma: 세속을 벗어남, 출가함. saṅkappo: 사유.

212 abyāpāda: 악의 없음, 무에無恚.

213 avihiṃsā: 폭력하지 않음, 해를 끼치지 않음.

대하여 해를 끼치지 않는 상태를 가리키는 것뿐이 아니다. 폭력을 행사하고 싶어 하는 마음을 내지 않음을 말한다. 모든 가르침이 서로의 관계, 즉 연기에 바탕을 두고 있다.

〔명상수행자를 위한 양념〕

출가를 생각하고 출가를 단행하는 것에 대한 사유가 바른 사유라면, 몸의 출가를 할 수 없는 사람에게 바른 사유는 어떻게 적용되어야 할까? 그것은 마음의 출가라는 의미로 간주함이 좋을 것이다. 마음의 출가란 생활을 단순하게 하는 것이다. 더 많은 것을 포기할수록 더 많은 에너지를 명상수행에 사용할 수 있다.

세속을 벗어남과 악의 없음은 둘이 아니다. 세속을 벗어남이 안으로 세속적 갈망을 떠남이라면 악의 없음에 대한 사유는 밖으로 다른 대상을 향한 혐오로부터의 떠남이다. 그리고 폭력 없음에 대한 사유는 갈망과 혐오의 강력한 나타남인 폭력으로부터의 떠남이다. 그러한 것들이 출가적 사유요, 출가의 진정한 의미일 것이다.

명상수행자는 매일 아침 자신만의 마음출가 의식을 거행하는 것도 바람직하다. 명상수행자는 명상에 들기 전에 신구의 3업을 바로 정비하고 수행에 착수해야 한다. 선하지 않은 행위를 하고서 명상수행에 들어서서는 안 되며 들어설 수도 없다. 주변과 마음이 시끄러울 것이기 때문이다. 번뇌 망상을 지닌 상태로 명상수행에 들어서서는 안 되며 들어설 수도 없다. 번뇌 망상은 사람을 탐진치로 이끌 것이며, 그의 명상은 다시 번뇌 망상으로 채워질 것이기 때문이다.

명상수행할 때 생각의 실마리에 이끌려 들어가 본 적이 있는 사람은 동의할 것이다. 번뇌와 공상이 한 번 끌어대기 시작했다 하면 종횡무진 縱橫無盡·중중무진重重無盡으로 얼마나 설쳐대는지에 대하여. 그것이 본격적인 명상에 앞서 마음의 출가, 즉 바른 사유로써 마음을 정비해야 하는 이유이기도 하다.

Katamā ca, bhikkhave, sammāvācā? Musāvādā veramaṇī,[214] pisuṇāya vācāya veramaṇī,[215] pharusāya vācāya[216] veramaṇī, samphappalāpā[217] veramaṇī. Ayaṃ vuccati, bhikkhave, sammāvācā.

그렇다면 빅쿠들이여! 무엇이 바른 말(正語)인가? 거짓말(妄語)을 삼가고, 중상모략(兩舌)을 삼가고, 거친 말(惡口)을 삼가고, 잡담(綺語)을 삼가는 것이다. 빅쿠들이여! 이를 일러 바른 말이라 한다.

---

214 musāvādā veramaṇī: 거짓말(妄語)을 하지 않음. ※ musā: 거짓말, 틀리게 말함. vādā: 말하기, 토론, 교리. veramaṇī: 금욕, 절제, 멀리함.

215 pisuṇāya vācāya: 이간하는 말(兩舌)을 하지 않음. ※ pisuṇāya: 험담하는, 이간하는. vācā: 말하기, 말함.

216 pharusāya vācāya: 거친 말(惡口)을 하지 않음. ※ pharusāya: 거친 말, 욕설.

217 samphappalāpā: 꾸며대는 말, 쓸데없고 시시한 수다, 잡담. ※ sampha: 시시한, 천박한, 바보 같은. ppalāpā: 쓸데없는 헛소리, 수다. sampha와 ppalāpā는 거의 유사한 의미이다. 같은 의미를 반복함으로써 사소한 상태를 강조하고 있다.

신구의身口意 3업 가운데 사람이 살면서 가장 많이 짓는 업은 의업이다. 나타나지는 않지만 우리는 마음속으로 다른 사람에 대하여 수없이 많은 죄업을 짓는다. 다음으로 많은 죄업은 구업이다. 구업은 의업보다 빈도수는 적을지 몰라도 상대에게 치명적인 상처를 입힐 수 있다. '입술의 3초가 가슴의 30년'이라는 말처럼 별다른 생각 없이 던진 한마디가 상대에게 심각하게 나쁜 영향을 미칠 수 있다. 그렇지만 알아차림 속에 깨어 있는 명상수행자는 그 말들을 삼갈 수 있다.

사띠 중에 있을 때 쉽게 삼갈 수 있는 것은 잡담이다. 잡담을 의미하는 기어綺語에서 '기'는 비단을 가리키므로 잘 꾸며대는 말로 해석하기도 하지만, 본래 뜻은 '쓸데없는 말'이다. 자신이 얼마나 쓸모없는 잡담을 하며 살고 있는지는 하루 생활을 돌이켜 보면 즉시 알 수 있다. 심리학자들은 말한다. 오늘 한 말 가운데 90%는 어제 한 말이라고. 한편 기어의 의미는 잡담을 제한하라는 데에만 있는 것이 아니다. 일상생활 전반에서 감각을 절제하라는 의미도 있다. 만약 붓다가 현대에 산다면 휴대폰 사용을 절제하라는 계율을 내놓았을 것이다.

반면에 신구의 3업은 다른 사람에게 덕을 입히는 매개이기도 하다. 덕을 입히는 순서는 몸으로부터 시작한다. 내가 가장 소중하게 여기는 몸으로 다른 사람을 위하여 봉사한다면 큰 감동을 선사하는 일이다. 다음 순서는 말이다. 진실한 말을 하며, 사람들 사이에 평화가 흐르도록 하는 말을 하며, 듣기에 기분 좋은 말을 하며, 꼭 필요한 말을 하는 것이다. 봉사는 나의 시간과 노력을 내어 남에게 주는 것이다. 그렇지만 많은 시간과 노력 없이도, 우리는 말을 통해서 일상생활에서 엄청난 봉사를 할 수 있다. '입은 화의 문(口是禍門)'이라는 말이 있지만, 엄밀하게 '입은 화복의 문(口是禍福門)'이 맞다. 상대에게 바른 말(正語)을 하는 것은 깨어 알아차림 할 때 가능하다. 한편 마음으로 상대에게 덕을 끼치는 것이 정사유의 영역이며, 그것이 지니는 엄청난 효용은 언설로 다하기 어렵다.

명상수행을 다른 말로 표현하면 그것은 업을 없애는 일이다. 열반이란 맑은 상태인데 무엇이 맑다는 것인가? 그것은 중생의 업이 해소되어 맑다는 것이다. 앉아서 하는 명상만으로는 해업解業이 충분하지 않다. 명상수행자의 일상생활 모두가 구업舊業을 해소하고 신업新業을 방지하는 것이 되어야 한다. 그 방법은 정사유·정어·정업이다. 붓다가 본격적 명상인 정념·정정에 앞서 신구의 3업 청정의 길을 보인 것은 깊은 의미가 있다.

◆

Katamo ca, bhikkhave, sammākammanto? Pāṇātipātā[218] veramaṇī, adinnādānā[219] veramaṇī, kāmesumicchācārā[220] veramaṇī. Ayaṃ vuccati, bhikkhave, sammākammanto.

---

218 pāṇātipātā: 생명의 파괴, 살생. ※ pāṇā: 생물, 유정, 생명. tipātā: 죽임, 벰.

219 adinnādānā: 도둑질, 주어지지 않은 물건을 취하는 것.

220 kāmesumicchācārā: 성적으로 부정한 행위. ※ kāmesu: 애욕, 성적인 쾌락. micchā: 부정한, 나쁘게, 악하게. cārā: 행위. ※ micchā는 sammā(바른)의 반대개념이다.

그렇다면 빅쿠들이여! 무엇이 바른 행위(正業)인가? 살생을 삼가고, 도둑질을 삼가고, 삿된 음행을 삼가는 것이다. 빅쿠들이여! 이를 일러 바른 행위라 한다.

◆

Katamo ca, bhikkhave, sammā-ājīvo? Idha, bhikkhave, ariyasāvako micchā-ājīvaṃ pahāya[221] sammā-ājīvena jīvitaṃ kappeti.[222] Ayaṃ vuccati, bhikkhave, sammā-ājīvo.

그렇다면 빅쿠들이여! 무엇이 바른 생계(正命)인가? 빅쿠들이여! 성스러운 제자는 부정한 생계를 버리고, 바르게 생계를 영위한다. 빅쿠들이여! 이를 일러 바른 생계라 한다.

〔경에 대한 설명〕

『대념처경』을 보면 대부분의 경전과 마찬가지로 앞서의 가르침을 나열·반복하는 경우가 많다. 그러다가 도성제의 8정도에 이르면 경에서는 사소하지만 눈에 띄는 차별이 있다. 그것은 다섯 번째 바른 생계라는 항목이다. 설하는 대상 역시 빅쿠가 아니라 성스러운 제자(ariyasāvako)라는 표현을 사용한다. 직업을 가진 자는 재가 신도이므로, 그들을 대상으로 하는 가르침이어서 성스러운 제자라는 호칭을 사용한 것이다.

---

221 pahāya: 버리다, 포기하다.

222 jīvitaṃ kappeti: 생명을 영위함, 생계를 영위함. ※ kappeti: 영위하다, 정리하다, 준비하다.

〔명상수행자를 위한 양념〕

명상수행자나 명상수행하려는 자는 바른 직업을 가져야 한다. 오늘날은 직업이 다양한 사회이지만 바른 행동(正業)에 적합하지 않은 직업은 멀리할 필요가 있다. 적어도 다른 사람과 생명 그리고 자연과 평화에 해를 끼치지 않는 직업을 가져야 한다.

호모사피엔스는 협력과 지혜의 전승이라는 독특한 삶의 비결을 활용하여 빠른 속도로 생태계의 정점에 설 수 있었다.[223] 그런데 그들은 점차 이기적 탐욕을 정당화하고 소수가 이익을 독점하는 노력을 해 왔다. 그로 인하여 인간세계는 심각한 부의 편중과 빈곤층의 증가, 지구자원의 남용과 오염 그리고 기후변화까지 초래하는 결과를 낳았다. 이에 명상수행자는 직업을 가지되 정명의 가르침을 실현하여 자기 자신과 지구적 공동선이 합치하는 방향으로 선택해야 한다.

전통적으로 불교인들은 정명을 8정도 가운데에서 상대적으로 소홀하게 다루어 왔다. 그러나 지구 공동의 까르마(共業)를 해소한다는 점에서나 공동선을 구현한다는 점에서도, 정명이 지닌 가치는 새롭게 인식되어야 한다. 예컨대 환경문제나 전쟁 그리고 부의 불평등 따위 문제는 개인적 차원에서 해소가 어려운 만큼, 많은 사람과 협력하여 관심과 지혜를 모으고 공동으로 대처해 나아가야 한다. 정명은 불교 사회윤리의 방향을 제시하는 중요한 교리이다.

---

223 유발 하라리, 김명주 역, 『호모 데우스』, 김영사, 2017, p.187.

Katamo ca, bhikkhave, sammāvāyāmo? Idha, bhikkhave, bhikkhu anuppannānaṃ[224] pāpakānaṃ[225] akusalānaṃ[226] dhammānaṃ anuppādāya chandaṃ[227] janeti[228] vāyamati[229] vīriyaṃ[230] ārabhati[231] cittaṃ paggaṇhāti[232] padahati;[233] uppannānaṃ pāpakānaṃ akusalānaṃ dhammānaṃ pahānāya chandaṃ janeti vāyamati vīriyaṃ ārabhati cittaṃ paggaṇhāti padahati; anuppannānaṃ kusalānaṃ dhammānaṃ uppādāya chandaṃ janeti vāyamati vīriyaṃ ārabhati cittaṃ paggaṇhāti padahati; uppannānaṃ kusalānaṃ dhammānaṃ ṭhitiyā asammosāya bhiyyobhāvāya vepullāya bhāvanāya pāripūriyā[234] chandaṃ janeti vāyamati

---

224 anuppanna: 아직 태어나지 않은, 발생하지 않은. ※ uppanna: 낳다, 재생하다.

225 pāpaka: 사악한, 비열한, 나쁜.

226 akusala: 불선不善의, 착하지 않은, 유익하지 않은. ※ kusala: 선한, 영리한, 교묘한.

227 chanda: 충동, 의지, 소망, 의욕.

228 janeti: 발생시키다, 산출하다, 낳다.

229 vāyama: 노력. ※ vāyamati: 노력하다, 애쓰다.

230 vīriya: 노력하다.

231 ārabhati: 시작하다, 출발하다, 애쓰다.

232 paggaṇhāti: 잡다, 올리다, 집어 올리다, 섭수攝收하다.

233 padahati: 노력하다, 정진하다, 맞서다.

234 pāripūriyā: 실행, 완성, 성취. ※ bhāvanāya pāripūriyā: 완전한 성취.

vīriyaṃ ārabhati cittaṃ paggaṇhāti padahati. Ayaṃ vuccati, bhikkhave, sammāvāyāmo.

그렇다면 빅쿠들이여! 무엇이 바른 정진(正精進)인가? 빅쿠들이여! 여기 빅쿠는 아직 일어나지 않은 사악하고 선하지 않은 담마[235]들이 일어나지 못하도록, 의욕을 일으켜 노력하고, 마음을 격려하여 매진한다. 이미 일어난 사악하고 선하지 않은 담마들을 제거하기 위하여 의욕을 일으켜 노력하고, 마음을 격려하여 매진한다. 아직 일어나지 않은 선한 담마[236]들을 일어나도록, 의욕을 일으켜 노력하고, 마음을 격려하여 매진한다. 이미 일어난 선한 담마들을 지속시켜 사라지지 않게 하고, 〔그것들을〕 확장시켜 완전한 성취를 향한 의욕을 일으켜 노력하고, 마음을 격려하여 매진한다. 빅쿠들이여! 이를 일러 바른 정진이라 한다.

〔경에 대한 설명〕

『대념처경』에서는 8정도의 가르침을 설하면서 앞의 다섯 가지는 간략하게 설하다가 정정진·정념·정정에 이르러서 그 양이 급증한다. 그것은 8정도 가운데 앞의 다섯 가지도 중요하지만 명상수행에서는 이들 세 가지가 특히 중요하다는 것을 방증한다. 어떤 면에서 앞의 다섯 가지가 명상수행을 위한 예비적 성격을 지닌다면, 정정진·정념·정정등 세 가지는 명상수행에 대한 본격적인 적용으로 보아도

235 이 경우의 담마는 선법善法이 아닌 불선법不善法, 즉 번뇌를 의미한다.

236 이 경우의 담마는 선법善法을 의미한다.

좋다. 붓다도 그러한 의미에서 이 세 가지에 대하여 상대적으로 더 신경을 쓰고 있다.

『대념처경』에서는 노력한다는 의미를 지닌 용어가 세 가지나 출현한다. 와야마띠(vāyamati), 위리야(vīriya), 빠다하띠(padahati)가 그것이다. 와야마띠는 흔히 정진이라고 번역한다. 위리야의 경우 영역본에서는 effort(노력)라고 번역한다. 위리야에는 '단순한 노력' 외에 '용기'라는 다른 의미가 부가되어 있다. 수행을 위하여 '용기 내어 노력하는 것'이 위리야의 본래 의미이다. 빠다하띠 또한 '노력한다'는 의미이지만, 어떠한 상태가 오랫동안 지속하도록 노력한다는 데에 무게가 있다. 빠다하띠에 대하여 주석서에서는 "피부와 힘줄과 뼈만 남은들 무슨 상관이랴 하고 생각하면서 노력하는 것이다."라고 말한다. 8정도의 정정진에서는 위리야를 사용하지만, 흔히 '정진'이라 할 때는 이들 세 가지 용어가 지닌 성격들을 적절히 조합한 의미로 생각하면 좋을 것이다.

열심히 정진하려는 데에는 용기와 더불어 지혜가 동반되지 않으면 안 된다. 지혜로움이 바탕이 된 용기야말로 정진의 본래 뜻이다. 해야 할 것이라고 〔지혜로〕 판단한 것은 힘써 행하고, 해서는 안 될 것이라고 〔지혜로〕 판단한 것은 힘써 행하지 않는 것이 정진이다. 힘써 행하는 과정에서의 인내 또한 정진에 포함되는 개념이다.

바른 정진의 행위는 제거함(捨)과 취함(取)의 두 가지로 전개된다. 제거할 대상은 선하지 않은 담마이며 취해야 할 대상은 선한 담마인데, 그것을 버리거나 취할 때 강력하고 결단력 있게 실행하는 태도를 정진이라 말한다.

〔명상수행자를 위한 양념〕

바른 정진은 시제時制에 따라 과거와 미래로 구분된다. 과거 시제로는 이미 일어난 불선의 담마를 제거하고 선의 담마를 지속시키는 일이며, 미래시제로는 일어날 불선의 담마를 제거하고 선의 담마를 촉진시키는 일이다.

그럼 왜 현재는 없을까? 과거의 담마와 미래의 담마에 대한 가열찬 정진이 이루어지는 것은 언제나 현재의 시점이라서 너무도 당연한 까닭에 생략된 것이다. 명상수행이란 지금 이 순간 깨어 알아차리는 것이다. 그것이 과거의 불선을 제거하고 미래의 불선을 기피하는 바로 그 방법이다.

Katamā ca, bhikkhave, sammāsati? Idha, bhikkhave, bhikkhu kāye kāyānupassī viharati ātāpī[237] sampajāno satimā, vineyya loke abhijjhādomanassaṃ,[238] vedanāsu vedanānupassī viharati ātāpī sampajāno satimā, vineyya

237 ātāpī: 부지런함, 빈틈없음. ※ 여기서는 지속적인 상태로 번역하였다.

238 abhijjhādomanassaṃ: 갈망과 혐오. ※ abhijjhā와 domanassaṃ은 둘로 보기도 하고 하나로 보기도 하지만, 실은 두 개의 개념이다. 그럼에도 불구하고 여기에서 두 개념을 하나로 묶은 이유는 두 개념의 뿌리가 하나이기 때문일 것이다. abhijjhā는 탐욕스러움·간탐·탐애 등을 가리키고, domanassaṃ은 근심·우울·슬픔 따위를 의미하는 말이다. 이 용어들은, 탐(貪, rāga)과 진(瞋, dosa)에 연결되는 의미를 가지고 있으므로 여기서는 갈망과 혐오로 번역하였다.

loke abhijjhādomanassaṃ, citte cittānupassī viharati ātāpī sampajāno satimā, vineyya loke abhijjhādomanassaṃ, dhammesu dhammānupassī viharati ātāpī sampajāno satimā, vineyya loke abhijjhādomanassaṃ. Ayaṃ vuccati, bhikkhave, sammāsati.

그렇다면 빅쿠들이여! 무엇이 바른 사띠(正念)인가? 빅쿠들이여! 여기 빅쿠는 몸에서 몸을 따라 세상을 향한 갈망과 혐오를 제거하며, 부지런히 분명한 앎으로 사띠 하며 지낸다. 느낌에서 느낌을 따라 세상을 향한 갈망과 혐오를 제거하며, 부지런히 분명한 앎으로 사띠 하며 지낸다. 마음에서 마음을 따라 세상을 향한 갈망과 혐오를 제거하며, 부지런히 분명한 앎으로 사띠 하며 지낸다. 담마에서 담마를 따라 세상을 향한 갈망과 혐오를 제거하며, 부지런히 분명한 앎으로 사띠 하며 지낸다. 빅쿠들이여! 이것을 일러 바른 사띠라 한다.

〔경에 대한 설명〕

정념에는 크게 두 가지 계열이 있다. 첫째, ⓐ세상에 대한 갈망과 혐오를 버림, ⓑ분명한 앎으로 사띠 함. 둘째, ⓐ네 가지 대상을 분명하고 바르게 알아차림, ⓑ부지런히 사띠 함 등이다. 정념 수행에 대한 보조적 가르침이 『디가 니까야』에 나온다.

붓다는 많은 무리의 빅쿠들과 함께 웨살리로 가셔서 암바빨리

숲에 머무셨다. 붓다는 제자들에게 가르치셨다. "그대들은 분명하고 바르게 사띠(正念正知)에 머물러야 한다. 이것이 그대들에게 주는 간곡한 당부이다. 어떻게 마음을 챙기는가? 부지런하게 분명하고 바르게 알아차리고 세상에 대한 탐욕과 혐오를 멀리하며, 몸에서 몸을 있는 그대로 관찰하고, 느낌에서 느낌을 있는 그대로 관찰하며, 마음에서 마음을 있는 그대로 관찰하고, 담마에서 담마를 있는 그대로 관찰한다. 이것이 '어떻게 마음을 알아차리는가'이다. 그러면 어떻게 분명히 바르게 알아차리는가? 앞으로 가거나 뒤로 갈 때도, 앞을 보거나 옆을 볼 때도, 몸을 굽히거나 펼 때도, 가사나 발우를 가져갈 때도 자신이 무엇을 하고 있는지 분명히 바르게 알아차려야 한다. 먹거나, 마시거나, 씹거나, 맛보거나, 대소변을 볼 때도, 걸을 때도, 서 있을 때나, 앉아 있을 때도, 잠이 들 때나, 잠을 깰 때도, 말할 때나, 묵묵할 때도, 자신이 무엇을 하고 있는지 분명히 바르게 알아차려야 한다. 이것이 '어떻게 분명히 바르게 알아차리는가?'이다. 안으로 〔신수심법을〕 관찰하며(隨觀) 지낸다. 밖으로 〔신수심법을〕 관찰하며 지낸다. 안팎으로 〔신수심법을〕 관찰하며 지낸다. 〔신수심법에서〕 일어나는 현상(法)을 관찰하며 지낸다. 〔신수심법에서〕 사라지는 현상을 관찰하며 지낸다. 〔신수심법에서〕 일어나기도 하고 사라지기도 하는 현상을 관찰하며 지낸다. 〔신수심법이 있구나 라고〕 사띠를 잘 확립하여 지혜만이 있고 사띠만이 현전할 때까지 〔갈애와 사견에〕 의지하지 않고 지낸다. 세상에 대해서 아무것에도 집착하지 않는다.[239]

---

239 DN:16. 2. 12

여기에 나오는 정념에 관한 법문은『대념처경』전체에 20회나 출현하며, 하나의 절을 마감할 때마다 나오는 그 대목과 상당부분 일치한다. 공통되는 것은 무상에 대한 이해와 자각, 그것을 방해하는 갈망과 혐오의 제거, 그것을 바르고 분명하게 알아차리는 것이다. 그것이 사띠 공부의 핵심이라는 것이다. 이 공부법은『대념처경』뿐 아니라 붓다의 모든 명상수행법에 흐르는 공통점이라 할 수 있다.

8정도의 정념과 정정에서 또 한 가지 눈에 띄는 변화는, 알아차림이라는 용어가 빠자나띠로부터 사띠(satimā, sato)로 돌아오고 있다는 점이다.『대념처경』에서는 흔히 사띠와 빠자나띠를 혼용하여 '알아차림'을 표현하는 용어로 사용하고 있는데, 독립적으로 사용할 때는 사띠에 비하여 빠자나띠의 빈도와 비중이 더 높다. 그런데 묘하게도 경의 시작과 말미에는 다시 사띠로 돌아가고 있다는 점이 흥미롭다. 그 이유는 다음과 같다.

첫째, 사띠의 항(正念)에 이르러 사띠 한다고 할 때 빠자나띠를 사용할 수 없었을 것이다. 그런데 특이한 것은 사띠라는 용어로 돌아오고 있음에도 불구하고 붓다는 sampajāno satimā라 하여 사띠 앞에 삼빠자노를 붙이고 있는 점이다. 그것은 이곳이 법념처라는 점을 고려할 때 이해가 가능하다. 법념처에서는 비록 사띠라 할지라도 바른 이해를 동반한 빠자나띠적 사띠가 될 수밖에 없다는 것을 의미한다.

둘째, 법념처의 알아차림은 지혜를 동반한 관찰력을 증장하기 위한 알아차림이라기보다는, 앞의 3념처 내용들을 점검·대조하는 단계이므로 단순한 알아차림이라는 의미의 사띠를 사용하고 있다.

Katamo ca, bhikkhave, sammāsamādhi? Idha, bhikkhave, bhikkhu vivicceva kāmehi[240] vivicca[241] akusalehi[242] dhammehi savitakkaṃ[243] savicāraṃ[244] vivekajaṃ[245] pītisukhaṃ[246] paṭhamaṃ jhānaṃ[247] upasampajja[248] viharati, vitakkavicārānaṃ[249] vūpasamā[250] ajjhattaṃ sampasādanaṃ[251] cetaso ekodibhāvaṃ[252] avitakkaṃ avicāraṃ samādhijaṃ[253]

---

240 kāmehi: 욕구, 애욕, 특히 성적 쾌락.

241 vivicca: 떨어지다, 멀리하다.

242 akusalehi: 선하지 않은 행동. ※ 원형은 akusala 이며, kusala의 반대말.

243 savitakka: 거친 분별(尋)이 있는, 거친 분별이 수반되는. ※ sa: 수반하는, 기반이 되는. vitakka: 거친 분멸, 거친 숙고.

244 savicāra: 미세한 분별(伺)이 있는, 미세한 분별이 수반되는.

245 vivekaja: 홀로 있음.

246 pītisukha: 기쁨과 행복, 희락喜樂. ※ pīti: 기쁨, sukha : 즐거움.

247 paṭhama jhāna: 초선初禪. ※ paṭhama: 첫 번째의, 처음의. jhāna: 선禪, 선정禪定, 정려靜慮.

248 upasampajja: 도달하다, 얻다, 충분히 갖추다.

249 vitakkavicārāna: 〔외부의 영향으로 생긴〕 생각의 여행. ※ 여기에서는 거칠고 미세한 사유와 잡념을 의미한다. ※ vitakka: 〔외부로부터의〕 영향, 생각. vicārāna: 움직임, 여행.

250 vūpasamā: 진정, 평온, 적정, 적멸.

251 sampasādana: 고요함, 마음을 가라앉힘.

252 cetaso ekodibhāva: 한 마음의 상태. ※ 심일경성心一境性을 의미한다. ※ cetaso: 마음. ekodi: 집중된, 한 점의. bhāva:존재, 상태, 성性, 정신적 상태.

253 avitakka avicāra samādhija: 심과 사가 없는 상태. ※ 무심무사정無尋無伺定으로

pītisukhaṃ dutiyaṃ jhānaṃ[254] upasampajja viharati, pītiyā[255] ca virāgā[256] upekkhako ca viharati sato ca sampajāno sukhaṃ ca kāyena paṭisaṃvedeti[257] yaṃ taṃ ariyā[258] ācikkhanti:[259] 'upekkhako satimā sukhavihārī' ti tatiyaṃ jhānaṃ[260] upasampajja viharati, sukhassa ca pahānā[261] dukkhassa ca pahānā pubbeva[262] somanassadomanassānaṃ[263] atthaṅgamā[264] adukkhamasukhaṃ upekkhāsatipārisuddhiṃ[265] catutthaṃ jhānaṃ[266] upasampajja viharati. Ayaṃ vuccati, bhikkhave, sammāsamādhi.

한역한다. savitakka, savicāra와 대비되는 개념.

254 dutiya jhāna: 제2선. ※ dutiya: 두 번째의.

255 pītiyā: 기쁨, 희열.

256 virāgā: 탐욕에서 벗어남, 무탐無貪, 원리탐욕遠離貪欲.

257 paṭisaṃvedeti: 느끼다, 경험하다, 증지證知하다.

258 ariya: 고귀한, 이상적인.

259 ācikkhanti: 말하다, 이야기하다.

260 tatiyaṃ jhānaṃ: 제3선.

261 pahānā: 제거, 사리捨離.

262 pubbeva: 앞서 있던.

263 somanassadomanassāna: 기쁨과 근심. ※ somanassa:기쁨, domanassa: 근심.

264 atthaṅgamā: 소멸, 전멸, 완전히 사라짐.

265 upekkhāsatipārisuddhi: 평정한 사띠의 순수 상태(捨念淸淨). ※ upekkhā: 평정, sati: 사띠, pārisuddhi: 순수함.

266 catutthaṃ jhānaṃ: 제4선.

그렇다면 빅쿠들이여! 무엇이 바른 사마디(正定)인가? 빅쿠들이여! 여기 빅쿠는 감각적 욕망을 떨쳐버리고 불선不善한 번뇌들을 벗어나며, 거친 분별(尋)과 미세한 분별(伺)을 녹이며, 〔명상에서 오는〕 기쁨(喜)과 행복(樂)이 있는 초선初禪에 도달하여 지낸다. 생각의 흐름이 가라앉아 평온하게 되고, 고요한 집중상태가 되며, 거친 분별과 미세한 분별이 사라진 기쁨(喜)과 행복(樂)이 있는 제2선二禪에 도달하여 지낸다. 기쁨(喜)과 〔욕망이〕 사라진 평정에 머물며, 사띠와 분명한 알아차림에 주하는 즐거움을 온몸으로 증험한다. 〔그리하여〕 거룩한 이들이 '평정과 사띠에 머무는 행복'이라고 묘사하는 제3선三禪에 도달하여 지낸다. 행복(樂)도 사라지고 괴로움(苦)도 사라지고, 전에 있던 기쁨도 슬픔도 멸진되어, 괴롭지도 즐겁지도 않은 '평정한 사띠의 순수상태'인 제4선四禪에 도달하여 지낸다. 빅쿠들이여! 이를 일러 바른 사마디라 한다.

〔경에 대한 설명〕

바른 사마디는 '선한 마음이 하나된 상태(kusalacitt ekaggtā: 善心一境性)'로 표현된다. 즉 마음이 대상에 선하게 집중되어 있는 상태가 사마디(samādhi, 三昧: 禪定)인 것이다. 그러므로 사마디는 마침내 열반에 이르게 하는, 선한 의도를 가진 바른 마음집중이라는 말이 된다.

바른 사마디에 앞서 감각적 욕구와 불순한 번뇌를 떨쳐버리는 것이 중요하다. 이것이 초선에 들기 위한 조건이다. 불순한 번뇌는 불선법不善法이라고 번역된다.

바른 사마디는 8정도 가운데 나머지 7정도를 동반하지만, 특히 명상수행에서는 바른 정진·바른 사띠 등의 덕목들과 함께한다. 물론 바른 사띠에도 다른 두 가지를, 바른 정진의 경우도 마찬가지이다.

바른 사마디에서 알아야 할 몇 가지 사항들이 있다. 첫째, 사마디가 진전되는 데에는 거친 번뇌(尋)와 미세한 번뇌(伺)를 없애는 절차가 필요하다. 내면의 번뇌는 수행해 가면서 만나게 되는 당연한 사항이며, 그것을 극복·초월하는 것이 사마디의 진전이 된다. 둘째, 사마디의 초기 단계에는 기쁨과 즐거움이 나타나지만 궁극에는 그것도 사라져 평정에 이르러야 한다. 평정인 우뻭카(upekkha)를 한역할 때 '버린다'는 의미의 사捨로 처리한 것은 평정의 의미를 잘 표현한 뛰어난 번역으로 평가된다. 셋째, 제4선은 사마디의 궁극인 동시에 사띠의 궁극이다. 이 단계에 이르면 사띠와 사마디는 구분하기 어려우며 그것은 명상수행인이 최종적으로 추구해야 할 조화로운 상태이다.

Idaṃ vuccati, bhikkhave, dukkhanirodhagāminī paṭipadā ariyasaccaṃ.

빅쿠들이여! 이것이 고통의 지멸에 이르는 길이라는 성스러운 진리(道聖諦)이다.

◆

Iti ajjhattaṃ vā dhammesu dhammānupassī viharati, bahiddhā vā dhammesu dhammānupassī viharati, ajjhatta-bahiddhā vā dhammesu dhammānupassī viharati, samudayadhammānupassī vā dhammesu viharati, vayadhammānupassī vā dhammesu viharati, samudaya-vayadhammānupassī vā dhammesu viharati, 'atthi dhammā' ti vā panassa sati paccupaṭṭhitā hoti. Yāvadeva ñāṇamattāya paṭissatimattāya anissito ca viharati, na ca kiñci loke upādiyati. Evaṃ pi kho, bhikkhave, bhikkhu dhammesu dhammānupassī viharati catūsu ariyasaccesu.

이와 같이 안으로 담마에서 담마를 관찰하며 지낸다. 또 밖으로 담마에서 담마를 관찰하며 지낸다. 또 안팎으로 담마에서 담마를 관찰하며 지낸다. 담마에서 일어나는 현상을 관찰하며 지낸다. 또한 담마에서 사라지는 현상을 관찰하며 지낸다. 또한 담마에서 일어나고 사라지는 현상을 관찰하며 지낸다. 〔그리하여〕 '이것이 담마로구나'라는 사띠가 확립된다. 이제 지혜가 확장되고 사띠만이 현전하여 지낸다. 그리하여 〔안팎의〕 세계에 집착함을 하찮게 여긴다. 빅쿠들이여! 참으로 이것이 빅쿠가 네 가지 성스러운 진리(四聖諦)라는 담마에서 담마를 관찰하며 지내는 〔방법인〕 것이다.

VI. satipaṭṭhānabhāvanānisaṃso[1]

VI. 염처〔수행〕의 완전한 맺음의 장

1. 사띠 수행의 기간

Yo hi koci[2], bhikkhave, ime cattāro satipaṭṭhāne evaṃ bhāveyya[3] sattavassāni,[4] tassa[5] dvinnaṃ[6] phalānaṃ[7] aññataraṃ[8] phalaṃ pāṭikaṅkhaṃ:[9] diṭṭheva dhamme[10] aññā,[11]

---

1 satipaṭṭhānabhāvanānisaṃso: 염처수행의 완전한 맺음. ※ bhāvanāya: 완전한. ni: 맺음, 나감. saṃsa: 〔더 이상〕 바람이 없음.

2 koci: 누군가, 어떤, 누구든지.

3 bhāveyya: 낳다, 산출하다, 수행하다, 수습하다.

4 sattavassāni: 7년, 7안거. ※ satta: 일곱, vassa: 비, 우기, 우안거, 년年. vassa-āvāsa: 우안거雨安居.

5 tassa: (…개)의.

6 dvinna: 두 가지, 둘.

7 phala: 과일, 결실, 〔종교적인〕 성취.

8 aññatara: 둘 중 하나의, 어떤. ※ añña: 다른, 여타의, 〔이것에 대한〕 저것.

9 pāṭikaṅkha: 갈망하다, 깊이 원하다.

10 diṭṭheva dhamme: 이 세상(現世)에, 현재의 존재(現法)에.

sati[12] vā upādisese[13] anāgāmitā.[14]

빅쿠들이여! 누구든지 이 '네 가지 사띠의 확립(四念處)'을 이와 같이 7년 동안 수행하는 사람은 두 가지 결실 중 하나를 얻을 수 있다. 이 세상에서 구경지〔를 얻어 아라한과阿羅漢果〕에 이르거나, 〔만약 집착의〕 자취가 남아 있다면 아나함과阿那含果를 성취할 수 있다.

◆

Tiṭṭhantu,[15] bhikkhave, sattavassāni. Yo hi koci, bhikkhave, ime cattāro satipaṭṭhāne evaṃ bhāveyya cha[16] vassāni, tassa dvinnaṃ phalānaṃ aññataraṃ phalaṃ pāṭikaṅkhaṃ: diṭṭheva dhamme aññā, sati vā upādisese anāgāmitā.

빅쿠들이여! 7년은 그만두고라도, 빅쿠가 누구든지 이 '네 가지 사띠의 확립'을 6년 동안 수행하는 사람은 두 가지 결실 중 하나를

---

11 aññā: 완전한 지혜, 개오開悟, 완전지完全智, 구경지, 아라한의 경지.

12 sati: sant(존재하는, 있는, 선한, 참된)의 단수형. ※ '있으므로', '존재하는 때' 따위의 의미이다. ※ 이때 깨어 알아차림이라는 의미의 sati와 같은 글자임을 주의해야 한다.

13 upādisese: 나머지가 있는, 여분의.

14 anāgāmitā: 아나함, 다시 〔윤회에〕 돌아오지 않는 계위, 불환과不還果.

15 tiṭṭhantu: 서다, 그만두다, 중지하다.

16 cha: 여섯, 육六.

얻을 수 있다. 이 세상에서 구경지〔를 얻어 아라한과〕에 이르거나, 〔만약 집착의〕 자취가 남아 있다면 아나함과를 성취할 수 있다.

◆

Tiṭṭhantu, bhikkhave, cha vassāni. Yo hi koci, bhikkhave, ime cattāro satipaṭṭhāne evaṃ bhāveyya pañca[17] vassāni, tassa dvinnaṃ phalānaṃ aññataraṃ phalaṃ pāṭikaṅkhaṃ: diṭṭheva dhamme aññā, sati vā upādisese anāgāmitā.

빅쿠들이여! 6년은 그만두고라도, 빅쿠가 누구든지 이 '네 가지 사띠의 확립'을 5년 동안 수행하는 사람은 두 가지 결실 중 하나를 얻을 수 있다. 이 세상에서 구경지〔를 얻어 아라한과〕에 이르거나, 〔만약 집착의〕 자취가 남아 있다면 아나함과를 성취할 수 있다.

◆

Tiṭṭhantu, bhikkhave, pañca vassāni. Yo hi koci, bhikkhave, ime cattāro satipaṭṭhāne evaṃ bhāveyya cattāri[18] vassāni, tassa dvinnaṃ phalānaṃ aññataraṃ phalaṃ pāṭikaṅkhaṃ: diṭṭheva dhamme aññā, sati vā upādisese anāgāmitā.

---

17 pañca: 다섯, 오五.

18 cattāri: 넷, 사四.

빅쿠들이여! 5년은 그만두고라도, 빅쿠가 누구든지 이 '네 가지 사띠의 확립'을 4년 동안 수행하는 사람은 두 가지 결실 중 하나를 얻을 수 있다. 이 세상에서 구경지〔를 얻어 아라한과〕에 이르거나, 〔만약 집착의〕 자취가 남아 있다면 아나함과를 성취할 수 있다.

◆

Tiṭṭhantu, bhikkhave, cattāri vassāni. Yo hi koci, bhikkhave, ime cattāro satipaṭṭhāne evaṃ bhāveyya tīṇi[19] vassāni, tassa dvinnaṃ phalānaṃ aññataraṃ phalaṃ pāṭikaṅkhaṃ: diṭṭheva dhamme aññā, sati vā upādisese anāgāmitā.

빅쿠들이여! 4년은 그만두고라도, 빅쿠가 누구든지 이 '네 가지 사띠의 확립'을 3년 동안 수행하는 사람은 두 가지 결실 중 하나를 얻을 수 있다. 이 세상에서 구경지〔를 얻어 아라한과〕에 이르거나, 〔만약 집착의〕 자취가 남아 있다면 아나함과를 성취할 수 있다.

◆

Tiṭṭhantu, bhikkhave, tīṇi vassāni. Yo hi koci, bhikkhave, ime cattāro satipaṭṭhāne evaṃ bhāveyya dve[20] vassāni, tassa dvinnaṃ phalānaṃ aññataraṃ phalaṃ pāṭikaṅkhaṃ: diṭṭheva dhamme aññā, sati vā upādisese

---

19 tīṇi: 셋, 삼三.

20 dve: 둘, 이二.

anāgāmitā.

빅쿠들이여! 3년은 그만두고라도, 빅쿠가 누구든지 이 '네 가지 사띠의 확립'을 2년 동안 수행하는 사람은 두 가지 결실 중 하나를 얻을 수 있다. 이 세상에서 구경지〔를 얻어 아라한과〕에 이르거나, 〔만약 집착의〕 자취가 남아 있다면 아나함과를 성취할 수 있다.

◆

Tiṭṭhantu, bhikkhave, dve vassāni. Yo hi koci, bhikkhave, ime cattāro satipaṭṭhāne evaṃ bhāveyya ekaṃ[21] vassaṃ. tassa dvinnaṃ phalānaṃ aññataraṃ phalaṃ pāṭikaṅkhaṃ: diṭṭheva dhamme aññā, sati vā upādisese anāgāmitā.

빅쿠들이여! 2년은 그만두고라도, 빅쿠가 누구든지 이 '네 가지 사띠의 확립'을 1년 동안 수행하는 사람은 두 가지 결실 중 하나를 얻을 수 있다. 이 세상에서 구경지〔를 얻어 아라한과〕에 이르거나, 〔만약 집착의〕 자취가 남아 있다면 아나함과를 성취할 수 있다.

◆

Tiṭṭhantu, bhikkhave, ekaṃ vassaṃ. Yo hi koci, bhikkhave, ime cattāro satipaṭṭhāne evaṃ bhāveyya satta māsāni[22]

---

21 eka: 하나, 일一.

22 satta māsāni: 7달. ※ māsāni: 달, 월月.

tassa dvinnaṃ phalānaṃ aññataraṃ phalaṃ pāṭikaṅkhaṃ: diṭṭheva dhamme aññā, sati vā upādisese anāgāmitā.

빅쿠들이여! 1년은 그만두고라도, 빅쿠가 누구든지 이 '네 가지 사띠의 확립'을 7개월 동안 수행하는 사람은 두 가지 결실 중 하나를 얻을 수 있다. 이 세상에서 구경지〔를 얻어 아라한과〕에 이르거나, 〔만약 집착의〕 자취가 남아 있다면 아나함과를 성취할 수 있다.

◆

Tiṭṭhantu, bhikkhave, satta māsāni. Yo hi koci, bhikkhave, ime cattāro satipaṭṭhāne evaṃ bhāveyya cha māsāni[23] tassa dvinnaṃ phalānaṃ aññataraṃ phalaṃ pāṭikaṅkhaṃ: diṭṭheva dhamme aññā, sati vā upādisese anāgāmitā.

빅쿠들이여! 7개월은 그만두고라도, 빅쿠가 누구든지 이 '네 가지 사띠의 확립'을 6개월 동안 수행하는 사람은 두 가지 결실 중 하나를 얻을 수 있다. 이 세상에서 구경지〔를 얻어 아라한과〕에 이르거나, 〔만약 집착의〕 자취가 남아 있다면 아나함과를 성취할 수 있다.

---

23 cha māsāni: 6달.

◆

Tiṭṭhantu, bhikkhave, cha māsāni. Yo hi koci, bhikkhave, ime cattāro satipaṭṭhāne evaṃ bhāveyya pañca māsāni[24] tassa dvinnaṃ phalānaṃ aññataraṃ phalaṃ pāṭikaṅkhaṃ: diṭṭheva dhamme aññā, sati vā upādisese anāgāmitā.

빅쿠들이여! 6개월은 그만두고라도, 빅쿠가 누구든지 이 '네 가지 사띠의 확립'을 5개월 동안 수행하는 사람은 두 가지 결실 중 하나를 얻을 수 있다. 이 세상에서 구경지〔를 얻어 아라한과〕에 이르거나, 〔만약 집착의〕 자취가 남아 있다면 아나함과를 성취할 수 있다.

◆

Tiṭṭhantu, bhikkhave, pañca māsāni. Yo hi koci, bhikkhave, ime cattāro satipaṭṭhāne evaṃ bhāveyya cattāri māsāni[25] tassa dvinnaṃ phalānaṃ aññataraṃ phalaṃ pāṭikaṅkhaṃ: diṭṭheva dhamme aññā, sati vā upādisese anāgāmitā.

빅쿠들이여! 5개월은 그만두고라도, 빅쿠가 누구든지 이 '네 가지

---

24 pañca māsāni: 5달.

25 cattāri māsāni: 4달.

사띠의 확립'을 4개월 동안 수행하는 사람은 두 가지 결실 중 하나를 얻을 수 있다. 이 세상에서 구경지〔를 얻어 아라한과〕에 이르거나, 〔만약 집착의〕 자취가 남아 있다면 아나함과를 성취할 수 있다.

◆

Tiṭṭhantu, bhikkhave, cattāri māsāni. Yo hi koci, bhikkhave, ime cattāro satipaṭṭhāne evaṃ bhāveyya tīṇi māsāni[26] tassa dvinnaṃ phalānaṃ aññataraṃ phalaṃ pāṭikaṅkhaṃ: diṭṭheva dhamme aññā, sati vā upādisese anāgāmitā.

빅쿠들이여! 4개월은 그만두고라도, 빅쿠가 누구든지 이 '네 가지 사띠의 확립'을 3개월 동안 수행하는 사람은 두 가지 결실 중 하나를 얻을 수 있다. 이 세상에서 구경지〔를 얻어 아라한과〕에 이르거나, 〔만약 집착의〕 자취가 남아 있다면 아나함과를 성취할 수 있다.

◆

Tiṭṭhantu, bhikkhave, tīṇi māsāni. Yo hi koci, bhikkhave, ime cattāro satipaṭṭhāne evaṃ bhāveyya dve māsāni[27] tassa dvinnaṃ phalānaṃ aññataraṃ phalaṃ pāṭi-

---

26 tīṇi māsāni: 3달.

27 dve māsāni: 2달.

kaṅkhaṃ: diṭṭheva dhamme aññā, sati vā upādisese anāgāmitā.

빅쿠들이여! 3개월은 그만두고라도, 빅쿠가 누구든지 이 '네 가지 사띠의 확립'을 2개월 동안 수행하는 사람은 두 가지 결실 중 하나를 얻을 수 있다. 이 세상에서 구경지〔를 얻어 아라한과〕에 이르거나, 〔만약 집착의〕 자취가 남아 있다면 아나함과를 성취할 수 있다.

◆

Tiṭṭhantu, bhikkhave, dve māsāni. Yo hi koci, bhikkhave, ime cattāro satipaṭṭhāne evaṃ bhāveyya ekaṃ māsaṃ[28] tassa dvinnaṃ phalānaṃ aññataraṃ phalaṃ pāṭikaṅkhaṃ: diṭṭheva dhamme aññā, sati vā upādisese anāgāmitā.

빅쿠들이여! 2개월은 그만두고라도, 빅쿠가 누구든지 이 '네 가지 사띠의 확립'을 1개월 동안 수행하는 사람은 두 가지 결실 중 하나를 얻을 수 있다. 이 세상에서 구경지〔를 얻어 아라한과〕에 이르거나, 〔만약 집착의〕 자취가 남아 있다면 아나함과를 성취할 수 있다.

---

28 eka māsa: 1달.

◆

Tiṭṭhantu, bhikkhave, ekaṃ māsaṃ. Yo hi koci, bhikkhave, ime cattāro satipaṭṭhāne evaṃ bhāveyya aḍḍhamāsaṃ[29] tassa dvinnaṃ phalānaṃ aññataraṃ phalaṃ pāṭikaṅkhaṃ: diṭṭheva dhamme aññā, sati vā upādisese anāgāmitā.

빅쿠들이여! 1개월은 그만두고라도, 빅쿠가 누구든지 이 '네 가지 사띠의 확립'을 보름 동안 수행하는 사람은 두 가지 결실 중 하나를 얻을 수 있다. 이 세상에서 구경지〔를 얻어 아라한과〕에 이르거나, 〔만약 집착의〕 자취가 남아 있다면 아나함과를 성취할 수 있다.

◆

Tiṭṭhatu, bhikkhave, aḍḍhamāso. Yo hi koci, bhikkhave, ime cattāro satipaṭṭhāne evaṃ bhāveyya sattāhaṃ[30], tassa dvinnaṃ phalānaṃ aññataraṃ phalaṃ pāṭikaṅkhaṃ: diṭṭheva dhamme aññā, sati vā upādisese anāgāmitā.

빅쿠들이여! 보름은 그만두고라도, 빅쿠가 누구든지 이 '네 가지 사띠의 확립'을 7일 동안 수행하는 사람은 두 가지 결실 중 하나를 얻을 수 있다. 이 세상에서 구경지〔를 얻어 아라한과〕에 이르거나,

---

29 aḍḍhamāsa: 반달, 보름. ※ aḍḍha: 반, 절반.

30 sattāha: 일곱 날. ※ aha: 날, 낮.

〔만약 집착의〕 자취가 남아 있다면 아나함과를 성취할 수 있다.

〔경에 대한 설명〕

이 부분은 경의 결론으로, 4념처 수행으로 얻게 되는 결과로서의 경지, 그리고 필요한 기한에 대하여 말하고 있다. 4념처 수행을 하면 명상수행자가 구경지를 얻어 아라한과阿羅漢果에 이르거나, 만약 그에게 아직 5온에 대한 집착의 자취가 남아 있다면 다시는 인도人道에 돌아오지 않는 경지인 아나함과阿那含果, 즉 불환과不還果에는 이르게 된다는 것이다.

이곳에서 세 가지 의문이 생긴다. 첫째, 명상수행자의 목표를 최고위인 아라한과로 설정하지 않고, 아나함과까지 낮추고 있는 이유는 무엇일까? 둘째, 수행 기간을 7년으로부터 7일까지 다양하게 설정하고 있는 이유는 무엇일까? 셋째, 7년 수행은 '누구든지'라고 하여 완전히 개방해 놓은 반면, 6년부터 7일에 이르는 기간은 빅쿠라는 말을 명시하고 있는 이유는 무엇일까?

첫째, 붓다는 왜 목표를 최종위인 아라한으로 제한하지 않고, 아나함까지 포괄하고 있을까? 그것은 초기불교 수행의 목표가 윤회로부터의 해탈에 있다는 점을 상기할 필요가 있다. 붓다는 수다원·사다함·아나함·아라한의 4과를 나누는 표준을 윤회에 두고 있다. 그 중에서, 한 차례 인도윤회人道輪廻가 필요한 계위(一來果)로 사다함을, 다시는 인도에 오지 않는 계위(不還果)로는 아나함을 설정하고 있다. 아나함의 경우는 인도人道 수생을 마쳤으므로 당연히 인도보다 상위의 계위인 천도天道에 수생하게 된다. 붓다가 재가 신도를 대상으로 생천

生天의 가르침을 설하는 것은 자주 있던 일이었다. 후일 대승에서는 아라한을 소승小乘·성문聲聞으로 폄하하기도 하지만 붓다 당시에 아라한은 수행의 최종 계위였다. 붓다 스스로도 아라한이라 칭하였으며, 제자들 사이에는 하룻밤 사이에 아라한에 이르는 경우도 있었다. 그럼에도 불구하고 아나함을 목표로 설정한 것은 『대념처경』을 설한 장소가 꾸루족들이 사는 깜맛사담마라고 하는 마을이었고, 재가 신도들이 다수 법석에 참여한 것을 고려한 결과라 할 것이다. 그들까지 포괄하는 법문이 되지 않으면 안 되었던 것이다. 한편, 설사 출가 수행자라 할지라도 모두가 아라한에 이른다는 보장이 없으므로, 최소한의 보험으로 인도를 초월하는 아나함을 제시한 것으로 보아도 좋다.

둘째, 붓다는 왜 수행 기간을 다양하게 설정하고 있는 것일까? 사띠 수행에 걸리는 시일에 대하여 최대 7년으로부터 최소 7일간에 이르는 수행 기간을 밝히고 있는 것은, 명상수행자의 근기에 따라서 공부의 기간이 달라지기 때문이다. 또한 붓다가 정진심을 불어넣기 위하여 다양한 기한의 모델을 제시하고 있다고 볼 수도 있다. 정진심이란 옳은 일은 세차게 밀어붙이고, 옳지 않은 일은 단호하게 끊어버리는 마음이다. 정진심 여하에 따라 깨달음에 이르는 기한이 달리 적용되는 것은 자연스러운 일이다. 7일이면 가능하다는 붓다의 법문을 들으면서 제자들은 가열찬 정진심을 불태웠을 것이다.

셋째, 붓다는 왜 7년 수행은 '누구든지' 해당한다고 말하면서 6년에서 7일에 이르는 기간에는 빅쿠라는 말을 명시하였는가? 앞서 말한 것처럼 『대념처경』은 꾸루족까지 대상으로 한 법문이므로 그들을 포괄하는 가르침이 필요하였을 것이다. 다만 재가자의 경우 출가

수행자보다는 수행에 전념하기 어렵기 때문에, 최장 목표인 7년을 꽉 채워 열어놓은 것이라고 생각된다. 최대 7년 동안만 열심히 수행한다면 누구나 아라한에 이를 수 있다는 것은 희망의 소식이다. 경전의 끝을 희망으로 매듭하는 것은 모든 중생에게 복된 열매를 보장하는 약속이다. 붓다의 이러한 언명은 후일 대승불교에서 수기사상授記思想으로 발전하여, 보살사상의 근간이 되기도 한다.

〔명상수행자를 위한 양념〕

깨달음에 이르는 명확한 기한은 정해져 있지 않다. 그래서 붓다는 7년에서 7일에 이르는 다양한 스펙트럼을 제시한 것이다. 유태인 명상수행자 조셉 골드스타인은 이렇게 말한다. "나의 첫 다르마 스승 무닌드라는 영성 수련에서 시간은 결정적 요인이 아니라는 말을 자주 했습니다. 시간적 기준으로 영성 수련의 향상을 평가할 수 없다는 말입니다. 그러므로 언제 깨달음을 얻을지, 얼마나 오래 걸릴지와 같은 생각을 내려놓을 필요가 있습니다. 명상 수련은 나름의 시간표에 따라 펼쳐지는 자연스러운 과정입니다. 봄이 되면 저절로 꽃이 필 것입니다."[31]

마지막으로 7일을 예시한 것은 7일 동안에 이 사띠 공부를 통하여 마침내 최종과를 성취한 예例가 분명히 존재하였기 때문이었다. 그것은 바로 붓다 자신이다.[32] 우리 중생에게 7일은 너무 꿈같으니

---

31 조셉 골드스타인, 앞의 책, p.159.

32 붓다가 고행을 포기한 시점으로부터 보리수 하에서 정각을 이룬 기간을 21일 혹은 49일까지 산정하는 학자도 있으나, 필자는 7일로 생각한다. 『대념처경』의

접어두고라도, 7년간만 열심히 수행한다면 붓다와 같이 열반에 들어 아라한을 성취한다는 말씀이 얼마나 가슴 벅찬 일인가! 그 사실에 너무도 환희스러워 필자는 한 줄도 빠짐없이 글을 번역하였다.

6년 이하는 출가 수행자인 빅쿠에게, 7년짜리 수행은 모든 이에게 보장해 놓았다. 집중수행이 가능한 출가와 생업에 종사해야 하는 재가를 배려한 것으로 보아도 좋다. 그러나 출가·재가, 7년·7일의 구분이 무슨 의미가 있겠는가! 명상수행자면 누구나 도를 이룰 수 있다는 말씀이 얼마나 감사한 법문이냐 이거다.

달라이 라마는 이렇게 말한다. "당신의 머리를 붓다의 무릎에 누이십시오." 큰 스승의 무릎에 우리 머릿속의 우려와 성취에 대한 불안 따위를 던져두고, 무소의 뿔[33]처럼 계속 알아차림 하라는 말씀으로 이해된다. 장래에 대한 보장은 우리의 큰 스승 붓다가 하고 계시니 말이다.

명상공부의 마지막 단계까지 정진의 자세를 유지할 수 있는 원동력은 초발심初發心의 서원誓願에서 온다. 수행이란 서원을 초발심의 상태로 오래 유지하는 것이 관건이다. 서원은 우리 마음의 가장 깊은 곳에 갖추어져 있는 내면세계의 본래적 지향성을 이름인데, 그것을 일깨우고, 그것에 내맡겨, 끊임없이 노력하는 결실이 마침내 도의 완성으로 나타난다. 그러므로 명상수행자의 서원은 초발심이며 동시에 완성태라 하겠다.[34]

내용 때문이다. 붓다가 자신이 체험해보지도 않고 깨달음의 한도를 정하였을 까닭이 없다. 자신의 체험에 바탕을 두고 붓다는 7일을 제시했을 것이다.

33 *Sutta Nipāta*: 1-3-35에 나오는 유명한 비유이다.

국내에서 발간된 『대념처경』 번역서들에서는 이 부분을 생략하거나 7년… 1년… 등으로 요약하여 기술하고 있다. 그러나 필자는 글자 하나도 버리지 않고 거의 동일하게 반복되는 내용을 다 번역하여 실었다. 필자 개인적으로는 『대념처경』을 번역하면서 가장 환희에 찼던 부분이 바로 이곳이다. 이 부분이야말로 무지몽매한 우리 중생들의 살갗에 와 닿는 복된 말씀 같아서이다. 언젠가 할 수 있다는 것과, 언제까지나 할 수 없다는 것의 차이는 엄청난 것이 아닌가?

여기에서 7년이나 7일과 같은 기한보다 더 중요한 것은, 명상하는 것 자체가 행복한 일이라는 사실이다. 기한이나 결과보다 과정이 행복하다면, 그래서 지금 행복하다면, 그것도 좋은 일이 아닐까?

2. 사띠 수행의 공덕

Ekāyano ayaṃ, bhikkhave, maggo sattānaṃ visuddhiyā, sokaparidevānaṃ samatikkamāya, dukkhadomanassānaṃ atthaṅgamāya, ñāyassa[35] adhigamāya, nibbānassa sacchikiriyāya, yadidaṃ cattāro satipaṭṭhānā. ti. Iti yaṃ

34 의상대사의 「법성게」에 나오는 '초발심이 바로 바른 깨달음(初發心是便正覺)'이라는 의미가 새삼 다가온다.

35 ñāyassa: 바른 이끎, 바른 길, 진리.

taṃ vuttaṃ,[36] idametaṃ[37] paṭicca[38] vuttaṃ ti.

빅쿠들이여! 〔이 도는〕 유일한 길이니, 중생을 청정하게 하고, 슬픔과 비탄을 넘어서게 하며, 〔육체적〕 고통과 〔정신적〕 근심을 사라지게 하고, 진리를 증득케 하며, 열반을 실현하기 위한 길이다. 그것이 바로 '사띠와 네 가지 대상(四念處)'이다. 이와 같이 〔앞에 하신 것을〕 근거로 말씀을 마치셨다.

〔경에 대한 설명〕

똑같은 내용의 글을 붓다는 『대념처경』의 첫머리 시작과 마지막 말미에 거듭 설하고 있다. 첫머리에 있는 법문과 마지막 법문이 다른 점은 '이와 같이 〔앞에 하신 것을〕 근거로 말씀을 마치셨다'라는 클로징 멘트뿐이다. 그것은 자연스러운 덧붙임이라 할 것이다.

여기에 '…을 근거로'라는 의미의 빠띠차(paṭicca)라는 말이 있는 것을 보면, 전에 다른 곳에서도 이와 비슷한 내용의 법문을 하신 적이 있다는 것을 알 수 있다. 본 번역은 『디가 니까야(DN)』 22의 *Mahāsatipaṭṭhāṇa Sutta*(大念處經)를 기본 텍스트로 삼았지만 내용상으로 『맛지마 니까야(MN)』 10의 *satipaṭṭhana Sutta*(念處經)와 거의 일치한다. 여기에서 『염처경』이 『대념처경』보다 앞서 설해졌을 것이라는 가설을 세울 수 있다.

---

36 vutta: (전에 했던) 말. ※ vutta는 vatti의 과거분사.

37 idameta ida: 지금 여기. ※ 흔히 강조하기 위한 말로 사용된다.

38 paṭicca: …에 근거하여, …을 조건으로 하여, … 때문에.

이 문장을 서두에 이어 다시 반복하는 것은 경의 목적과 결과를 분명히 하기 위한 것이기도 하지만 다른 의도도 엿보인다. 그것은 이 법이 열반에 이르는 하나이며 유일한 길임을 강조하고 깨달음의 길에 들도록 간곡한 청유를 거듭하고자 하는 뜻으로 보아도 좋다.

'열반에 이르는 하나이며 유일한 길'이란 알아차림을 수행하는 위빳사나의 길을 의미하는 것이 당연하다. 수행은 오직 홀로 내면과의 대면 작업이라는 점을 상기한다면, '하나이며 유일함'이란 자신의 내면을 향하여 홀로 의연하게 걸어가는 길이라고 해석할 수 있다. 붓다라는 큰 스승이 없는 오늘에는 붓다가 가르친 법이 길이다. 우리로서는 그 길을 따라 끊임없이 걷는 일을 지속해야만 한다.

〔명상수행자를 위한 양념〕

자비로운 스승 붓다는 수행의 결실에 대하여 말하고, 서론의 내용을 반복하며 믿음을 고취하고 있다. 붓다의 자비심 어린 보장에도 불구하고 우리 명상수행자들은 매 순간 마음이 깨어나고, 서원이 살아나며, 정진심이 불타오르는 것은 아니다. 지내다 보면 힘들고 위축되는 경우가 많다. 이때 티베트의 딜고 켄체 린포체의 말이 유용하다. "지구의 수십억 인구 가운데 인간으로 태어난 것을 소중히 여기는 사람이 몇이나 되는가? 그리고 인간으로 태어난 것을 소중히 여기는 사람 가운데 담마 수행을 하려고 마음먹은 사람은 몇이나 되는가? 또 담마 수행을 하려고 마음먹은 이들 중 지속적으로 수행하는 사람은 몇이나 되는가? 이런 식으로 담마 수행에 대한 당신의 관심에 대해

숙고해 보십시오. 분명 기쁨과 확신이 일어날 것입니다."

우리 속담에 "가다가 중지 곧 하면 아니 감만 못하다."는 말이 있다. 명상수행에 이 속담을 적용하면 다음과 같이 바뀐다. "가다가 중지 곧 하면 간만큼 이익이다." 그뿐인가? 그처럼 익힌 습관이 남아 있다면 다음 생에도 도문에 들어 명상수행을 이어갈 것이다.

Idamavoca[39] bhagavā.[40] Attamanā[41] te bhikkhū bhagavato bhāsitaṃ[42] abhinanduṃ[43] ti

이와 같이 붓다의 설하심에, 빅쿠들은 붓다의 말씀에 환희하며 기쁨이 충만하였다.

[경에 대한 설명]

희열로 충만한 상태는 지복(ānanda)이라 하여, 최상의 행복 상태를 말한다. 아마도 이는 절대적 행복일 것이며 무아의 체험, 열반의 증득, 해탈의 성취에서 오는 기쁨이라 할 것이다. 붓다 당시에 법문을 들은 청중 모두가 최종 열반에 이른 것은 아니었을 것이다. 그래서

---

39 Idamavoca: 이와 같이. ※ Idam: 지금, 이래서. avoca: 더하여, 나아가.

40 bhagavā: 숭고한 자, 세상에서 가장 존귀한 자. ※ 흔히 세존으로 번역된다.

41 Attamanā: 즐거운, 기쁜, 마음에 맞는.

42 bhāsita: 말, 언어. ※ bhāsati: 말하다, 이야기하다.

43 abhinandu: 기뻐하다, 환희하다.

경의 이곳에서는 지복(ānanda)보다 한 단계 낮은 기쁨인 환희(abhi-nandu)라는 말을 사용하고 있다.

〔명상수행자를 위한 양념〕

붓다의 말씀에 참석한 빅쿠들은 진심으로 기쁨이 충만하였을 것이다. 세상에서 복된 일이 법문을 듣는 일인데, 그것도 위없는 깨달음을 이룬 분과 동시대에 태어나 스승과 제자 사이로 만나고, 그 스승에게 직접 법문을 듣는다는 것은 얼마나 어려운 일이며 얼마나 환희로운 일일까?

붓다 당시에 『대념처경』을 설하는 현장에 넘쳐나던 감동을 오늘날의 우리는 느껴볼 수 없다. 다만 글을 통하여 그 열기를 짐작할 수는 있다. 만약 『대념처경』을 매일 독송하며 그 뜻을 새겨 사띠 수행을 해 나가는 명상수행자라면 매일 그러한 감동을 느낄 수 있을 것이다.

운문선사(雲門文偃, 864~949)가 어느 보름날 법회에 등단하여 이렇게 말한다. "15일 이전의 일은 묻지 않겠다. 15일 이후에 대해 한마디 해 보라.(十五日以前 不問汝 十五日以後 道將一句來)" 지난 과거사는 그만두고 앞으로 어떻게 살아야 할 것인가 하는 물음이다. 대중들 사이에 대답이 없자 스님 스스로 이렇게 답한다. "날마다 좋은 날이다.(日日是好日)" 영화 「쿵푸 팬더」에 나오는 유명한 대사를 빌려 운문선사에게 화답하자. "어제는 역사이고, 미래는 알 수 없고, 지금 이 순간은 선물이다. 그것이 지금을 현재(=선물)라고 부르는 이유이다."[44] 만약 알아차림 수행에 게을리 하지 않는 명상수행자가 있다면 그에게는 날마다가 좋은 날, 순간순간이 선물이 될 것이다.

Mahāsatipaṭṭhāna-suttaṃ niṭṭhitaṃ.[45]

3. 대념처경의 마침

〔명상수행자를 위한 양념〕

마음공부 사띠 수행에 들어가기 전에『대념처경』을 읽어야 한다. 붓다의 가르침을 통하여 우리는 담마를 알고 이해하게 되고, 수행에 대한 바른 신심이 생기며, 수행경로를 거듭 확인하게 될 것이다.

명상수행을 하면서도『대념처경』을 읽어야 한다. 고요하며 집중된 마음으로 경전을 읽는다면, 그 자체로 법념처 사띠 수행이 될 것이다.

명상수행을 마친 후에도『대념처경』을 읽어야 한다. 그렇게 되면 명상수행을 통해 생긴 지혜에 더하여 새로운 세계가 열릴 것이다. 마지막으로, 분명한 진실이 하나 있다. "명상 수행하는 모습이야말로 이 세상에서 가장 아름답다."

44 The past is history, the future is a mystery, and this moment is a gift. That is why this moment is called the present.

45 niṭṭhita: 이때임, 시간이 되었음.

정순일

불교학 전공이며, 철학박사이다. 현재 원광대학교 명예교수이며, Golden Light Meditation Academy 대표이다. 명상수행을 생활의 중심에 놓고 살고 있다.
저서로 『중국 화엄성기 사상사』, 『불교 설법의 이론과 실제』, 『인도불교사』, 『오늘은 부처가 없다』, 『성리와 성리선』, 『차와 선의 세계』 등이 있고, 여러 번역서들이 있다.

대념처경과 위빳사나 명상

초판 1쇄 인쇄 2021년 1월 4일 | 초판 1쇄 발행 2021년 1월 12일
정순일 역해 | 펴낸이 김시열
펴낸곳 도서출판 운주사
(02832) 서울시 성북구 동소문로 67-1 성심빌딩 3층
전화 (02) 926-8361 | 팩스 0505-115-8361
ISBN 978-89-5746-632-2 03220 값 22,000원
http://cafe.daum.net/unjubooks 〈다음카페: 도서출판 운주사〉